U0115824

近現代中華文化思想叢刊

# 晚清人物與史事

## 上冊

馬忠文　著

# 目次

## 上冊

### 上篇

**張蔭桓、翁同龢與戊戌年康有為進用之關係** ············ 3

一　「南海來京，主樵野」 ···································· 5

二　張、翁與高燮曾薦康的關係 ···························· 16

三　總署對高燮曾折片的特殊「辦理」 ···················· 25

四　張蔭桓「私以康有為進」 ······························ 31

五　戊戌五月後張、康關係的疏遠 ························ 40

六　張「非康黨」與翁氏「薦康」 ·························· 48

七　結語 ···················································· 56

**「翁同龢薦康」說考辨**
**——翁、康關係再認識** ································ 59

一　政變後康有為首倡翁氏「薦康」 ······················ 59

二　戊戌十月翁氏革職的真相 ····························· 63

三　《戊戌政變記》對翁、康關係的全面渲染 ·············· 70

四　康氏對翁、康關係的完美「構建」 ···················· 75

五　翁同龢日記的刪改與評價 ···························· 88

## 康有為自編年譜的成書時間及相關問題 ………………… 95

一 成書時間的兩種說法 ………………………… 97

二 始撰於乙未年不可信 ………………………… 99

三 曾經多次刪改和修訂 ………………………… 102

四 最後定稿時間 ………………………………… 105

## 從朝野反響看翁同龢開缺前的政治傾向 …………… 111

一 在華西人對翁氏開缺的反應 ………………… 112

二 京內外士大夫的評說 ………………………… 115

三 前輩學者的質疑與申說 ……………………… 122

四 結語 …………………………………………… 127

## 戊戌年翁同龢開缺前後清廷滿漢關係管窺 ………… 129

一 剛毅傾陷翁同龢 ……………………………… 129

二 張之洞、徐桐聯手「倒翁」 ………………… 134

三 政變後榮祿「保翁」 ………………………… 138

## 旅大租借交涉中李鴻章、張蔭桓的「受賄」問題 …… 143

一 源起與流衍 …………………………………… 143

二 借款談判中的收買活動 ……………………… 151

三 強租旅大過程中的「收買」活動 …………… 156

四 結語 …………………………………………… 168

# 中篇

## 黃遵憲與張蔭桓關係述論 ⋯⋯⋯⋯⋯⋯⋯⋯⋯⋯⋯ 175

　一　早期交往 ⋯⋯⋯⋯⋯⋯⋯⋯⋯⋯⋯⋯⋯⋯⋯⋯ 176

　二　黃遵憲使德遭拒的內幕 ⋯⋯⋯⋯⋯⋯⋯⋯⋯⋯ 177

　三　光緒帝索讀《日本國志》⋯⋯⋯⋯⋯⋯⋯⋯⋯ 182

## 張蔭桓甲午日記稿本及其價值 ⋯⋯⋯⋯⋯⋯⋯⋯⋯ 189

　一　日記稿本的基本情況 ⋯⋯⋯⋯⋯⋯⋯⋯⋯⋯⋯ 190

　二　日記中對康有為的記載 ⋯⋯⋯⋯⋯⋯⋯⋯⋯⋯ 193

　三　有關朝局及議和活動 ⋯⋯⋯⋯⋯⋯⋯⋯⋯⋯⋯ 195

## 張蔭桓流放新疆前後事蹟考述 ⋯⋯⋯⋯⋯⋯⋯⋯⋯ 205

　一　革職下獄 ⋯⋯⋯⋯⋯⋯⋯⋯⋯⋯⋯⋯⋯⋯⋯⋯ 205

　二　外國公使營救 ⋯⋯⋯⋯⋯⋯⋯⋯⋯⋯⋯⋯⋯⋯ 207

　三　拒絕謀劫 ⋯⋯⋯⋯⋯⋯⋯⋯⋯⋯⋯⋯⋯⋯⋯⋯ 210

　四　途遇吳永 ⋯⋯⋯⋯⋯⋯⋯⋯⋯⋯⋯⋯⋯⋯⋯⋯ 213

　五　屈死新疆 ⋯⋯⋯⋯⋯⋯⋯⋯⋯⋯⋯⋯⋯⋯⋯⋯ 215

　六　開復原官 ⋯⋯⋯⋯⋯⋯⋯⋯⋯⋯⋯⋯⋯⋯⋯⋯ 219

# 下冊

## 一八八八年康有為在北京活動探微 ⋯⋯⋯⋯⋯⋯⋯ 223

　一　兩種截然相反的敘述 ⋯⋯⋯⋯⋯⋯⋯⋯⋯⋯⋯ 223

　二　「遍謁朝貴」與上書變法 ⋯⋯⋯⋯⋯⋯⋯⋯⋯ 226

　三　康、梁對第一次上書的美化和誇大 ⋯⋯⋯⋯⋯ 233

## 高燮曾疏薦康有為原因探析
### ——兼論戊戌維新前後康、梁的政治賄賂策略
### 與活動 ……………………………………………237

一 被忽略的環節 ………………………………237

二 楊銳的策動作用 ……………………………240

三 「買都老爺上摺子」 …………………………242

四 結語 …………………………………………249

## 戊戌時期李盛鐸與康、梁關係補正
### ——梁啟超未刊書札釋讀 …………………………251

一 共同創辦《公論報》的努力 ………………251

二 《時務報》內爭與《公論報》的夭折 ………259

三 李盛鐸參與謀劃保國會的新證據 …………264

## 戊戌保國會解散原因新探
### ——汪大燮致汪康年函札考 ……………………271

一 兩封密函 ……………………………………271

二 孫、康交往與裕庚告密 ……………………273

三 保國會第三次大會未曾舉行 ………………276

## 戊戌「軍機四卿」被捕時間新證 …………………279

一 目擊者的證言 ………………………………279

二 初八日慈禧密令捉拿新黨 …………………281

三 林旭被捕於初九日 …………………………283

四 「逮捕令」與「公告」的差異 ………………285

## 戊戌政變研究三題 ································· 287

   一　戊戌七月的朝局與慈禧訓政的關係 ········· 287

   二　楊崇伊上疏的意義 ························ 292

   三　康有為聯絡袁世凱的活動 ················· 296

# 下篇

## 寇連材之死與「烈宦」的誕生 ····················· 305

   一　京城傳言中的寇連材 ····················· 306

   二　寇太監從容臨菜市文學士驅逐返萍鄉 ······· 314

   三　政變後梁啟超對寇連材的頌揚 ············· 324

   四　掌故野史對「烈宦」形象的固化 ··········· 329

   五　譴責小說與話劇中的寇連材形象 ··········· 335

   六　再說事實 ······························· 339

## 維新志士王照的「自首」問題 ····················· 343

   一　「自首」史實的訂正 ····················· 344

   二　報刊輿論的反應 ························· 353

   三　王照與康、梁及戊戌變法的關係 ··········· 363

## 于右任早期反清革命的「罪證」

### ——臺北故宮軍機處檔案所見抄本

### 《半哭半笑樓詩草》 ····················· 375

   一　於伯循因詩罹禍 ························· 376

   二　《詩草》全貌 ··························· 379

三　反清革命的號角 ……………………………… 389

## 時人日記中的光緒、慈禧之死 ……………………… 395

一　光緒帝病重與樞廷應對 ………………………… 397
二　時人對兩宮病死前後情形的記述 ……………… 401
三　傳聞與附會的產生及緣由 ……………………… 407

## 從清帝退位到洪憲帝制
### ──許寶蘅日記中的袁世凱 ……………………… 411

一　許寶蘅初入軍機處 ……………………………… 411
二　辛亥前後的宮廷見聞 …………………………… 416
三　民國初年的北京政局 …………………………… 424
四　結語 ……………………………………………… 431

## 後記 …………………………………………………… 433

上篇

# 張蔭桓、翁同龢與戊戌年康有為進用之關係[*]

　　無論從政治史還是思想史的層面，近十多年來學界對康、梁及戊戌變法的研究都是比較充分的。茅海建教授近年的相關研究，在史料的發掘、梳理和史實的辨析方面，尤有值得關注的貢獻；[1]同時也出現了活躍的爭鳴與討論。[2]總體而言，隨著檔案文獻的深度利用，康、梁在政變後的「作偽」以及一些以訛傳訛的陳說得到了進一步的澄清。當然，這並不影響對有關問題的重新審視。

　　目前學界對康有為取得光緒帝賞識和信任的過程似乎並無太多異議。一般認為，康氏戊戌年的驟然進用雖與高燮曾、徐致靖、李端棻等官員向清廷保薦有關，但是，戶部尚書、軍機大臣翁同龢的舉薦更

---

[*] 本文係2010年5月提交中國社會科學院近代史研究所主辦的第三屆「近代中國與世界」國際學術討論會的會議論文，承姜濤研究員、茅海建教授、桑兵教授、李細珠研究員提出寶貴的批評意見；在修改過程中又得到王汝豐、朱育禮兩位先生的指教，特此一併致謝。

[1] 參見茅海建：《戊戌變法史實考》，北京，生活·讀書·新知三聯書店，2005；《從甲午到戊戌——康有為〈我史〉鑒注》（以下簡稱《〈我史〉鑒注》），北京，生活·讀書·新知三聯書店，2009。多年來筆者與茅老師交流較多，屢受啟發，茲再致謝忱。

[2] 其中茅海建、房德鄰兩位先生對乙未年康有為公車上書問題的討論尤具代表性，參見茅海建：《「公車上書」考證補》，載《近代史研究》2005年第3、4期；房德鄰：《康有為與公車上書——讀〈「公車上書」考證補〉獻疑》，載《近代史研究》2007年第1、2期；茅海建：《史料的主觀解讀與史家的價值判斷——復房德鄰先生兼答賈小葉先生》，載《近代史研究》2007年第5期。

為關鍵。對此,康、梁在政變後屢有申說,清廷上諭也言之鑿鑿;雖然翁氏在日記中極力否認,但大部分學者對其申辯並不同情(因日記曾有刪改)。因此,翁同龢「薦康」說幾乎得到學界的普遍認同。[3]但是,另有說法認為,真正向光緒帝舉薦康氏的並非翁氏,而是康有為的同鄉、戶部左侍郎、總理衙門大臣張蔭桓(號樵野);不能以政變後清廷有過張「非康黨」的上諭,就忽視對張、康關係的研究。對此,何炳棣先生在上世紀四十年代就撰文指出,「翁、康關係如何先不論,蔭桓之薦有為,則無可疑者」,「蔭桓引有為戮力改革,實隱然為變法之領袖,非蔭桓之先啟沃君心,則變法之計不能遽入」。[4]到了九十年代,隨著張氏戊戌日記稿本的披露,王貴忱、蘇晨、範耀登、李吉奎等再次論及張蔭桓與薦康的關係。[5]然而,或因翁氏「薦康」說的長期影響,學界對此說很少有積極的反應。

　　康有為在戊戌年能夠得到光緒帝的賞識,究竟得益於翁的舉薦,還是張的推介,事關戊戌政局之機杼。這個問題值得重新考量。以往研究無論持翁氏「保康」之說,還是張氏「薦康」之論,大多以非此即彼的方式加以判斷和理解,難免各持一端。筆者以為,欲釐清這樁撲朔迷離的近代公案,必須重新梳理甲午到戊戌期間康、張、翁三人

3　目前出版的大部分近代史著作以及翁同龢、康有為的傳記都持這種觀點,茲不詳舉。
4　參見何炳棣:《張蔭桓事蹟》,載《清華學報》第13卷第1期(1943年3月),185-210頁。除了材料的侷限,該文有關張、康關係的基本觀點至今仍具有代表性和典型性。
5　相關研究論著主要有:王貴忱:《張蔭桓其人其著》,載《學術研究》1993年第6期;《〈張蔭桓戊戌日記〉後記》,載《新疆大學學報》1998年第3期;蘇晨:《張蔭桓與戊戌變法之謎》,載《東方文化》1994年第3期;範耀登:《張蔭桓與戊戌維新》,載《汕頭大學學報》1992年第4期;李吉奎:《張蔭桓與戊戌變法》,王曉秋主編:《戊戌維新與近代中國的改革——戊戌維新一百週年國際學術討論會論文集》,北京,社會科學文獻出版社,2000;馬忠文:《張蔭桓與戊戌維新》,王曉秋、尚小明主編:《戊戌維新與清末新政——晚清改革史研究》,北京,北京大學出版社,1998。

之間的真實關係；需要考慮到當事人後來推諉責任、竄改毀棄文獻、隱諱與誇大事實的種種傾向，以及政變前後清廷高層派系鬥爭的政治背景等因素。概言之，翁氏「薦康」說的興起與張氏薦康史實的隱沒不彰，除了康、梁「作偽」的因素，還要從政變前後複雜的政治鬥爭中去尋求答案。

# 一 「南海來京，主樵野」

長期以來，翁、康之間的密切關係早已為人們熟知，康氏自編年譜以及相關詩文中有著詳細生動的描述，很少有人對此有所懷疑。其實，康氏的敘述多有誇張和虛構。[6]相反，康、張關係這條重要的線索，很早就中斷了。這與康氏刻意隱瞞事實、混淆視聽有直接關係。

二十世紀三十年代，丁文江、趙豐田在編撰《梁任公先生年譜》時曾指出，「康之所以在沒有被召見之前，就受知於光緒帝，一定是經過大僚的奏薦」。這個判斷十分準確，符合清代官場政治運作的一般規則。他們認為，「當時康所結識的大僚中只有翁常熟和南海張樵野蔭桓。據《南海先生自編年譜》所記，康與張的關係和往來還不及康與翁的十分之一，所以康之受知於光緒帝，決不是張的力量」。[7]丁、趙這裡否認張的作用，寧願相信康氏的記載，認為翁奏薦康氏毋需懷疑。

---

6　筆者發現，幾乎所有關於翁氏「薦康」的文獻都是政變後形成的，其中又以康氏本人的記述為多。從文獻形成與刊印的時間順序可以看到，康有為對翁、康關係的描述，如同滾雪球一般，細節越來越生動，是一個不斷塑造的過程，到民國時期達到頂峰。參見馬忠文：《「翁同龢薦康」說考辨──翁、康關係再認識》，常熟市人民政府、中國史學會編：《戊戌變法與翁同龢》，224-253頁，北京，中央文獻出版社，2000。

7　參見丁文江、趙豐田編：《梁啟超年譜長編》，116-118頁，上海，上海人民出版社，1983。

　　有意思的是，同時代的學者黃濬卻對康氏年譜的有關記述產生了疑問，且作出了與丁、趙不同的解釋：

> 或疑南海自編年譜中言常熟者多於樵野，以為南海（按，指康有為）純得常熟之力，此實大誤。南海來京，主樵野，此事瘦公（羅惇曧）、孺博（麥孟華）皆言之。常熟負重望，又有知己感，故數言之，樵野結納深，而為謀主，故不數言之也。[8]

　　這樣的解釋似乎就是針對丁、趙的斷言而去的。黃濬為閩人，民國初年與耆宿遺老多有往還，熟知清季掌故。他以康門弟子羅惇曧、麥孟華的話為依據，披露張蔭桓才是康當年在京活動的「謀主」，二人關係極深，所以康氏對張、康交往極力隱飾。黃氏又寫道：「以予所知，康南海之得進於德宗，實樵野所密薦，常熟詗知德宗意，始具折保康。」[9]在他看來，康有為得以進用，與翁、張均有關係。翁雖「保康」，卻在張氏「密薦」之後，似乎更肯定張蔭桓所發揮的關鍵作用。這種觀點與盛行的翁氏「薦康」說可謂大相逕庭。

　　其實，康、張「交深情密」的事實不會因為康氏本人的刻意隱諱而隱沒。乙未年與康氏同中進士的胡思敬在《戊戌履霜錄》中寫道：「（有為）進用之初唯張蔭桓以同里，日與之游，常以總署密情相餉，二人稱服泰西，私相褒重。尚書許應騤、副都御史楊頤以下，視

---

8　黃濬：《花隨人聖盦摭憶》，466頁，上海，上海古籍出版社，1983。引文中括注的人名為引者所加。下同。

9　黃氏又言：「吾聞當時樵野與康、梁，私人抵掌談政治，輒昌言無忌，實為致死之由。……樵野之死，乃於庚子夏義和團方熾時，京中突有密電致新疆當局，屬陰置張蔭桓於死地。相傳此電乃西後授意者，南海曾述之。見於官文書者乃雲，有密旨以張蔭桓通俄，就地正法。和議成，始昭雪，復原官。」見《花隨人聖盦摭憶》，466頁。

之蔑如也。」又稱：「有為之開保國會也，演說二十事，人莫能明，皆得之蔭桓。二人表裡為奸，有為嘗單騎造蔭桓門，密談至夜分，往往止宿不去。」[10]胡氏提到康與張交密而與其它粵籍京官疏遠的情形，雖言辭之中有詆毀傾向，卻非毫無根據。戊戌年五月許應騤、文悌先後揭發康氏「貪緣津要」、密結張蔭桓的內幕，曾引起軒然大波（詳見後文）。可見，康、張交密在戊戌年並非什麼秘密。

康、張何時結識，現已很難考證。康有為於光緒八年（1882年）首次來京參加順天府鄉試時，張尚非京官；光緒十四年（1888年）康氏第二次來京參加順天府鄉試，延至次年秋冬間離京，此間張蔭桓尚在駐美、日（西班牙）、秘三國欽差大臣任上。查張氏於光緒十一年（1885年）六月奉命出任駐美國、西班牙、秘魯三國公使，於次年二月自香港展輪，出洋前曾里居十多日；而光緒十五年（1889年）十一月任滿抵港後，次年二月才回京覆命，期間又在鄉度歲。[11]看來，張、康建立聯繫當在南海本籍。光緒十九年（1893年）康有為中式廣東本省鄉試，而此時張蔭桓已在京升任戶部左侍郎兼總理衙門大臣，新科舉人的身份無疑為康進一步密切與張的關係創造了有利條件。次年春康有為來京參加甲午會試，這時他與張的關係已經非同尋常。這在張蔭桓甲午日記中留下了清晰記載：

> 二月二十九日：或言法源寺桃花尚盛，凌閣臺遂約餐僧飯，……座客有康長素，深入法海，談禪不倦，不圖城市中有此清涼世界。晚宿山舅寓廬，長素、閣臺夜話將曙。
>
> 三月二十四日：申正返寓。康長素、梁小山、梁卓如已來，檢

---

10　胡思敬：《戊戌履霜錄》，《中國近代史資料叢刊·戊戌變法》（以下簡稱《戊戌變法》叢刊）第1冊，375頁；第4冊，82頁，上海，神州國光社，1953。

11　參見任青、馬忠文整理：《張蔭桓日記》，441頁，上海，上海書店出版社，2004。

埃及各圖與觀，詫歎欲絕。長素屢言謀國自強，而中外形勢惜未透闢，席間不免呶呶，此才竟不易得，宜調護之。

四月十九日：返寓後，長素來談，山舅在寓，相與抵掌。

四月二十七日：長素因山舅觥筵大醉，逾夕始醒。前日相過，詢其拼醉之故，為詩調之，昨來寓，夜談甚暢，酒力微矣。[12]

日記中提到的淩閏臺（也作潤臺）即淩福彭，戶部主事，粵籍人士；長素為康有為之號；山舅係張氏之舅李宗岱，字山農，山東道員；小山即梁慶桂（字小山），為廣州行商梁氏族人；卓如即梁啟超，此時二梁與康皆為參加會試而來。從張日記可以看出，甲午戰爭前康有為已經開始關注外部世界，在學習西方問題上，與張蔭桓志趣十分相投。康還向張極力稱許薛福成剛剛刊行的出使日記，[13]反映出其趨新的知識取向。不過，張氏對康卻有所批評，認為他雖「屢言謀國自強」，然對中外形勢的瞭解則不甚透闢；同時對康的才華十分欣賞，流露出坦然的愛才之心。難怪臺灣學者黃彰健早在上世紀七十年代看到該日記稿本時，便斷定張蔭桓屬於「康黨」無疑。[14]

不過，康氏年譜中卻對張蔭桓隻字未提。年譜甲午年記：「二月十二日與卓如同入京會試，寓盛祭酒伯熙邸。……既而移居三條胡同金頂廟，與梁小山同寓。五月六日下車傷足，遂南歸。六月，到粵。」[15]康此次停留北京不到三個月時間，年譜中絲毫不及與張的往來，當屬有意隱諱。康氏來京居住的寓所之一金頂廟（張日記作「金

12 任青、馬忠文整理：《張蔭桓日記》，465-466、472、478、480頁。

13 任青、馬忠文整理：《張蔭桓日記》，481頁。

14 參見黃彰健：《戊戌變法史研究》，80頁，臺北「中央研究院」歷史語言研究所，1970。

15 樓宇烈整理：《康南海自編年譜（外二種）》，24頁，北京，中華書局，1992。康有為自訂年譜有多種版本，本文均據此版本。

鼎廟」）係一座關帝廟，位於東華門外燒酒胡同，與錫拉胡同張蔭桓
的府宅僅一街之隔，到張宅十分便利。[16]康氏租住金頂廟自然是為了
參加考試與內城活動方便，但便於與張蔭桓聯絡也是一個不可否認的
因素，當時與張關係密切的粵籍人士多擇居於此。[17]

　　甲午年康有為在與張蔭桓往來密切的同時，與翁同龢也發生了聯
繫。康、翁之間早在光緒十四年秋康有為來京參加順天府鄉試時，已
有過聯絡。當時康以布衣身份，欲上書皇帝，請翁代遞，但因種種原
因未能遂願。[18]時隔六年，康氏來京參加會試，再次與翁發生聯繫。
翁日記是年五月初二記：「看康長素（祖詒，廣東舉人，名士）《新學
偽經考》，以為劉歆古文無一不偽，竄亂六經，而鄭康成以下皆為所
惑云云，真說經家之一野狐也，驚詫不已。」同月初五日又記：「答
康長素，未見。」[19]從日記的前後文判斷，康氏欲拜謁翁氏，並先行
投贈自己的著作，但遭到翁氏的拒絕。康年譜中未提及此事。當時應
試舉子向重臣贈送詩文著作，以示才華，謀求知遇，並不鮮見。康氏
此科雖落第，但離京前向翁贈書，正是為了與翁建立有效的聯繫。當
時張蔭桓與翁氏同官同署，關係密切，康往見翁，可能是由張蔭桓從
中引見的，可惜這幾天的張氏日記後被毀棄，已看不出任何痕跡。[20]

16 參見周育民：《康有為寓所「金頂廟」考》，林克光等主編：《近代京華史蹟》，423-
　　427頁，北京，中國人民大學出版社，1985。

17 戊戌年康有為在內城仍寓居此處。另外，政變前容閎（字純甫）也居此，見樓宇烈
　　整理：《康南海自編年譜（外二種）》，59頁。

18 參見湯志鈞：《康有為〈上清帝第一書〉新探──翁同龢摘抄手跡讀後》，載《學術
　　月刊》2000年第7期；馬忠文：《1888年康有為在北京活動探微》，載《浙江學刊》
　　2002年第4期。

19 陳義傑整理：《翁同龢日記》第5冊，2696、2697頁，北京，中華書局，1997。

20 張蔭桓甲午日記的兩冊原稿現藏臺北「中央研究院」近代史研究所圖書館，一冊起
　　自光緒二十年（1894年）三月初一日，止於五月初一日；另一冊起自七月初一日，
　　止於八月二十五日。這兩冊日記原為康有為收藏，後由其家人捐獻給近代史研究
　　所，原稿前有康氏題記云：「嗚呼！此吾邑張樵野尚書甲午札記也。尚書既以戊戌

但是，翁不願與康見面，說明他對康大有戒心，至少《新學偽經考》流露出的異端思想使他十分警惕。

　　說到這一年的翁、康關係，不能不提到言官參劾《新學偽經考》一案。甲午年七月，康有為回到廣州後，就發生了給事中余聯沅參奏《新學偽經考》一案。余聯沅稱康氏此書，詆毀前人，煽惑後進，與士習文教大有關係，請飭嚴禁。余折上，旨令兩廣總督李瀚章查辦。張勇教授近年撰文對此事原委作了細緻研究，認為這場風波起於鄉里之爭，成於賄賂請託，終因得到京內外友朋相助，在甲午戰爭前期臺諫官員強勢的背景下，李瀚章只得採取放寬處理的辦法，飭其自行抽毀。[21]據康年譜，事發後，由梁啟超在京四處活動，當時為康說情的有翁同龢、張謇、沈曾植、曾廣鈞、盛昱、黃紹箕、文廷式等人。[22]

---

黨禍抄沒戍新疆，庚子以諫用拳匪慘戮。此冊經如（按，原稿如此）劫流於外，張君有楣以記中有譽我語，因贈我。中多記□□事，關涉頗大，若朝章國故尤夥，足與常熟日記參考。若夫生死患難文酒過從之感，追思縈歎。天遊。」（詳見任青、馬忠文整理：《張蔭桓日記》，前言）可惜兩冊原稿都有殘缺。從種種跡象看，似係康氏刻意毀棄者。據康年譜，康氏五月初六日離開北京，此前他不會不去張處辭別，但現存稿本第一冊五月初一日後的內容卻被整齊裁去，並非自然損毀。賈小葉博士認為，這可能是張蔭桓在政變後為避禍自毀的。但是，從日記中讚揚康氏的文字保存完好的情況看，似非氏自為。另外，康在年譜中稱：「五月方在京師，有貴人問曰：國朝可百年乎？余答之以『禍在眉睫，何言百年？』貴人甚謬之。」茅海建教授推測「貴人」可能是張蔭桓（《〈我史〉鑒注》，53頁）。揆諸當時張、康二人交往密切、無話不談的情形，這個推斷應當準確。而且，筆者以為，這些談話可能也是被康氏撕去的五月初幾天日記中的內容。將張讚譽他的話保留下來，而將批評他的內容予以毀滅，這非常符合康氏的性格。

21 參見張勇：《也談〈新學偽經考〉的影響——兼及戊戌時期的「學術之爭」》，載《近代史研究》1999年第3期。

22 樓宇烈整理：《康南海自編年譜（外二種）》，24頁。此外，楊天石先生在臺北「中央研究院」發現了一封甲午年八月梁啟超致康有為信函的抄件，也提及相關情況。參見《梁啟超為康有為弭禍——近世名人未刊函電過眼錄》，《楊天石文存‧晚清史事》，70-75頁，北京，中國人民大學出版社，2007。該文原載《光明日報》2003年7月8日，史學版。

但是，翁同龢日記對此並無記載，張謇日記也無反映，[23]現在看到的始終是康、梁的一面之詞。更讓人難以理解的是，既然是粵籍人士因鄉里構訟而導致賄買御史參劾，且以「悖亂聖教」的大題目出奏，居然沒有見到粵籍大僚出面干預、調解，這在當時京城注重鄉誼的社會氛圍中是不合情理的。許應騤在戊戌年五月曾攻擊康有為「屢次構訟，為眾論所不容」，[24]說明他對此案原因是知情的，但對康並不同情。當時康氏與正途出身的粵籍大員李文田（字仲約）、許應騤（號筠庵）、楊頤（字蓉浦）關係皆不洽，他能夠攀附上的粵籍高官，只有張蔭桓一人。因此，案發後，張氏不可能袖手旁觀。頗為蹊蹺的是，余聯沅劾康是七月初三日發生的事，而康氏後來所藏張蔭桓甲午日記稿本中，恰恰七月初三日當天日記殘缺，此後數日也被完整撕去整頁內容。筆者以為，這是康故意毀棄證據，其中可能有張在事發第一時間內設法為康「運動」、營救康氏的記載。[25]

　　光緒二十一年（1895年）乙未春，康氏再次來京參加會試，仍寓金頂廟。四月榜發，得中進士。是年康、張交往的情況，康年譜依然不載。然相關情況可隱約見諸時人敘述。戊戌政變後，張之洞的幕僚梁鼎芬在《康有為事實》中披露說：

> 康有為既中進士，欲得狀元，日求戶部左侍郎張蔭桓為之遍送關節於閱卷大臣，皆以其無行斥之；不得狀元，尚欲得翰林，又託張蔭桓送關節於閱卷大臣禮部右侍郎李公文田。康有為以為張與李係姻親，己又與李同鄉，謂必可入選，豈知李侍郎品

---

23 參見張謇研究中心、南通圖書館編：《張謇全集》第6卷（日記），364-368頁，南京，江蘇古籍出版社，1994。

24 許應騤：《明白回奏並請斥逐工部主事康有為摺》，《戊戌變法》叢刊第2冊，481頁。

25 關於張蔭桓甲午日記稿本缺損的情況，可參見前文注釋。

學通正，深知其無行，不受張托，斥之尤力，遂不得入翰林。
康有為恨之次骨，時與其徒黨詆李侍郎甚，至端人皆惡之。[26]

　　科舉考試中的請託現象在當時司空見慣，這裡不乏政變後樑氏刻
意醜化康有為的傾向，但是，張蔭桓既然願意為康的前程到處運動，
說明二人私交實在不淺。葉德輝也披露說，康有為「通籍後，朝考卷
不列高等第者，卷為李約農侍郎簽摘，同閱卷者或為請託，李持不
可，後康有為刻朝考卷以辱李，李則將康在都鑽營張蔭桓之事，遍告
於人，此湘粵京朝官所共知者」。[27]梁、葉所說應指同一件事情。既然
張、康私交如此深厚，由此似可推斷前一年《新學偽經考》毀版案
中，張蔭桓應該參與過營救康的行動，甚至是得力人物。
　　與梁、葉不同，康有為及其弟子則極力隱諱張氏請託之事，只是
一味攻擊李文田。按照當時的慣例，朝考列一等，入翰林院為庶起
士，才會刊刻朝考卷以贈師友；康氏未成翰林卻刊刻朝考卷，其隱衷
在於「辱李」，這在時人看來實屬反常舉動。徐勤甚至公開撰文稱康
殿試、朝考「皆直言時事」，殿試徐樹銘擬置第一，因李文田摘簽而
不能置前列；朝考因李摘卷中數字為誤筆而置二等末。[28]康年譜在攻
李的同時，特別強調了翁同龢對自己的賞識：

　　殿試、朝考皆直言時事，讀卷大臣李文田與先中丞公宿嫌，又

26 見湯志鈞：《乘桴新獲——從戊戌到辛亥》，66頁，南京，江蘇古籍出版社，1990。
　這份材料係政變後張之洞授意梁鼎芬搜集並交給日本駐上海總領事小田切萬壽之
　助，希望能在日本報紙發表以揭發康氏，故有貶康的傾向。參見孔祥吉：《清人日
　記研究》，93-97頁，廣州，廣東人民出版社，2008。
27 蘇輿：《翼教叢編》，165頁，上海，上海書店出版社，1999。
28 徐勤：《南海先生四上書雜記》，夏曉虹編：《追憶康有為》，292-295頁，北京，中國
　廣播電視出版社，1997。

以吾不認座主，力相排。殿試徐壽蘅侍郎樹銘本置第一，各閱
卷大臣皆圈矣，惟李文田不圈，並加黃簽焉，降至二甲四十八
名。朝考翁常熟欲以擬元，卷在李文田處，乃於「悶」、「練」
等字加黃簽，力爭之，遂降在二等。徐澂園、翁常熟告我，問
與李嫌之故，故知之。[29]

這段記述中，康氏將自己與徐、翁的關係說得過於親近了。康氏
謂殿試徐樹銘欲置其於第一，恐不確。依照當時的慣例，殿試第一
卷，通常是由讀卷大臣中官秩最崇者提議的，是科殿試讀卷大臣中官
位最高的是協辦大學士徐桐，徐樹銘科名雖早，但官階不及徐桐之
崇，怎會不遵慣例、提議康氏為第一？

至於朝考翁欲「擬元」之事，也無確據。此次會試翁氏奉派差事
共有兩次。一次是四月十七日，被派貢士復試閱卷大臣；第二次即四
月二十九日奉派朝考閱卷大臣。與翁同時閱卷的大臣有張之萬、徐
郙、廖壽恒、李文田、徐樹銘、李端棻等十二人。翁日記二十九日記
云：「晨入，知派朝考閱卷。看折畢，至南書房分卷，極費力。閱數
卷，又至小屋同坐。見起二刻餘。電報三，封奏一。退後趨往南齋，
餘卷巳正二刻閱畢。諸公尚有未完者。午初定甲乙，午正一刻始遞
上。飯未畢已下，並詩片，對詩片，頗遲，申初散。」[30]這次朝考除
三鼎甲外，定一等六十名，二等一〇八名，三等一二五名，康有為列
於二等，未能成為翰林院庶起士。從翁日記看，當時中日議和交涉接
近尾聲，翁氏一面處理軍政事務，一面閱卷，疲於奔命，異常繁忙。
日記中並未提到欲將康「擬元」且與李爭執之事。況且，康氏之卷是

---

29 樓宇烈整理：《康南海自編年譜（外二種）》，27頁。
30 陳義傑整理：《翁同龢日記》第5冊，2805-2806頁。

分給李文田評閱的，閱卷官越俎代庖是科舉考試中最犯忌諱的事情，翁氏似不會如此孟浪。

另一方面，有跡象表明乙未年會試前後張蔭桓為康氏考試之事曾經向翁通過關節。張氏政變後回憶說：「康應乙未會試，本未入彀，常熟搜於落卷中得中式，有知己感。」[31]查乙未年三月初六日簡放的四位主考官（一正三副）依次是徐桐、啟秀、李文田、唐景崧，翁同龢此科未掌文衡，怎會去「搜落卷」？張氏此說不可信，反倒說明他在這科考試中曾向翁推介過康。四月十二日貢士揭榜後，翁氏除關心其常熟同鄉得中者外，在日記中提到「康祖詒亦中矣」。[32]可見，翁確實留意過康。但是，沒有確鑿證據說明，翁在朝考中有拔識康氏之意。

不過，張蔭桓對康的引薦還是有成效的。是年閏五月初九日，翁在私宅接晤康有為，這是二人首次會晤，也是可以證實的唯一一次私人性質的會晤。是日翁記云：「歸時略早，飯後，李蓴客先生來長談，此君舉世目為狂生，自餘觀之，蓋策士也。」這是翁同龢對日記原稿挖補刪改後的內容。研究證明，「李蓴客」原應為「康有為（康祖詒）」。[33]稱康為「策士」，這是翁日記中對康評價較為正面的一次。康年譜也對這次會面有詳細描述，但所述多有誇張。[34]此時康已經以

31 王慶保、曹景郕：《驛舍探幽錄》，《戊戌變法》叢刊第1冊，492頁。

32 陳義傑整理：《翁同龢日記》第5冊，2801頁。

33 金梁在上世紀30年代閱讀《翁文恭公日記》時首先發現此處曾做過刪改。他在《近世人物志》中加按語說：「翁記似有重繕改易處，如李蓴客卒於甲午十一月二十四日，而翁次年閏五月初九尚記李蓴客來，初頗不解其故，繼思翁自戊戌罷歸，不無顧忌，甲乙數年，正直樞要，凡所記載，尤慮觸諱，自取刪繕，亦屬常情，甲午之事，誤入乙未，蓋一時疏忽耳。」（見金梁輯：《近世人物志》，8頁，北京，北京圖書館出版社，2007）孔祥吉先生與日本學者村田雄二郎教授，在翁萬戈先生支持下，利用翁同龢日記原稿對刪改挖補情況作了細緻研究，詳見《〈翁文恭公日記〉稿本與刊本之比較——兼論翁同龢對日記的刪改》，載《歷史研究》2004年第3期。

34 參見樓宇烈整理：《康南海自編年譜（外二種）》，33頁；馬忠文：《「翁同龢薦康」

二甲進士分派工部主事。身為科場前輩，翁同龢接見一位新科進士在當時沒有什麼特別之處。但是，時值《馬關條約》簽訂前後，康氏積極附和文廷式、張謇等翁門弟子發動公車上書、反對議和，這種政治傾向無疑得到了翁的欣賞，這是促成二人交談融洽的主因。此外，五月十一日康有為《為安危大計乞及時變法呈》（後稱《上清帝第三書》）由都察院代遞御前，康提出「富國之法」六條，「養民之法」四條，翁視其為「策士」也在情理之中。談話中翁對康的變法主張自然有所詢問，康認真建言獻策，對翁也寄予過期望。據孔祥吉先生研究，在稍後王鵬運參劾徐用儀、將其驅逐出軍機處的活動中，康氏積極參與，投翁氏之所好，而幕後隱約可見張蔭桓的影子。[35]可見，乙未五月後翁對康態度的轉變與當時的朝局有關，不過，除了僅有的一次見面，後來並無直接聯繫。

在乙未年秋冬興起的強學會（強學書局）活動中，康有為的地位與作用已見諸許多研究，但總體上看似乎評價過高。在政變後康、梁的話語體系中，康有為開強學會似與發動公車上書一樣，較實情多有誇大，是康有為後來編織的另一個神話。[36]當時的強學會事實上被主戰大臣的領袖李鴻藻和翁同龢的門生所控制。康氏雖屬士林翹楚，一時因公車上書而聲譽鵲起，但相比於文廷式、沈曾植、陳熾、丁立鈞、張孝謙等京官，他與翁、李既無師生關係，也無堂屬之誼。在策劃開會時，他無疑有「宣導」之功，不過，一旦有了成議，即使翁、李門生之間也開始了明爭暗鬥，康有為這位新科進士很快就被邊緣化了。所以，沒等強學會正式開張，他便黯然出京南下，投奔署理兩江

---

說考辨——翁、康關係再認識》，收入常熟市人民政府、中國史學會編：《戊戌變法與翁同龢》，245頁。

35 參見孔祥吉：《康有為變法奏議研究》，118-135頁，瀋陽，遼寧人民出版社，1988。

36 對此問題，筆者將有另文討論，茲不詳說。

總督張之洞去了。

概言之，甲午、乙未年康有為在京與翁同龢的關係其實相當疏遠；康氏雖有攀附帝師的熱望，無奈翁氏對他始終「敬而遠之」。即使張蔭桓從中引介，也未改變翁氏對康的基本態度。倘就甲午後的政治派系而論，康有為充其量不過是張氏鄉黨而已。離開了這層關係，這兩年康有為在京活動不易說清，戊戌年的政治活動更難說清。所以，黃濬所謂「南海來京，主樵野」、「樵野結納深，而為謀主」的斷論，實為把握戊戌時期康氏政治活動的一把鑰匙。

## 二　張、翁與高燮曾薦康的關係

康有為戊戌年在北京的活動是其一生中最重要的一段歷史，與近代政治關係也最大。康氏自光緒二十一年八月南還，直到光緒二十三年（1897年）十月再返北京，有兩年的時間。此間他主要在粵從事授學、辦報活動。丁酉冬膠州灣事件前後，康氏再次經滬抵達北京。

茅海建教授在最新研究中強調，康有為此次北上的主要目的可能是代何廷光等港澳商人為巴西移民事宜到總理衙門疏通關係，這是以往學界很少關注的一個重要細節。[37]很明顯，康氏此次北上是臨時來京辦事，並非要銷假到部供職。只是抵達北京後，正值德國侵佔膠州灣事件發生，京城內外群情激憤，才使他重新找到了兩年前公車上書時的感覺，遂再次上書抗言，領袖群倫，成為京城中備受矚目的活躍人物。從這層意義上說，康有為在戊戌年的脫穎而出，帶有一定的偶然性。在商辦巴西移民事宜擱淺、工部堂官拒絕代其條陳（《上清帝

---

37 參見茅海建：《巴西招募華工與康有為移民巴西計劃之初步考證》，載《史林》2007年第5期。

第五書》）的不利境遇中，康有為大顯身手，策動給事中高燮曾上疏保舉，歷經周折，最終實現了上書皇帝的目的，由此開啟了戊戌變法的歷史序幕。在此過程中，張蔭桓在幕後發揮了極為關鍵的作用，而且遠遠超過翁同龢。

康有為向工部遞上條陳（《上清帝第五書》），請求代遞的時間，約是十一月初。據康氏年譜，上書遭堂官拒絕後他曾與楊銳（叔嶠）、王鵬運（幼霞）、高燮曾（理臣）等商議對策。因上書無望，遂有南歸的決定，並拜謁翁同龢，投書告歸。十一月十八日準備出發，行李已上車，翁同龢忽然來留行。翌日，給事中高燮曾奏薦請召見，並加卿銜出洋，翁氏在光緒帝面前力稱之，奉旨交總理衙門議。[38]這是康有為對翁同龢如何舉薦自己向世人所做的經典敘述，看上去似乎合情合理，其實，掩蓋了「謀主」張蔭桓的幕後活動有些情節並不可信。

茅海建先生據康年譜所述，認為康氏丁酉十月來京後多次與李鴻章（合肥）商議巴西移民事宜，並推測康「可能通過於式枚之介」得以與李鴻章建立了聯繫。[39]筆者以為此論值得討論。康與張蔭桓同鄉同里，早已建立起深厚的私誼，況且，張還是總署的實權人物，康此行無疑是奔張而來，「屢與商議」者應是樵野，不可能是合肥。[40]同樣，對康氏上書活動全力支持的人也是張蔭桓。

---

38 樓宇烈整理：《康南海自編年譜（外二種）》，34頁。

39 參見茅海建：《巴西招募華工與康有為移民巴西計劃之初步考證》，載《史林》2007年第5期。

40 康、李之間似乎沒有過什麼私人聯繫。趙炳麟稱：「鴻章自罷直督，以大學士居京師。上為其熟外交，命在總理衙門行走。康有為屢投刺鴻章言變法，鴻章勿為禮。及新政行，鴻章復嘲之。」（見《光緒大事匯鑒》，《趙伯岩集》卷9，25頁，1922）戊戌年六月，李鴻章致李經方家書中曾譏笑康氏變法主張為「竊東西洋皮毛」，可見對康確實譏諷。（見上海圖書館歷史文獻研究所編：《歷史文獻》第8輯，104頁，上海，上海古籍出版社，2004）

　　張氏政變後曾對押解官員談起康的上書活動：「茲禍之起，康有為固非罪魁，實翁常熟釀成之⋯⋯時欲上書，央我介紹，常熟允見，及康往而辭焉。余訝以問翁，翁應曰：此天下奇才也，吾無以位置之，是以不敢見。後竟奏薦朝廷，擬召見。」[41]張氏此論難免有諉過的嫌疑，但是，也說明在康氏進用問題上，翁氏也絕非局外人。張氏透露了一個重要的細節：張曾介紹康往見翁同龢。康欲見翁，尚需張氏從中介紹，表明翁、康之間確實比較隔膜，絕不像康年譜所說的那麼親近。年譜中記述被工部拒絕後與楊銳等京官商議上書對策事甚詳，獨不言經張蔭桓介紹拜訪翁氏這個環節，這是有意隱諱。

　　張蔭桓稱翁氏先是拒絕見康，後來又將康「奏薦朝廷，擬召見」，翁氏的態度為何有如此大的轉變？對此，張氏未做解釋，這正是我們要研究的核心問題。

　　高氏疏薦是康有為變法活動中至關重要的環節。本來通過工部堂官代遞條陳是康氏上書的常規途徑，在這條路被切斷的情況下，康氏調整了策略：一方面，在京、滬大量刊印散布《上清帝第五書》，擴大宣傳，製造輿論，引起士林的關注與聲援；另一方面爭取一些京官的支持，另闢蹊徑，運動言官上疏保薦。十一月十九日兵科給事中高變曾附片舉薦康有為，就是康氏積極運動的結果。在這份《請令主事康有為相機入弭兵會片》中，高氏云：

　　　　臣聞西洋有弭兵會，聚集之所在瑞士國，其大旨以排紛解難，修好息民為務，各國王公大臣及文士著有聲望者，皆準入會。如兩國因事爭論，未經開戰之先，可請會中人公斷調處，立意甚善。臣見工部主事康有為，學問淹長，才氣豪邁，熟諳西

---

41 王慶保、曹景郕：《驛舍探幽錄》，《戊戌變法》叢刊第1冊，492頁。

法，具有肝膽，若令相機入弭兵會中，遇事維持，於將來中外交涉為難處，不無裨益。可否特予召對，觀其所長，飭令總理各國事務衙門厚給資斧，以遊歷為名，照會各國使臣，用示鄭重。現在時事艱難，日甚一日，外洋狡謀已露，正宜破格用人為自存計。所謂請自隗始者，不必待其自薦也。附片具陳，伏乞聖鑒，謹奏。[42]

　　觀高氏此片，其主旨是請朝廷「破格用人」，「特予召對」康有為，並派其入瑞士弭兵會「遇事維持」，以消外患。該片與同時遞上的《請密與德國訂立盟約不必牽連教案摺》及《李秉衡不宜廢棄片》[43]相輔相成，都是針對陷於困境中的中德膠州灣交涉而言的。現已證明，薦康之片實為康自己所擬，由楊銳介紹，交高氏遞上者，係康氏按照京城裏的潛規則——「買都老爺上摺子」的結果。[44]入弭兵會不過是託辭，「特予召對」才是康氏真正的目的。此時康的目標已經不止是上書皇帝，而是要爭取面聖建言。這反映出膠州灣危機時康有為急於進用的心態。

　　康年譜稱，高燮曾疏薦前一日，翁同龢曾到南海會館挽留即將出京的康氏。這個細節通常被視為翁氏「薦康」的重要表徵。數年前孔祥吉、村田雄二郎兩位先生通過對翁氏日記原稿的考察，發現十一月十八日這天的日記內容確有改動，原稿有半頁被裁去，現在看到的是

---

42　《給事中高燮曾奏為保薦康有為以遊歷為名加入弭兵會事》，光緒二十四年，軍機處錄副奏片，編號03/5617/051，中國第一歷史檔案館藏，清史工程網，http://124.207.8.21/qinghistory，訪問日期，2011年10月22日，下同。

43　《軍機大臣奏為給事中高燮曾請密與德國訂立盟約不必牽連教案等折及諭旨原折片恭呈慈覽事》，光緒二十三年，錄副奏摺，編號03/5732/059。

44　參見馬忠文：《高燮曾疏薦康有為原因探析——兼論戊戌維新前後康、梁的政治賄賂策略與活動》，載《學術交流》1998年第1期。

重新繕貼的。他們認為，這是翁氏在政變後為避禍對日記所做的刪改，目的是為了隱去這天清晨到南海會館訪康的情節；[45]茅海建教授在最新研究中也重申此論，認為翁氏挽留康有為確有其事，為康氏政治活動之大轉折。[46]筆者以為，這天翁氏到南海會館挽留過康氏的說法不可信。

一個不可迴避的問題是，康有為此時正在積極進取，怎會萌發南歸的念頭？而恰恰又在賄買高氏疏薦之前？儘管康年譜將翁之「挽留」與次日高燮曾「奏薦」的發生描述得那麼自然，暗示著一定的因果關係，但是，我們既得知康氏於幕後策劃高燮曾疏薦的真相，自可判斷此時他絕不會有南歸的決定。因此，所謂翁氏前去挽留的情節自然是靠不住的。對此，臺灣學者黃彰健曾指出，翁氏前去留康的情節是宣統三年（1911年）在日本影印的《明夷閣詩集》所收《懷翁常熟去國》詩中首次披露的，而此詩係康在政變後補作的。[47]後來康有為

---

45 參見孔祥吉、村田雄二郎：《〈翁文恭公日記〉稿本與刊本之比較——兼論翁同龢對日記的刪改》，載《歷史研究》2004年第3期。

46 參見茅海建：《〈我史〉鑒注》，221-224頁。

47 康有為《懷翁常熟去國》詩云：「膠州警驚聖人居，伏闕憂危數上書。已格九關空痛哭，但思吾黨賦歸歟？早攜書劍將行馬，忽枉軒裳特執裾。深惜追亡蕭相國，天心存漢果何如？」詩前小注云：「膠變上書不達，思萬木草堂學者，於十一月十九日（按，年譜記為十八日）束裝將歸。先是，常熟已力薦於上，至是聞吾決行，凌晨來南海館，吾臥未起，排闥入汗漫舫，留行，遂不獲歸。及常熟見斥，吾又決行，公謂，上意拳拳，萬不可行。感遇變法，且累知己，未知天意何如也。」（見《康有為遺稿‧萬木草堂詩集》，90頁，上海，上海人民出版社，1996）黃彰健經過考訂，認為此詩係戊戌政變後補做。（參見氏著：《戊戌變法史研究》，149頁）另，康氏在1918年出版的《不幸而言中不聽則國亡》中稱，甲午戰敗後，翁同龢見到康時，曾就以前未能代呈康氏上《第一書》，向康「謝過」。康氏云：「翁公虛己引咎，屈師相之尊，來吾南海館，陞堂長揖謝過，謂舉國士大夫未嘗言日本變法致強規圖高麗事，吾實昧昧，故當時不聽君言，致有此敗。常熟自是日講新法，及丁酉奏薦，謂康某之才過臣百倍，為此事也。由是而生戊戌維新之事。翁公可謂博學而知服勇於補過也。」這裏所言乙未年翁到南海會館「謝過」之事亦不可信。

也曾多次提及這個情節。[48]可以斷言，這個出典於「蕭何月下追韓信」的感人故事，應是康氏政變後杜撰的。

相反，在高燮曾疏薦前夕康氏拜訪翁被拒絕倒是確實發生過的事情。翁氏拒康，不僅有張蔭桓提供的證據，翁同龢日記也有反映。政變後康有為逃亡香港，戊戌年八月二十一日在接受《中國郵報》（China Mail，又稱《德臣西報》）記者的採訪時稱：「我由湖北人御史高燮曾所薦，翁同龢及禮部尚書李端棻亦留意於我，有謂翁守舊黨，實非也，實翁、李二臣屢欲薦我在皇上左右以備顧問。」[49]這篇談話稍後被上海《新聞報》所轉載，九月初四日翁氏在常熟家中看到報導，他在日記中寫道：「《新聞報》等本皆誑謬，今日所刊康逆語，謂余論薦，尤奇，想我拒絕，欲計傾我耶？！」[50]這裡的「想我拒絕」是與張蔭桓提到的「及康往而辭焉」，均與高氏疏薦的語境相關，說的應是一回事。

康有為拜訪翁氏遭拒的情節，現存翁氏日記不見記載。據孔祥吉、村田先生研究，這年十一月翁氏日記只有十八、十九日這兩天有改動。[51]而康有為編造翁氏來訪的故事，時間不早不晚，恰恰放在十八日這天，似非偶然，說明這天翁、康之間確實發生過聯繫。況且，

---

48 1917年丁巳復辟失敗後康有為輾轉抵達青島，見到末代恭王溥偉，聯想到昔日膠案之發生，觸景生情，特賦詩《呈錫晉齋主人》，詩云：「吾時伏闕力爭焉，大臣利害言萬千。投書宰相慘呼天，常熟翁公憂國顛。早朝前席備薦賢，請破格用救元元。過臣百倍謬譽偏，一時朝論譁然傳。退朝辱訪枉高軒，時河將冰吾言旋。驪駒駕南海館門，公送直入吾齋前。朝旭甫上草樹妍，披衣強起相周旋。公強留行情意諄，且言聖心至勤勤。由是感激贊艱難，上書變法百萬言。……」（見於植元：《關於康有為的〈呈錫晉齋主人〉詩》，載《文學遺產》1980年第2期）

49 這裏引用的是《申報》轉載的康氏談話內容，譯文應與《新聞報》大致相同。

50 陳義傑整理：《翁同龢日記》第6冊，3167頁，北京，中華書局，1998。

51 參見孔祥吉、村田雄二郎：《〈翁文恭公日記〉稿本與刊本之比較——兼論翁同龢對日記的刪改》，載《歷史研究》2004年第3期。

康氏年譜稿本也曾流露過對翁的一絲不滿。[52]所以，康氏在十八日這天往見翁氏遭拒的可能性非常大。

　　既然十八日翁氏訪康之事純屬烏有，則翁氏重繕日記當別有原因。筆者以為，翁氏刪改日記，重點非十八日這天的內容，似乎是十九日的內容。據翁萬戈先生提供的翁日記原稿影本，翁同龢重繕的半頁文字，既有十八日的，也有十九日的。現將重繕內容下加劃線：

十八日。晴，風止，大寒。早入，外折一，見起三刻，明發，一李秉衡開缺，自請卻未提；一裕祿授川督，裕長等調任。論膠事，上述慈諭看照會稿甚屈，以責諸臣不能整飭，坐致此辱。臣愧悔無他，因陳各國<u>合謀圖我，德今日所允，後日即翻，此非口舌所能了也，詞多激憤，同列訝之，餘實不敢不傾吐也。散時尚早，小憩出城，赴總署發羅氏電，令洞察英德合謀狀。南洋電。催信隆租船案，將船姑放。英德勾通情狀已露，裕朗西電，英謀大連灣。竇使照會雲，德有利益英當均霑特未揭破膠口耳。遣人告海靖，餘等即往，伊推卻雲有要事不能候，然則變卦顯然也。寫榮侄信，小山信。貢物共三百三十四兩，交立君。</u>
十九日。稍和。<u>子密銷假，步猶弱。電信二，許、楊。發電二，羅大臣。明一，王鵬運、高燮曾皆論膠事，片二。見起四刻，辰正散。張君與余同辦一事，而忽合忽離，每至彼館則偃臥談笑，余所不喻也。未正赴總署，蔭道午樓昌到，晤於署。</u>

---

52 現藏中國國家博物館的康有為《我史》（自編年譜）手稿「既謁常熟」旁原添「常熟烘謬」四字，後又刪去。參見茅海建：《〈我史〉鑒注》，221頁。筆者以為，康氏在此處添加文字的斟酌反覆，流露出其內心的矛盾。「烘謬」一詞意在指責，似是對訪翁遭拒之事有感而發，然最終又隱忍將此句抹去。

陳名遠遞青溪礦事說帖，到署求見，未見。晚歸。高御史燮曾保康有為入瑞典弭兵會，交總署酌核辦理。[53]

通過比較可以發現，十八日所記多為中德交涉事宜。當時，光緒帝轉述慈禧對膠案交涉的不滿，責備諸臣（主要指翁、張）不能整飭；翁氏辯稱各國合謀圖我，與德談判，旋議旋翻，實非口舌所能了，且語氣激憤。十九日的記載則較為簡單，從辰正散值到未正赴署，幾個時辰沒有任何記載。值得注意的是，「張君與余同辦一事，而忽合忽離，每至彼館則偃臥談笑，余所不喻也」一句顯得十分突兀，從語境上分析，前後並無關聯，「到彼館」一說更是無從談起。相反，這句話與前一天軍機召對奏報中德交涉情況時的語境倒是十分吻合。筆者以為，這句話，本應是翁氏在十八日彙報中德交涉情況時說的，責難張氏，多少有推脫責任的意味，故「同列訝之」。翁氏在重繕日記時，將原來十八日的這段內容後移到了十九日，用以彌補刪去的內容。可以斷定，翁同龢刪去的應是十九日清晨軍機大臣召對時他對高氏疏薦康有為建議積極促動的內容。

據軍機處《隨手登記檔》，十九日高燮曾《請令主事康有為相機入弭兵會片》下注「隨事遞上，次日發下歸籤」。[54]可知光緒帝這天一早見到高燮曾的折片後，並未直接批覆，而是樞臣召見時復將高片帶上，君臣共同商議後才令總署「酌核辦理」的。[55]交片諭旨稱：「本日給事中高燮曾奏請令康有為相機入西洋弭兵會等語，軍機大臣面奉諭旨：總理各國事務衙門酌核辦理。欽此。相應傳知貴衙門欽遵可

---

53 翁同龢日記原稿影本承翁萬戈、翁以鈞兩位先生提供，特此致謝。
54 隨手登記檔，光緒二十三年十一月十九日，編號03/0293/2/1223/307。
55 中國第一歷史檔案館編：《光緒宣統兩朝上諭檔》第23冊，325頁，桂林，廣西師範大學出版社，1996。

也。」[56]這天樞臣召對長達四刻之久，翁同龢身兼樞譯，尤有發言權，並面奉諭旨傳知總署「欽遵」。可見，翁氏對此事有所推動是肯定的。但並非出於主動。因為在軍機見起前，光緒帝先召見了張蔭桓。[57]當時對德交涉已陷入僵局，君臣皆束手無策，派人參加弭兵會不失為一種可以嘗試的辦法。光緒帝在召見樞臣時令將高片交總署酌辦，當與張氏奏言有直接關係。

翁同龢拒絕在私宅會晤康氏，卻在公堂之上支持高燮曾薦康，這二者看起來矛盾，其實並不難理解。憑著豐富的官場經驗，翁氏知道高燮曾疏薦是康操縱的，且有張蔭桓的暗中支持，尤其是張氏在召對時對派員參加弭兵會已有鋪陳，得到了光緒帝的支持。既符合聖意，又迎合同僚，且無徇私之嫌，這便是翁同龢在拒康後，仍然支持將高燮曾折片交總署處理的全部理由。翁氏此舉與其說是支持康有為，不如說是支持張蔭桓。如果推斷不誤的話，翁同龢十九日日記中刪去的內容可能還有散值後向張蔭桓通報消息的情形。政變後張氏稱翁「竟（將康）奏薦朝廷，擬召見」，雖然有些誇大其詞，但他們二人在支持高片交由總署辦理方面彼此有過默契，應該無需懷疑。

總之，在高燮曾薦康一事上，張蔭桓是真正的幕後操縱者。由言官疏薦康有為，並以參加弭兵會為名目，這樣的謀劃，不可能沒有張的參與。高氏選擇在十九日這天遞折，也非偶然，這天是戶部值日，張蔭桓有可能被召見（事實上確實如此）。軍機大臣翁同龢所做的不過是秉承上意，順水推舟，對總署辦理高氏折片表現出支持的姿態而已。而且，高氏折片與其它奏疏一樣，當時還被進呈給慈禧御覽。[58]

---

56 中國第一歷史檔案館編：《光緒宣統兩朝上諭檔》第23冊，325頁。

57 《京報（邸抄）》第111冊，392頁，北京，全國圖書館文獻縮微複製中心，2003。

58 《軍機大臣奏為給事中高燮曾請密與德國訂立盟約不必牽連教案等折及諭旨原折片恭呈慈覽事》，光緒二十三年，錄副奏摺，編號03/5732/059。

所以，很難說翁氏對高氏薦康的奏片有多麼主動的支持。然而，當總署的酌核辦理改變了康有為的政治命運，並成為引發政治風暴的導火索時，翁氏支持康氏的責任便凸顯出來，這是翁事先未曾預料到的，更何況他又參與了後來一系列進呈康書的活動。於是，刪改十九日這天日記，便成為翁氏後來推脫責任的自然選擇。

## 三　總署對高燮曾折片的特殊「辦理」

康氏為高所擬附片，入強兵會只是藉口，核心目標是獲得破格召見的機會，表達政見；而光緒帝的出發點則是考慮派人入強兵會以解決中德糾紛，二者側重點本不相同。高燮曾的折片交由總署辦理後，拖了整整三個月才復奏，總署對高片的辦理過程，康氏年譜有詳細說明，但不可盡信。

康年譜稱，拖了很長時間。一方面當時正值膠旅案發，總署交涉繁忙，無暇處理；另外，總署內部意見不一，是否破格召見康氏，更存在明顯分歧。康年譜稱，高燮曾奏薦片上，翁在皇帝前力稱之，奉旨交總理衙門議。而許應騤阻之於恭邸，翁氏再持之，恭邸乃謂「待臣等見之乃奏聞」，奉旨令王大臣問話。戊戌年正月初三日總署王大臣傳見，問變法事宜。次日召見樞臣，翁氏又以康言入奏，光緒帝再命召見，恭邸謂請令其條陳所見，若可採取，乃令召見。光緒帝乃令條陳所見，並進呈《日本變法考》、《俄彼得變政記》等變法書籍。[59]張氏在政變後對這段歷史也有回憶：

---

59　樓宇烈整理：《康南海自編年譜（外二種）》，34-37頁。另外，梁啟超在《戊戌政變記》中也有類似的描述，《戊戌變法》叢刊第1冊，250-251頁。

時欲上書，央我介紹，常熟允見，……後竟奏薦朝廷，擬召
見。恭邸建議曰：額外主事保舉召見，非例也，不可無已，先
傳至總理衙門一談，果其言可用，破例亦可，否則作罷論。眾
曰：諾，此年前冬間事也。年節伊邇，各署多冗，無暇及此，
今年正月初三日，慶邸率合肥、翁常熟及餘，公見康於總署，
語未終，餘以有事去，不知作何究竟。未幾，康上條陳，朝廷
發交總署核議。……而康自此獲上矣。[60]

參照康、張的記述，可知總理衙門大臣中，許應騤對於「破格召
見」一節明顯反對，最後，由恭王出面調解，建議先傳至總理衙門一
談，果其言可用，破例亦可，否則作罷。顯然，傳見康氏是總署大臣
討論高片時的折中辦法，而不是恭王在軍機召見時向光緒帝提出的建
議。翁同龢即使「再持之」，也是在總署討論時，而非樞臣召對時。
康氏年譜中聲稱令總署傳見是「奉旨」，這與事實不符。

康年譜稱，初四日清晨召見樞臣時，「翁以吾言入奏，上命召
見，恭邸謂請令其條陳所見，若可採取，乃令召見，上乃令條陳所
見，並進呈《日本變法考》、《俄彼得變政記》。」這些說法也與情理
不符。[61]初三日參加傳見的五位總署大臣中只有翁同龢是樞臣，當時
總署雖傳見了康氏，對此事尚未置可否，也沒有對高折作出最後的處
理結果，在此情況下，翁同龢怎會在次日軍機召見時主動向皇帝彙報

---

60 王慶保、曹景郕：《驛舍探幽錄》，《戊戌變法》叢刊第1冊，492頁。

61 需要指出的是，由康有為保存下來的戊戌年正月康廣仁給侄女康同薇的《抄五日京
　中來函》中也提到了這些情況。信中說總署傳見後，「越日，常熟托樵野來雲，上
　急欲變法，恭邸亦有令上，吾《日本變政記》及吾條陳，上乃宣促速上……」（見
　蔣貴麟：《萬木草堂遺稿外編》下冊，附錄，775頁，臺北，成文出版社，1974）筆
　者以為，這些信件均為抄件，內容後來似經過康有為的改竄，所謂「常熟托樵野來
　雲」尤不可信。

問話情況？這不符合處理公務的慣例。

　　同樣，康氏的變法條陳也是本人遞到總署請求代遞的，並非年譜中所說是光緒令其「條陳所見」。總署傳見後，康氏在短短數日內，以總署談話內容為基礎，參諸未上達的《上清帝第五書》，草成一份統籌全域、盡變舊法的條陳《外釁危逼，分割洊至，宜及時發憤，大誓臣工，開制度新政局摺》（後稱《上清帝第六書》）。正月初八日，他將此折繕就後遞到總理衙門，「懇請代為具奏」。顯然，這是得到張蔭桓允准的。據張氏日記，初七日晚，他與康有為、軍機章京淩福彭（潤臺）、總署章京關以鏞（詠琴）同桌聚飲，深夜才回寓。[62]這次聚飲，應與康呈遞《第六書》有關。

　　從上世紀八十年代發現的《傑士上書匯錄》所收該折的行文格式看，《第六書》採用的是司員請求堂官代呈的格式，條陳起首行文格式為：「具呈。工部主事康有為為外釁危迫……以存國祚，呈請代奏事。」結尾句為「伏惟代奏皇上聖鑒。謹呈。」這完全符合康有為當時的身份和清代公文慣例。[63]但是，政變後康氏刊行的《戊戌奏稿》中，他將這件奏摺改稱為《應詔統籌全域摺》，與年譜一樣，自稱是「奉旨」條陳所見，格式也改為有奏摺權的官員上折的格式。該折起首行文格式改成：「奏為應詔陳言，乞統籌全域以救危立國，恭折仰祈聖鑒事。」結尾句改為：「伏乞皇上聖鑒。謹呈。」[64]這種改動非同小可，康氏利用「奉旨」的障眼法，將總署大臣代遞條陳、在職權範圍內所做的積極推動作用巧妙地掩蓋起來。

---

62 任青、馬忠文整理：《張蔭桓日記》，508頁。

63 黃明同、吳熙釗主編：《康有為早期遺稿述評》，263、271頁，廣州，中山大學出版社，1988。

64 見《戊戌變法》叢刊第2冊，197、202頁。

二月十九日，康有為《第六書》終於被總理衙門代呈，總署的代
奏摺云：

> 光緒二十三年十一月十九日準軍機處鈔交給事中高燮曾奏請令
> 主事康有為相機入西洋弭兵會一片，軍機大臣面奉諭旨，總理
> 各國事務衙門酌核辦理。欽此。臣等查原奏所稱，西洋弭兵會
> 立意雖善，然當兩國爭論將至開戰，會中即有弭兵之論，並無
> 弭兵之權。近日土希之戰，不能先事弭兵，是其明證。該給事
> 中所請令工部主事康有為相機入會一節，應毋庸議。惟既據該
> 給事中奏稱，該員學問淹長，熟諳西法。臣等當經傳令到署面
> 詢，旋據該員呈遞條陳，懇請代奏，臣等公同閱看呈內所陳，
> 語多切要，理合照錄原呈，恭呈御覽。伏乞皇上聖鑒。謹奏。[65]

　　從時間上看，總署復奏已在高氏疏薦康有為整整三個月之後。之
所以拖了三個月，除了拖沓低效的衙門辦事效率，許應騤的阻撓應是
主要因素。而且，此折可能是在無法繼續拖延的情況下不得不遞上
的。[66]這個奏摺清楚地說明，將康傳入總署問話與代奏條陳均非出自
「聖裁」，而是總署大臣辦理高氏折片時提出的兩種議案。換言之，
在《第六書》上達之前，光緒帝並不知道總署傳見康氏之事，也不知
道康將《第六書》遞到總署請求代遞之事。康年譜所謂「奉旨傳見」
和「奉旨條陳所見」都是為了混淆視聽，掩蓋內幕。

　　從上述代奏摺看，總署對高片的「酌核辦理」顯得非同尋常。此
時膠案談判即將達成協議，高片中請派康入弭兵會的核心建議早在總

---

65 黃明同、吳熙釗主編：《康有為早期遺稿述評》，263頁。
66 筆者推測，總署對高燮曾折片的回覆之所以拖了三個月，可能與當時復奏時間不能
　　超過三個月的硬性規定有關，可惜未見清代制度有過明確成文規定，姑存此論。

署傳見康氏前已被否決，[67]「特予召見」也化為泡影，但總署卻以高氏稱康「學問淹長」、「熟諳西法」為由，先將康傳至總理衙門問話，聽其闡述改革主張，然後又將其自行遞至總署「懇請代奏」的條陳（《第六書》）代呈皇帝。如此看似節外生枝的「辦理」，與高氏原片的旨趣已大相逕庭。顯然，總署在三個月之內，逐漸將事態的發展引向了非常有利於康氏的一面，給了康有為千載難逢的機會，使其通過合法途徑達到了上書目的。這主要是張蔭桓幕後推動的結果。

丁酉、戊戌之際入值總理衙門的王大臣是恭親王奕訢、慶親王奕劻、大學士李鴻章、戶部尚書翁同龢、兵部尚書榮祿、禮部尚書許應騤、左都御史廖壽恒及張蔭桓八人。張氏雖官居末秩，卻因長期供職總署，且勇於任事，實際上成為總署的當家人物。曾任總署章京的李嶽瑞評價說：「（張蔭桓）生平作事不拘繩尺，且以流外官致身卿貳，輦下諸貴人尤疾之，以故毀多於譽。然幹局實遠出諸公上。」[68]張氏自稱，恭親王自甲午九月管理總理衙門之後，「遇事俯詢」，對其甚是倚重；[69]時人稱，翁同龢以樞臣兼值譯署，「倚之直如左右手，凡事必諮而後行，每日手函往復，動至三五次」，更是服膺不已。[70]李鴻章外交聲名雖遠在張氏之上，但丙申年入值總署時，張在總署中已「攬權有年，不能復讓」，「合肥往亦默坐不作一語，委蛇進退而言」。以致總署中形成「惟張樵野一人主政，餘皆伴食」的局面。[71]憑藉張氏在

67 據張元濟戊戌年正月初二日致汪大燮、汪詒年信函中說：「弭兵會亦已罷論，惟高位者，頗能為所歆動耳。」（見上海圖書館編：《汪康年師友書札》第2冊，1723頁，上海，上海古籍出版社，1986）「高位者」主要指張蔭桓而言。

68 李嶽瑞：《春冰室野乘》，137頁，太原，山西古籍出版社，1999。

69 任青、馬忠文整理：《張蔭桓日記》，535頁。

70 吳永口述、劉治襄記：《庚子西狩叢談》，21頁，長沙，嶽麓書社，1985。

71 王伯恭：《蜷廬隨筆》（與《趨庭隨筆》合刊），27頁，太原，山西古籍出版社，1999。

總署的優勢地位，將事態引向有利於康有為的方面並不是件困難的事。最為巧妙的是，代呈《第六書》被化為「辦理」高片的最後結果；對高片的復奏摺同時又是代呈康氏條陳的代奏摺，這使總理衙門代呈工部主事的條陳變得名正而言順，真可謂匠心獨運。毫無疑問，這些都是張、康精心策劃的。

將康有為《第六書》作為辦理高燮曾奏片的最終結果進呈御前，或許是翁同龢事先所未能料到的。但是，自從光緒帝將高片交由總署酌核辦理之日起，翁同龢便與此事難脫干係。在甲午戰後的朝局中，翁氏以帝師之尊，隱操政柄，辦事幹練的張蔭桓則積極結納，為翁出謀劃策，成為「甲午至戊戌間之幕後大人物」。[72]翁、張之間雖偶有分歧，但總體上保持著密切合作的態勢，這在膠旅交涉前後的朝局中尤為明顯。在張氏積極援引康有為的過程中，翁同龢不僅是知情者，在辦理公務的層面，也是謹慎的支持者。以至戊戌年初就有張、翁引康變法的傳言。[73]但是，翁、康之間從未有過私人交誼，戊戌年春更是如此。[74]因此，就事實的層面來說，翁同龢沒有薦過康，真正向皇帝密薦康氏的是張蔭桓。

---

72 黃濬：《花隨人聖盦摭憶》，464頁。

73 蘇繼祖《清廷戊戌朝變記》記云：「當康去冬來京上書時，守舊之大員於元旦密告恭邸曰：康有為所事，聞是翁、張所引，將樹朋黨以誘皇上變法者，急宜防備之。」這則記載屬於事後追憶，可信性有待確證。不過，至少反映出張、翁行動的一致性引起一些同僚的注意，所指應為處理高折之事；所謂「守舊大員」可能指許應騤。見《戊戌變法》叢刊第1冊，332頁。

74 錢仲聯在《夢苕盦詩話》中說：「人謂公薦舉南海，有才勝臣十倍之語，實不盡然。政變以前，金門姑丈在京師，公即誡以不可近南海，謂其心術不正。此事姑丈親為予言之。外間所傳，不免捕風捉影。今日記俱在，可覆按也。」（轉引自錢仲聯主編：《清詩紀事》第16冊，11312-11313頁，南京，江蘇古籍出版社，1989）錢仲聯之祖母乃翁同龢之姊，其姑丈俞鍾鑾（字金門）又是翁的外甥，戊戌年春曾到京參加會試。這條口碑材料可信性極高，說明翁當時對康大有戒心。

## 四　張蔭桓「私以康有為進」

康氏年譜稱戊戌年二月十九日《第六書》上達前翁同龢已向光緒帝舉薦過康，而且皇帝屢欲「召見」康氏，這是不可能的。因為光緒帝對康氏及其政治主張的重視是看到《第六書》之後的事情，如果沒有《第六書》先入為主，任何人的舉薦恐怕都無法對皇帝產生有效的影響。光緒帝見到《第六書》，為康氏言辭深深打動，當即下旨令總署妥議具奏。此後，康有為越來越受到皇帝的賞識，並開始頻繁進呈變法書籍。

根據清宮檔案以及《傑士上書匯錄》所收折片抄件，康氏《第六書》上達後，又陸續向總理衙門呈遞新的變法條陳與書籍。二月二十日，也就是《第六書》呈遞皇帝的第二天，康有為將早已抄繕好的《俄大彼得變政記》一書及《為譯撰〈俄彼得變政記〉成書，可考由弱致強之故，呈請代奏摺》（又稱《上清帝第七書》）送到總署請求代遞。二月二十七日又將《俄脅割旅大，覆亡在即，乞密聯英日，堅拒勿許摺》遞至總署。三月初三日總理衙門將上述二折一書同時進呈皇帝。三月二十日康氏復將《日本變政記》、《泰西新史攬要》、《列國變通興盛記》三書及《譯撰〈日本變政考〉成書，乞採鑒變法以禦侮圖存摺》、《請照經濟科例推行生童歲試片》交到總署。三月二十三日翁同龢在樞臣見起時，將此三種變法書籍及康氏折片一併呈到御前。[75]

短短一個月之中，康有為連續三次向總署遞條陳和書籍，其數量一次比一次多，總署代呈一次比一次及時，基本上沒有拖延。如果說《第六書》由總署以復奏高燮曾附片的形式遞上還算名正言順的話，

---

[75] 康氏自編年譜中所記呈遞條陳和變法書籍的具體時間多有誤訛之處，以上均以檔案材料為據。可參見孔祥吉《康有為變法奏章輯考》（北京，北京圖書館出版社，2008）及茅海建《〈我史〉鑒注》二書。

後來這些書折由總署代呈則無正當的名目，顯然違背了定制。康氏年
譜中自稱這些條陳和變法書籍都是「奉旨」而上的，可是，根據《傑
士上書匯錄》所收總署代奏摺，均為其自行遞至總署、「懇請代為具
奏」者。[76]既是自行呈遞，又怎能順利到達御前？這與張蔭桓的秘密
活動有關。

張蔭桓在戊戌年春朝局中的地位十分特殊，他對光緒帝的影響力
似乎超過翁同龢。時論稱「南海張侍郎曾使外洋，曉然於歐美富強之
機，每為皇上講述，上喜聞之，不時召見」。「啟誘聖聰，多賴其
力」。[77]政變後梁啟超也說：「（張）久游西國，皇上屢問以西法新
政。」[78]王照稱，「張蔭桓蒙眷最隆，雖不入樞府，而朝夕不時得參密
沏，權在軍機大臣以上」，「是時德宗親信之臣，以張蔭桓為第一」。[79]
張氏對光緒帝的影響如此之大，以至於在接待德國親王訪華的禮儀安
排等問題上，皇帝完全聽信於張蔭桓，導致慈禧和軍機大臣們的不
滿。[80]

據張蔭桓日記，僅戊戌年正月至四月間，先後於正月初九、二十
一、二十八日，二月初七日，三月初二、初十、十四、十七、十八、

---

76 從《傑士上書匯錄》中所收康折抄本看，三月所上條陳，只有二十日遞到總署的
《譯撰〈日本變政考〉成書，乞採鑒變法以禦侮圖存摺》、《請照經濟科例推行生童
歲試片》採用了「工部主事康有為跪奏：為……恭折仰祈聖鑒事」的形式，這是具
有奏事權的官員才可以採用的方式，按照制度，康氏屬於違制。參見黃明同、吳熙
釗主編：《康有為早期遺稿述評》，2622-2678頁。

77 蘇繼祖：《清廷戊戌朝變記》，《戊戌變法》叢刊第1冊，331頁。

78 梁啟超：《戊戌政變記》，《戊戌變法》叢刊第1冊，283頁。

79 王照：《禮部代遞奏稿》按語，《戊戌變法》叢刊第2冊，356、355頁。

80 參見陳義傑整理：《翁同龢日記》第6冊，3115-3130頁；王慶保、曹景郕：《驛舍探
幽錄》，見《戊戌變法》叢刊第1冊，500-501頁。另，張蔭桓戊邊途中賦詩云：「外
患交相乘，艱危迄朝暮。……至尊重憂時，召對敢草草。渥荷聖恩深，益用滋媒
妒。秋嚴黨禍起，勢若拉枯槁。」（見《豫弟藩侄自長崎兼程追送，豫弟南返，藩
侄隨戍，別於龍樹寺，時戊戌九月朔日也》，《荷戈集》卷上，清宣統刻本）

二十八日，閏三月初十、十二日，總計十三次單獨被光緒帝召見；僅三月就被單獨召見六次，而康氏的變法書籍主要是在三月內進呈的。大學士徐桐在閏三月二十七日糾參張蔭桓時，別有用心地指責張氏「屢蒙召對，於敷陳時事必有聳動聖聽之處」，[81]暗示有「蠱惑」皇帝的嫌疑。拋開守舊的傾向不言，徐桐的這一判斷並非無因，康有為越來越受到皇帝賞識即與張氏屢蒙「獨對」直接相關。

近人郭則澐在《十朝詩乘》中寫道：「時德宗懲甲午之敗，謀自強，張樵野密進康所著書，上驚賞，戊戌改制由此。」[82]在《庚子詩鑒》亦云：「康有為初規變法，所著及封奏皆由張樵野侍郎代進。」[83]郭則澐之父郭曾炘（號春榆）戊戌年以禮部郎中充軍機章京，故上述說法自屬局內人之論。祁景頤《張樵野侍郎之與當時朝局》亦記云：「德宗立意維新……召見時（張）私有所陳，兼進新學書籍。如康南海之進身，外傳翁文恭所保，其實由於侍郎密奏也。」[84]景頤為晚清名臣祁世長之孫、李鴻藻外孫，出身世家，久居京師，這番言論也不同於遊談無根的傳聞野記。他明確肯定舉薦康有為的不是翁同龢，而

---

81 徐桐：《奏為特參戶部侍郎張蔭桓貪奸誤國事》，光緒二十四年，錄副奏摺，檔號 03/5359/082。

82 郭則澐：《十朝詩乘》，收入張彭寅主編：《民國詩話叢編》第4冊，752頁，上海，上海書店出版社，2002。

83 龍顧山人（郭則澐）《庚子詩鑒》詩又云：「窮塞逋臣尚抗章，曾規新法進康梁。頭顱萬里無人惜，只賺伶官淚數行。」所做詩注云：「康有為初規變法，所著及封奏皆由張樵野侍郎代進。樵野起自雜流，有幹才，通時務，東朝亦深喜之，由是失寵。康、梁敗，樵野亦譴戍新疆。朝野幾忘之矣。拳亂作，忽具疏力言外釁之不可輕開，乞新撫聯魁（誤，應為饒應祺——引者）代奏，端、剛輩方竊柄，矯旨正法，其直諫不亞袁許，而人鮮知者。」（載《中和》月刊第1卷第1期〔1941年1月〕，54-55頁）

84 祁景頤：《谷亭隨筆》，原載民國年間《青鶴》雜誌，收入章伯鋒、顧亞主編：《近代稗海》第13輯，124頁，成都，四川人民出版社，1988。

是張蔭桓。蘇繼祖也提及南海張侍郎傳遞說帖之事。[85]時人魏元曠稱：「康有為居京，日夜於侍郎張蔭桓宅圖之，張蔭桓私以康有為進。」[86]一個「私」字可謂道盡玄機，也是後來張蔭桓不見容於慈禧的根本原因。

　　查張蔭桓戊戌日記，張氏在三月初二、初十、十四、十七、十八日，五次被單獨召見，每次獨對逾時。從張日記的簡略記載看，君臣二人所談主要是對俄、德交涉，以及德國親王訪華接待儀節諸事宜。不過，當時光緒帝正為康之主張所吸引，總署對《第六書》尚未覆議，他們的話題不會不涉及康有為，否則就無法解釋張氏屢蒙召見與康氏頻頻上書、總署違例代呈之間存在的有機聯繫。例如，三月初二日張蔭桓被召見，第二天總署即將康氏早已交來的書籍、條陳呈上；三月十七、十八日張氏連續兩次被召見後，康有為即於三月二十日異乎尋常地將三部變法書籍和一折一片同時遞至總署，三月二十三日翁同龢在樞臣召對時將其呈送皇帝。如果不是張氏在召見時的介紹，以及光緒帝的特意過問，康有為遞至總署的書籍恐怕很難及時上達。將光緒帝過問後的進呈視為「奉旨」，似乎也不無理由，但是，這與一般所說的「奉旨」不同。康氏反覆強調「奉旨」之說，正是為了掩蓋張蔭桓獨對時推介的內情。無論如何，這是無法公之於眾的秘密。此外，康氏在三月中旬後通過總署大規模向皇帝進書，可能與總署大臣許應騤生病請假有關。許氏於三月十四日請假十日，二十四日又續假五日，到二十八日才銷假。[87]因為沒有阻撓，康氏的書折才得以通過總署順利代達。

---

85 蘇繼祖《清廷戊戌朝變記》也寫到，光緒帝與康有為之間「手諭不時下頒，說帖時有進呈，南海張侍郎曾代傳遞二三次，皆紙筆所不能達者……（張侍郎之得罪，此其一端）」。（《戊戌變法》叢刊第1冊，335頁）

86 魏元曠：《堅冰志》，《戊戌變法》叢刊第4冊，312頁。

87 《京報（邸抄）》第115冊，279、489、577頁。

　　張蔭桓向皇帝推薦康有為著作的情況，從《日本國志》一書進呈過程也能得到證明。戊戌年春被呈送光緒帝的第一部變法書籍並非康氏之著述，而是黃遵憲的《日本國志》。正月二十三日，翁同龢日記云：「上向臣索黃遵憲《日本國志》，臣對未洽，頗致詰難，並論外人入覲，將以輿馬入禁門，上意謂可曲從，臣謂不待請而先予，恐亦非禮也。」二十四日又記：「是日以《日本國志》兩部進呈。」[88]深居禁城的皇帝突然宣取《日本國志》，似與張的進言有關。查正月二十一日張氏日記云：「蒙召對，問德親王來華事，跪對兩刻餘。」[89]黃氏書籍應是這天被介紹給皇帝的，[90]當然，允諾外使覲見時「以輿馬入禁門」也是張的建議。在年輕皇帝趨新若渴的時候，張氏在召對時先後推薦黃、康的新學著作，以這種特殊的形式實現了對二人的「密薦」。

　　在進呈變法書籍時，張、康二人似有精細的計劃。張氏與黃、康均主張仿效日本進行變法。康氏條陳、書籍及黃遵憲《日本國志》的進呈彼此相輔相成，十分強調學習日本的意義。康氏《第六書》明確提出，「願皇上以俄大彼得之法為心法，以日本明治之政為治譜」，主張仿效日本進行徹底變法。在此書未上達前，張蔭桓便以詳述明治維新史的《日本國志》奏上，與康氏主張相呼應，大有為皇帝接受康氏主張做鋪墊之意味。康在《第六書》中又稱：「職譯纂累年，成《日本變政考》一書，專明日本改政之次第。又有《大彼得變政記》，頃方繕寫，若承垂採當以進呈。若西人所著之《泰西新史攬要》、《列國變通興盛記》於俄、日二主之事，頗有發明。皇上若俯採遠人，法此

---

88 陳義傑整理：《翁同龢日記》第6冊，3193頁。

89 任青、馬忠文整理：《張蔭桓日記》，511頁。

90 甲午戰後張蔭桓向光緒帝保薦黃遵憲之事，參見馬忠文：《黃遵憲與張蔭桓關係考論》，載《學術研究》2002年第9期。

二國，誠令譯署並進此書……」[91]很明顯，《第六書》還未遞至御前，康有為已為進一步呈遞書籍埋下了伏筆，並暗示令譯署進呈。後來《日本變政考》等書也確由此途徑實現上達。

在張蔭桓暗中向皇帝積極推介康氏的過程中，翁同龢對張、康的密切合作完全知情，並非局外人。因為身兼樞、譯，翁氏不可推卸地成為奉命宣取康氏書籍的傳旨者與代呈者。開始，翁不僅代轉了《日本國志》，也多次代轉了康有為的條陳和書籍，這些活動均屬辦理公務，翁氏並未推辭。然而，到了四月初，朝局動盪，翁同龢、張蔭桓因內政外交危機受到中外官員的嚴厲參劾；特別是光緒帝受張蔭桓、康有為影響表現出的改革傾向引起慈禧不滿時，一生沉浮宦海的翁同龢開始退縮自保，主動疏遠張、康，甚至更不惜冒犯皇帝，拒絕代呈康書。

四月初七、初八日，光緒帝在樞臣見起時，連續兩次令翁向康有為索書（第二次進呈《日本變政考》），[92]但遭到翁的拒絕。翁氏日記云：

> 初七日：上命臣索康有為所進書，令再寫一份遞進。臣對：與康不往來。上問：何也？對以此人居心叵測。曰：前此何以不說？對：臣近見其《孔子改制考》知之。
>
> 初八日：上又問康書，臣對如昨，上發怒詰責。臣對：傳總署令進，上不允，必欲臣詣張蔭桓傳知，臣曰：張某日日進見，何不面諭？上仍不允，退乃傳知張君，張正在園寓也。[93]

91 黃明同、吳熙釗主編：《康有為早期遺稿述評》，268頁。

92 關於戊戌年《日本變政考》的呈遞情況，參見王曉秋：《近代中日啟示錄》，194-198頁，北京，北京出版社，1987。

93 陳義傑整理：《翁同龢日記》第6冊，3128頁。

　　翁氏以「與康不往來」為由，兩次拒絕向康索書，並提議「傳總署令進」，試圖與張、康劃清界限。在皇帝堅持下，始允諾傳知張蔭桓，由張轉告康有為。翁氏這裡已經暗示出張與進呈康氏書籍之間的神秘關係了。[94]四月二十四日，光緒帝欲於宮中接見外國使臣，翁以為不可，遭到皇帝詰責。光緒帝又以張蔭桓被劾，疑翁、張有隙，欲翁推重力保張氏，不料，翁同龢「據理力陳，不敢阿附」。[95]翁的態度令光緒帝大為失望。有論者以為幾天後翁氏開缺出於光緒帝之意，與此多少也有關聯。

　　翁氏開缺後，光緒帝又令軍機大臣兼總署大臣廖壽恒專門負責向康傳話並轉呈書籍與條陳，京中譏其為「廖蘇拉」。[96]康年譜記云，「甚至有謂康狗者。廖避之」[97]。其實，廖、翁均為奉旨辦理公務，並不牽涉政見新舊及私人交誼。後來翁同龢刪改日記時，對於屢次代呈康書的情況，未有絲毫改動，即為明證。然而，在不明就裡的局外人看來，頻繁轉遞康氏書籍，不啻是支持康氏的力證。

　　在兩三個月的時間裡，康有為通過張蔭桓，牢牢把握住了光緒帝的思想動態，不斷進呈變法書籍和條陳，建言獻策，逐步贏得了年輕皇帝的信任。同時，又聯絡其它官員上書言事，營造變法聲勢。四月十八日，在康有為策劃下，御史楊深秀上疏請定國是而明賞罰，稱「非明降諭旨，著定國是，宣布維新之意，痛斥守舊之弊，無以定趨

---

94 翁氏自訂年譜又補充說：「越日，蔭桓以康書原稿送樞直代遞，不知書中何所言也。」見翁開慶整理，朱育禮點校：《翁同龢自訂年譜》，《近代史資料》第86號，54頁，北京，中國社會科學出版社，1994。

95 陳義傑整理：《翁同龢日記》第6冊，31頁。

96 蘇繼祖：《清廷戊戌朝變記》，《戊戌變法》叢刊第1冊，335頁。

97 樓宇烈整理：《康南海自編年譜（外二種）》，50頁。其實，康於四月二十八日被召見後被任命為總理衙門章京，總署大臣代其轉呈條陳和書籍已符規制。

向而革舊俗」。[98]四月二十日，康又代內閣學士徐致靖草折，再次請明
定國是，大意與楊折同。二十三日經慈禧太后同意，光緒帝終於宣布
明定國是，實行變法。二十五日，徐致靖再次上疏，奏請召見康有
為、黃遵憲、譚嗣同、張元濟、梁啟超等人。疏上，光緒帝諭令在京
的康有為、張元濟預備召見。至此，康有為與張蔭桓煞費苦心的政治
運作，在幾個月內終於結出了累累碩果。

對於「徐學士薦備顧問」之事，康氏在年譜中表示出乎意外，[99]
這是故作姿態。梁鼎芬在政變後揭露徐氏保薦是康幕後策劃的產物，
保折由康、梁二人所擬。[100]張蔭桓也披露，楊深秀、宋伯魯、徐致靖
均受康氏重金餽贈而支持其政治活動。[101]這種非局內人無法洞悉的秘
辛，恐怕不能說是張氏無端編造的，正說明張蔭桓也是參與核心機密
的「康黨」主腦人物。金錢操縱下的政治活動在清季官場並不鮮見，
不過，也不能因為牽涉變法就對其視而不見。

總之，在當時等級森嚴的專制體制下，康有為這位資歷甚淺的額
外六品主事，終於衝破種種阻隔，得到皇帝的格外賞識，這在清代歷
史上可謂絕無僅有，故時人感歎「以小臣而受殊知，實古今未有之奇
遇也」。[102]康氏在短時間內迅速「發達」起來，完全是因為在張蔭桓

---

98　《山東道監察御史楊深秀摺》，國家檔案局明清檔案館編：《戊戌變法檔案史料》，
　　2頁，北京，中華書局，1958。

99　樓宇烈整理：《康南海自編年譜（外二種）》，41頁。

100　梁鼎芬：《康有為事實》，湯志鈞：《乘桴新獲──從戊戌到辛亥》，66頁。

101　張氏回憶說：「康本叛賊孫文黨，挈多金走京師，密結京僚圖不軌。康實寒素，所
　　有皆孫文資。侍讀學士徐致靖折保酬四千金，宋伯魯、楊深秀等月資以三百金。」
　　（王慶保、曹景郕：《驛舍探幽錄》，《戊戌變法》叢刊第1冊，492頁）胡思敬《戊
　　戌履霜錄》也云：「康有為初未進用，所擬變法章奏，未由上達，皆慫恿伯魯言
　　之，或傳其受有為賄，莫能明也。」（《戊戌變法》叢刊第4冊，88頁）

102　楊銳密札，參見孔祥吉：《百日維新密札考釋》，收入《戊戌維新運動新探》，79-80
　　頁，長沙，湖南人民出版社，1988。

引領下，沿著「秘密」捷徑，走入光緒帝的視線之內。對此，清史專家蕭一山曾言：

> 有為受知於帝由於同龢，其嚮用變法則由於蔭桓，所謂徐致靖、楊深秀、高燮曾、李端棻等推薦，皆係官樣文章，其奏疏全出梁任公手，觀《梁任公先生年譜稿》可以知之。惟諸當事人所親記，如翁，如康，如梁，均只言其一面，實際暗中為之運用者，皆張蔭桓，而蔭桓之名竟不彰，殊可惜耳。[103]

其實，「受知於帝」和「嚮用變法」是很難分開的，這是前賢面對疑案難得定見，不得不做的調和之論。近人葉公綽也稱，「康長素之出，實由樵野薦之於翁叔平，翁薦之於光緒，故戊戌變政，樵野實其原動」。[104]或囿於成見，蕭、葉均不能擺脫翁氏「薦康」說的影

---

103 參見蕭一山：《清代通史》第4冊，2102頁，北京，中華書局，1987。另，1963年9月蕭一山在臺北的一次學術座談會上做了題為《戊戌變法的真相》的講演，指出張蔭桓是百日維新的主要人物，當翁同龢與康有為不往來之後，維新人物的見用，完全是由於張蔭桓的關係；康有為的進用，完全是張蔭桓在幕後運作的。他說，「後來我在讀《續孽海花》小說中才發現這件事情的真相」，「作者曾在總理衙門任事甚久，知道戊戌政變內幕，記載很詳，為一般史書所不及」。(《大陸雜誌》第27卷第7期，1963年7月)。

104 葉恭綽《讀張樵野鐵畫樓集》詩序說：「康長素之出，實由樵野薦之於翁叔平，翁薦之於光緒，故戊戌變政，樵野實其原動，西太后欲殺之久矣。庚子亂命，與害珍妃同一筆法，事類袁紹之殺田豐。蓋自恥失敗而永圖滅口，且杜翻案耳。樵野之起，不由科第，而才華顯露，眾多側目；至其親家李苾農亦與不諧，故受禍雖烈，而稱之者稀，尚不克比於許景澄、徐用儀，亦可傷矣。阮季湖前覓得樵野遺集寄京，偶題此什，以抒所感，亦論近世史者所宜知也。」(《讀張樵野鐵畫樓集序》，見《遐庵詩乙稿》，1950年代鉛印本，轉引自左舜生：《記張蔭桓》，收入《中國近代史話初集》，193頁，臺北，傳記文學出版社，1970)另，葉氏所藏《鐵畫樓詩鈔》亦有跋云：「南海張樵野(蔭桓)，於清光緒間以外省末吏薦至公卿，以才顯於世，樞府依為左右手。其時翁同龢與孫毓汶意見不同，有若『牛

響,但他們對張蔭桓在變法中「實際暗中為之運用」的「原動」作用予以了充分的估量,這是符合歷史實際的。

## 五 戊戌五月後張、康關係的疏遠

戊戌四月前,張氏對康有為的政治活動予以了全力支持。當時,康、梁聯絡朝臣,在北京開保國會,宣傳變法。第一次大會借用粵東會館開會,便得到張蔭桓的允諾。保國會期間,駐日公使裕庚突然致函總理衙門,密告康氏弟子徐勤及汪康年等人與革命黨人孫中山有交通之事,康、梁聞訊驚慌失措,慌亂之中停止了開會活動。張蔭桓則利用職權將裕庚密告之事壓住不發,冒險保護康、梁等人,避免了一場大獄的發生。[105]

然而,隨著朝局的劇烈動盪,張、康關係也開始出現微妙變化。先是,因中德膠州灣交涉、中俄旅大交涉以及英德續借款等問題,直接負責談判的翁同龢、張蔭桓頻遭朝野激烈的抨擊。[106]四月二十七日翁被開缺後,張蔭桓便成為眾矢之的。五月初,剛剛受到皇帝召見的康有為策動御史楊深秀、宋伯魯參劾禮部尚書許應騤,終於引發了一

---

李』,樵野遊其間,皆能水乳。卒以薦康有為成戊戌大獄,那拉氏追恨殺之戊所。其時風氣錮蔽,以其不由科目進,眾皆輕之。李若農(文田)乃其親家,且時極嘲詆。至非罪被害,哀之者稀,不獲與『三忠』(袁昶、許景澄、徐用儀)同稱其道,亦可傷矣。乃其文藝超凡,迥非當時科第中人所及,亦復知者無幾。……樵野遇事犀燭劍剖,判斷如流,誠超過其時流輩倍蓰,不止其薦康南海一事。在當日為歷史行動,而卒以此殺身,且罕知者。專制之朝,了無正義公道可言。此其一徵。」(王貴忱:《可居題跋三集》,後記,1995年自印本,57-58頁)觀其宗旨,葉恭綽對張氏薦康一事非常肯定,並對這位鄉賢的不幸遭遇十分同情。

105 參見馬忠文:《戊戌保國會解散原因新探——汪大燮致汪康年函札考》,載《東北師大學報》1995年第4期。

106 參見舒文:《翁同龢開缺原因新探》,載《清華大學學報》1998年第1期。

場不小的政治風波。一直在幕後密切關注局勢的慈禧與光緒帝發生了激烈衝突，張蔭桓成為其中的焦點人物。

　　戊戌年春禮部尚書許應騤不僅反對破格召見康有為及總署代遞康氏條陳，還極力阻止康、梁開保國會。康被召見後，奉命在總理衙門章京上行走，並被授以專折奏事之權，這些格外恩遇使他深受鼓舞。五月初二日，康氏授意楊、宋糾彈許應騤「守舊迂謬，阻撓新政」，建議將許「以三四品京堂降調，退出總理衙門行走」，「解去部職，以為守舊誤國者戒」。[107]雖然奏疏中不乏對其思想守舊的抨擊，但也有挾私報復的動機。楊、宋疏上，光緒帝震怒，令許明白回奏。五月初四，許應騤在復奏中對楊、宋的指責拒不承認，並暗示康氏於幕後從中指使；進而抨擊康「少即無行，迨通籍旋里，屢次構訟，為眾論所不容。始行晉京，意圖僥倖。終日聯絡臺諫，夤緣要津，託詞西學，以聳觀聽」。「嗣又在臣省會館私行立會，聚眾至二百餘人，臣恐其滋事，復為禁止，此臣修怨於康有為之所由來也。」許氏又揭露康氏被召對後「即以大用自負，向鄉人揚言」，並稱：「今康有為逞厥橫議，廣通聲氣，襲西報之陳說，輕中朝之典章，其建言既不可行，其居心尤不可問。若非罷斥驅逐回籍，將久居總署，必刺探機密，漏言生事；長駐京邸，必勾結朋黨，快意排擠，搖惑人心，混淆國事，關係非淺。」[108]他對康的回擊也是針鋒相對，毫不示弱。沒有直接材料表明糾參許應騤幕後有張蔭桓的參與，但參許事件以及光緒帝對許的嚴屬態度，激怒了最高當權者慈禧太后。

　　五月初三日，御史胡孚宸發難，糾參張蔭桓在籌辦英德續借款一

---

107　《掌山東道監察御史宋伯魯等摺》，國家檔案局明清檔案館編：《戊戌變法檔案史料》，5-6頁。

108　許應騤：《明白回奏並請斥逐工部主事康有為摺》，《戊戌變法》叢刊第2冊，480-482頁。

事中受巨賄，與翁「平分」，要求嚴懲。在許應騤被責令明白回奏的次日，發生言官對張氏的嚴參，並非偶然。這是張氏政敵有預謀的一次反擊。一直對張蔭桓「蠱惑」皇帝不滿的慈禧，不失時機，於五月初五清晨下懿旨，令步軍統領衙門左翼總兵英年預備查抄張蔭桓府宅，將其拿交刑部治罪。旋因奕劻、立山、崇禮等權貴從中緩頰，事態才有所轉機。張氏政變後回憶說：

> 是日，太后在頤和園召見慶邸、廖壽恒、剛毅，問近日張蔭桓遇事頗為專擅，參奏甚多，爾等有所聞見否？廖壽恒對以總理衙門所稱能辦事者，惟張蔭桓一人，實亦非伊不可。太后聞之怒甚，因云：似爾所言，若張蔭桓死了，則將如何？當下諸臣俱碰頭莫敢一言。移時，太后復云：我亦知張蔭桓頗能辦事，究竟有無專擅之跡？廖壽恒等見太后盛怒，因奏對曰：張蔭桓在總理衙門遇有事件，有與同官商議者，亦有一人專主者，緣張蔭桓所識洋人頗多，凡交涉密議，行蹤詭密，旁人不得聞知。時皇上亦侍側，太后因言張蔭桓遇事專擅，皇帝明日叫起入見，可以嚴加申飭，使知警戒。[109]

　　慈禧太后對張氏「專擅」的懲戒，毋寧說是對光緒帝事事信任張

109 王慶保、曹景郕：《驛舍探幽錄》，《戊戌變法》叢刊第1冊，494頁。此次查抄之命得以收回可能與張蔭桓用金錢疏通關節有直接關係。據李符曾（應為楊銳）致張之洞密函言：「（五月）初四，胡公度侍御奏劾張蔭桓，有借款得賂二百餘萬，七口改歸稅司經管，有私改合同事。又議增赫德薪水，每年驟至百廿萬等語。慈聖大怒。次日面諭英年查抄拿問。崇禮故緩之。旋有立山出為懇求，其事遂解。聞廖仲山亦苦求於上前，尚未允。立一人最得力也。」（孔祥吉：《戊戌維新運動新探》，80頁）張蔭桓戊戌年五月二十四日記寫道：「訪豫甫（立山），承諭慈聖保全之意，為之感激。」（任青、馬忠文整理：《張蔭桓日記》，543頁）顯然，時人所言張氏納銀免禍是有根據的，內務府大臣立山在此事中起了關鍵作用。

蔭桓發出的嚴重警告。初六日，光緒帝召見樞臣和張蔭桓時，令張氏閱覽了所有彈劾他的奏摺，非但沒有責備張氏，反而斥責樞臣「什麼事不管，問起來絕不知道，推給一個人挨罵」，並傳諭「張蔭桓不必憂慮」。[110]慈禧對張的嚴厲態度，多少是針對光緒帝苛責許應騤、袒護康有為一事而發，她對張蔭桓與康的密切關係也不會毫無所知。因此，兩宮對許、張的態度，實際上折射出他們對康的不同態度。雖然查抄事件因為張氏的私下活動而作罷，但風波並未就此結束。

五月二十日，御史文悌又上折彈劾楊深秀、宋伯魯聯名庇黨，「誣參朝廷大臣」，為許應騤打抱不平。文悌稱讚許「珍惜名器，物色通才」，「立身行事，自有本末」，深合大臣之體；攻擊康有為「膽大妄為，不安本分」，立保國會「聚集匪徒，招誘黨羽」，「暗營保薦以邀登進」；又稱康「行蹤詭秘，恒於深夜至錫拉胡同張大人處住宿，蓋戶部侍郎張蔭桓與康有為同縣同鄉，交深情密，是則許應騤言其『夤緣要津』，亦屬有因」。故許應騤所論康有為各節「皆非揣測之辭，概可信也」。[111]文悌揭發康有為「暗營保薦以邀登進」、結張蔭桓為奧援，許應騤並非不知道，而是不便挑明。光緒帝並非不知張、康之間的關係，而是此時已不能容忍任何人對康的抨擊。他斷定此奏係「受人唆使」，指責文悌欲開臺諫結黨互攻之習，盛怒之下取消其御史資格，令其回原衙門行走。[112]對文悌的嚴懲，再一次表明光緒帝堅決袒護張、康的鮮明態度。至此，兩宮的分歧已難彌合。

---

110 任青、馬忠文整理：《張蔭桓日記》，540頁。

111 文悌：《嚴參康有為折稿》（光緒二十四年五月二十日），《戊戌變法》叢刊第2冊，482-489頁。

112 中國第一歷史檔案館編：《光緒宣統兩朝上諭檔》第24冊，第233頁。據趙炳麟稱，文悌被責令回原衙門行走，不啻廢棄，遂授徒於龍樹寺樓上。「大學士徐桐重譽之，曰：仲恭（悌字）天下正氣也。」可見守舊大員對文悌的聲援和支持。見《光緒大事匯鑒》（收入《趙伯岩集》，1922年刊本）卷9，19頁。

　　文悌彈章在朝野影響甚大。六月十八日，皮錫瑞在長沙從《時務日報》看到文悌參劾康之折稿，知「康工部得志，乃張樵野主持」。次日，又與友朋談論此事，對康與文悌皆有評論。皮氏日記云：

> 《時務日報》列文悌參康工部疏，訐發陰私，非奏疏體，孔子改制亦非滿人所知，謂講學不應昌言國亡及申民權、去跪拜之類，所見尤陋！惟言其（康）好利、好鑽營、鑽張樵野之類，當屬有因。觀古來能幹大事之才，多不矜細行，欲圖進用，不得不託足權門，必苛繩之，三代下無完人矣。特不知南海（康）果能任大事否耳？[113]

　　皮氏批駁文悌、袒護康有為的傾向很明顯。在他看來，「能辦大事之才，多不矜細行」，對康「託足權門」，「鑽營張樵野」並不苛責，關鍵是看康氏能否做成大事？可是，對於康的政敵而言，鑽營權貴正是他們攻擊康氏的要害之一。

　　文悌劾康事件後，張、康之間的私密關係已經徹底暴露出來。康氏激進主張招致守舊勢力的猛烈攻擊，一些官員又對張屢次參劾，這些都使張蔭桓承受了巨大的壓力，不得不格外韜晦。就連與康有嫌隙的同僚許應騤也勸其「自為計」，這讓張氏大為感動。[114]五月，光緒帝催議康有為《第六書》，張蔭桓已顯得無能為力了。五月十四日總署遞上《遵旨議覆康有為條陳摺》，對康氏主張全盤否定。[115]光緒帝對此大為不滿。據梁啟超說：「皇上召張蔭桓，切責之，謂汝等盡駁

---

113 皮錫瑞：《師伏堂日記》第3冊，260-261頁，北京，國家圖書館出版社，2009。

114 任青、馬忠文整理：《張蔭桓日記》，5頁。

115 國家檔案局明清檔案部編：《戊戌變法檔案史料》，7-8頁。

康某之奏，汝等欲一事不辦乎？」[116]據張日記，五月十六日在頤和園
受到皇帝召見，跪對三刻，[117]向張表達不滿應在這天。張蔭桓顯然很
快將這一情況回饋給了康、梁。是日總署被責令對康折「另行妥議具
奏」。[118]直到五月二十五日，總理衙門才上折稱因「事關重要」，請派
王大臣會同總署議奏。光緒帝再以朱諭令軍機大臣與總理各國事務衙
門王大臣「切實籌議具奏，毋得空言搪塞」。[119]在對康折的討論中，
張蔭桓只是對其中將造幣交督辦官銀行大臣盛宣懷及總署選派司員遊
歷兩條提出了自己的看法，後來也未能被採納。[120]六月十五日，樞、
譯會奏摺上達，對設立制度局等主張全行駁斥，只同意建立鐵路礦務
總局。光緒帝甚是無奈，只得諭令王文韶、張蔭桓二人主持該局。至
此，康氏精心設計的以建立制度局為核心的改革方案，最後被消解成
為建立一個由張蔭桓參與管理的路礦總局。康氏欲進入權力核心的計
劃就此徹底破滅。

　　因右額瘡患，自六月初六日起，張蔭桓便杜門休息。隨後幾次具
疏請假，直到七月初五日才銷假。家居養病期間，總署總辦與廖壽
恒、王文韶等同僚頻頻造訪，商議公事，並屢次「促其銷假」。張氏
銷假當天，立即受到光緒帝召見，諮詢各事。張氏奏言「鄂督《勸學
篇·明綱》篇中述西俗婚配一段，若刪去則成善本，請頒行天下，俾
得家喻戶曉，裨益良多」。[121]光緒帝極表贊同，稍後又將《勸學篇》

---

116　《戊戌變法》叢刊第1冊，252頁。康有為也提到此事，見樓宇烈整理：《康南海自
　　編年譜（外二種）》，50頁。
117　任青、馬忠文整理：《張蔭桓日記》，542頁。
118　中國第一歷史檔案館編：《光緒宣統兩朝上諭檔》第24冊，229頁。
119　《清德宗實錄》，卷420，光緒二十四年五月丁丑，《清實錄》第57冊，508頁，北
　　京，中華書局，1987。
120　任青、馬忠文整理：《張蔭桓日記》，547-548頁。
121　任青、馬忠文整理：《張蔭桓日記》，554-555頁。

中所刪大小字用紅簽黏出，令軍機大臣廖壽恒送到張宅飭觀。次日在
上論中明令刪去此有關西俗婚配的內容，其餘照原文排印，由總署印
製三百部。[122]光緒帝對張蔭桓超乎尋常的信任並未因其身處逆境而有
絲毫的減弱，但張氏與康有為的關係則大大疏遠了。

有關戊戌七月張、康關係的直接文獻很少。據政變後蔡金臺致李
盛鐸信中稱，七月張蔭桓曾反對康氏充任伊藤博文來華訪問的迎送
使；並反對光緒帝派康到日本坐探變法。[123]當時，張自保不暇，在總
署討論公務時反對康氏任差，是完全有可能的。對此，張蔭桓本人也
有所透露。他在政變後說：「日本致仕相伊藤來華，李端棻保康為迎
送使，實康折稿，奏入留中，由是康頗驚皇。」[124]張氏雖未言折稿因
何故留中，但他是知道內情的。張蔭桓又說：

> 七月間，皇上有朱筆諭條，令我向日使言中國擬派頭等欽差駐
> 日本。又擬派康有為赴日坐探變法事宜，我恐日廷不允接待，
> 即至總署與廖仲山言諭。正談敘間，又奉皇上墨諭，內言告知
> 日本，此後往來公牘，可將日皇徽號全行書寫。我即往拜日本
> 使臣，將先奉朱諭隱起，僅將墨筆諭宣示，因向該使臣談及中
> 朝欲遣頭等欽使之意，日使喜甚，允電日廷政府，念餘日並未
> 見有回電，竟作罷論。[125]

孔祥吉、村田兩位先生利用日本外務省所藏檔案進行研究後發
現，張的上述回憶可從日本公使林權助給外務省的報告中得到印證。

---

122 中國第一歷史檔案館編：《光緒宣統兩朝上諭檔》，第24冊，312頁。

123 鄧之誠：《骨董瑣記全編》，603頁，北京，北京出版社，1996。

124 王慶保、曹景郇：《驛舍探幽錄》，《戊戌變法》叢刊第1冊，492頁。

125 王慶保、曹景郇：《驛舍探幽錄》，《戊戌變法》叢刊第1冊，503頁。

事情發生於七月十九日這天,張蔭桓與王文韶(非廖壽恒,此處係張誤憶)抵達日本使館後,只傳達了光緒帝贈送天皇頭等第一寶星、將黃遵憲從公使升格為大使的願望,並未將皇帝「擬派康有為赴日,坐探變法事宜」的意願告知日本方面。[126]張蔭桓這樣做顯然是不遵聖意,但是,迫於當時的形勢以及慎重外交的考量,他仍然反對將康派往日本。

七月下旬,康氏與參劾禮部六堂官而被擢為四品京堂的王照關係日漸密切。據王照後來說,康有為「尊君權」、「去太后」、視慈禧為「萬不可造就之物」的看法,都是受了張蔭桓的影響。[127]七月二十六日,王照上折參劾張蔭桓濫保革員張上達,康聞之,以為張是皇上親信,前來勸阻。[128]但也有傳聞說王照劾張是康有為授意者,意在傾陷張氏,[129]甚至有傳言說王照參折係張蔭桓授意,「冀泯交通跡」。[130]當時謠言盛行,孰是孰非,往往很難定論。但有一點可以肯定,百日維新後期張、康已經比較疏遠。從張氏斥責康有為「瘋癲」的口氣看,康氏鋌而走險,借光緒帝傳出的密詔令譚嗣同夜訪袁世凱,密謀兵圍頤和園的計劃與張蔭桓恐怕沒有直接關係。這種魯莽舉動絕不是久宦官場的張蔭桓所能贊同的。但是,新舊鬥爭的格局中,他們的政治命運早已無法分開了。

---

126 參見孔祥吉、村田雄二郎:《罕為人知的中日結盟及其它——晚清中日關係史新探》,68-73頁,成都,巴蜀書社,2004。

127 王照:《關於戊戌政變之新史料》,《戊戌變法》叢刊第4冊,331頁;《方家園雜詠二十首並紀事(選錄)》,《戊戌變法》叢刊第4冊,359頁。

128 王照:《劾張蔭桓奏稿(節錄)》之按語,《戊戌變法》叢刊第2冊,356頁。

129 胡思敬在《戊戌履霜錄》稱:「有為初曲意事之,後既貴幸用事,乃更相傾陷,王照劾蔭桓濫保革員疏,即有為代草。」(《戊戌變法》叢刊第4冊,82頁)這種解釋未必中肯,卻說明張、康關係出現裂痕已被局外人察覺到。

130 王慶保、曹景郕:《驛舍探幽錄》,《戊戌變法》叢刊第1冊,495頁。按,此處原文標點有誤。

## 六　張「非康黨」與翁氏「薦康」

　　張蔭桓本來是不折不扣的「康黨」人物，但是，政變後卻戴上了「非康黨」的帽子；而已經開缺在籍的翁同龢，卻在政變發生兩個月後，被拉入「康黨」，遭到革職編管的嚴厲處分。張、翁的境遇如此不同，原因並不簡單，其背後呈現的是各種政治勢力角逐的複雜局勢，其中也有外交原因。

　　八月初六日政變發生後，慈禧下旨捉拿康有為、康廣仁兄弟。當時步軍統領崇禮懷疑張蔭桓素與康往還，或有匿藏情事，便派官弁先到東華門外錫拉胡同張氏府宅四處搜求，以至人們誤以為要抄張蔭桓家。[131]驚恐之下，張氏急忙焚毀與康交往的證據，乃至塗改、毀棄日記。[132]初七日，慈禧獲悉袁世凱告密的消息，氣急敗壞，密旨搜拿軍機四卿和其它與康有關的官員。初八日清晨，張被邀至提督衙門受到監視。次日與徐致靖、楊銳、譚嗣同等九人同時被革職，拿交刑部。[133]當時被捕者無不與康有為之案有關。

　　可是，十一日清廷卻突然發布上諭稱：「張蔭桓雖屢經被人參奏，聲名甚劣，惟尚非康有為之黨，著刑部暫行看管，聽候諭旨。」[134]

---

131 《京友再述國事要聞》，《申報》光緒二十四年八月十七日，《戊戌變法》叢刊第3冊，427-428頁。

132 胡思敬：《戊戌履霜錄》，《戊戌變法》叢刊第4冊，82頁。張蔭桓戊戌年的日記有多處塗抹，使人無法辨識原文。如四月二十八日康有為召見這一天的日記就有塗改；六月初九日、十八日、二十四日、二十九日的日記也有塗抹。經王貴忱先生仔細辨認，六月二十九日的內容復原後是這樣的：「潤臺、長素先後來。長素健談不輟。筠丈（許應騤——引者注）適至，規避不及，頗難……」（見王貴忱整理：《張蔭桓戊戌日記手稿》，澳門，尚志書舍，1999，此書為日記原稿影印本）遺憾的是，2004年筆者收入整理本時，因一時疏忽，未能將王貴忱先生放在注釋中的這段文字收入。

133 《清德宗實錄》卷426，光緒二十四年八月庚寅，《清實錄》第57冊，600頁。

134 中國第一歷史檔案館編：《光緒宣統兩朝上諭檔》第24冊，434頁。

該論以「非康黨」為由，將張從康案中剔出，另案處理，這其中大有蹊蹺。原來，這是英、日駐華外交官聽說要處死張蔭桓的消息後，向清廷提出抗議和交涉的結果。

英國公使竇納樂在八月初十日午後得到消息說，張蔭桓將於當晚或翌日凌晨被處死，立即致函日本駐華公使林權助，希望他盡快設法營救。當時退職的日本前首相伊藤博文正在北京遊歷，林權助與伊藤商議後，深夜趕往賢良寺李鴻章的住所拜訪，聲稱如果張氏被殺，會引起「列國干涉」，並說這是伊藤的擔心，希望李援手相救。林權助建議李鴻章寫信給榮祿，以確保次日一早軍機大臣見起時把這個信息傳達給慈禧太后。[135]同時，竇納樂又致函李鴻章，指出「西方各國認為這種突然的處刑帶有恐怖的色彩，同時匆忙秘密地處決像張蔭桓這樣在西方各國很聞名的高級官員，將引起很壞的結果」。[136]英、日採取一致行動營救張氏，與其甲午後對外交涉中的親英、親日傾向是有關的。雖然李鴻章在甲午後的外交決策中與張時有矛盾，但是，為顧及邦交，仍不計前嫌，致函榮祿勸說慈禧將張從輕發落。[137]軍機大臣中還有人以張氏曾反對康充任伊藤訪華的迎送使以及反對派康到日本坐探變法的例證，為張講情。[138]慈禧顯然接受了榮祿等人的建議。當時，也只有將張從康案中剝離出來，才能與譚嗣同、楊銳等其它「新

---

135 參見林權助撰，張雁深、張綠子譯：《戊戌政變的當時》，《戊戌變法》叢刊第3冊，575-578頁。

136 王崇武譯：《戊戌政變旁記》，《戊戌變法》叢刊第3冊，541頁。

137 參見王樹槐：《外人與戊戌變法》，191-198頁，上海，上海書店出版社，1998；米內山庸夫著，張中原譯：《伊藤博文與張蔭桓》，載《民主潮》第9卷第6期（1959年3月）；雲崗：《張蔭桓託庇異國》，載《春秋》第6卷第1期（1967年1月）。

138 據戊戌九月蔡金臺致李盛鐸函稱，榮祿力陳「張某不無微勞」，「後伊藤來，李芯園舉康為接待使，亦為張所阻。諭旨所以謂張非康黨，其能保首領者，即此二事也」。（見鄧之誠：《骨董瑣記全編》，603頁）

黨」人物區別辦理。可見，張「非康黨」的上諭實為清廷受到外交壓力後的一種表態，是一種迫不得已的抉擇，然局外人並不知此內情。

八月十三日，國子監司業貽谷上折抗辯說：「張蔭桓與康有為往來最密，通國皆知。康有為時宿其家，無異家人父子，數月以來種種悖跡，張蔭桓實與康有為同惡相濟。」[139]他堅定地認為張就是「康黨」分子，要求將其嚴懲，這顯然是針對張「非康黨」的諭旨而發的。十四日，清廷公布譚嗣同等「謀圍頤和園，劫制皇太后」，「陷害朕躬」的「罪狀」；同時發布上諭，將張蔭桓發配新疆，罪名是「居心巧詐，行蹤詭秘，趨炎附勢，反覆無常」。[140]張蔭桓的門人以為，這十六個字的罪名「空無所指，殆如『莫須有』三字獄，不足服天下後世」，[141]其中大有袒護乃師的意思。但是，對清廷而言，欲將張排除在康案之外，捨此空洞的罪名也別無善法。

由於外人的干涉，張蔭桓不僅暫時保住了性命，還獲得了「非康黨」的官方結論。這對他洗刷與康的私密關係十分有利。在西行途中，當押解官員詢問「諭旨謂大人尚非康有為之黨，康與大人同縣同鄉，康入總署，想常進見，康之逆謀，亦曾微露其機否？」張氏答曰：「康有為何足齒數，如此妄作，何異瘋痰？諭旨謂我尚非康黨，我罪爰從未〔末〕減，其實我豈屑黨彼哉？既云我非康黨，何以仍有此嚴譴，殊不可解。言罷長歎。」[142]張蔭桓表現出「委屈」不過是一種姿態而已。

張「非康黨」的上諭也為流亡海外的康有為擺脫尷尬境遇帶來了

139 《國子監司業貽谷摺》（光緒二十四年八月十三日），國家檔案局明清檔案館編：《戊戌變法檔案史料》，469頁。

140 中國第一歷史檔案館編：《光緒宣統兩朝上諭檔》第24冊，434頁。

141 王慶保、曹景郕：《驛舍探幽錄》，《戊戌變法》叢刊第1冊，495頁。

142 王慶保、曹景郕：《驛舍探幽錄》，《戊戌變法》叢刊第1冊，505頁。

轉機。儘管變法後期張、康之間已經出現分歧，但是文悌揭露康氏鑽營張蔭桓之事盛傳於京城，令康處境尷尬，百口難辯。至此，康有為終於可以公開否認與張的關係了。他在八月二十一日首次就政變內幕接受《中國郵報》記者採訪時宣稱，在維新計劃中，張蔭桓與他沒有什麼聯繫；張蔭桓是贊助改革的，但是並沒有起積極的推動改革的作用。[143]對於文悌參劾康密結張蔭桓並夜宿錫拉胡同張宅之事，[144]康氏辯解說：「吾累年來京，皆寓金頂廟，入城多宿於是……文悌心術詭詐，彼留吾談而詢吾僕從，曾訪樵野，即以為吾宿樵野所，樵野無端被禍，實文悌妄指為之。」[145]又稱：「張樵野之萬里軍流，亦為吾夜宿一言。」[146]其實，這樣的解釋實在缺乏說服力。

為了搪塞輿論，康有為還煞有介事地拋出了翁同龢「薦康」的說法。九月初二日上海《申報》轉引了康氏八月二十一日在香港的問答：

> 我由湖北人御史高燮曾所薦，翁同龢及禮部尚書李端芬〔棻〕亦留意於我，有謂翁守舊黨，實非也，實翁、李二臣屢欲薦我在皇上左右以備顧問。我自蒙召見，即奉旨在總署行走。西曆今正三號，曾與總署王大臣會議，各大臣皆以客禮相待，會議三點鐘久……，會議翌日，恭王及翁師傅將所議具奏，雖聞恭王深贊我才，然當時所議亦不以為然，蓋謂祖宗成法不宜驟變，惟翁則深韙其議。後蒙皇上許我具奏條陳政治，我即奏請皇上將中國舊習及祖宗成法變更，並勸皇上效法日本及俄先皇

---

143　《中國的危機》，載《字林西報周刊》1898年10月7日，《戊戌變法》叢刊第3冊，510頁。這是英文版康有為談話的直接譯本。

144　文悌：《嚴參康有為折稿》（光緒二十四年五月二十日），《戊戌變法》叢刊第2冊，482-489頁。

145　樓宇烈整理：《康南海自編年譜（外二種）》，46頁。

146　樓宇烈整理：《康南海自編年譜（外二種）》，64頁。

彼德，又請諭飭各大臣到宗廟矢誓力圖變政……並請設十二局
以分理庶務，此疏既上，聞皇心甚為嘉納，允如所請，發交總
署會議。

此時的李端棻已因「濫保匪人」被革職發配新疆，而翁同龢「薦
康」之說則是首次被披露。康氏拋出此論，既有借翁氏之名掩蓋張氏
暗中舉薦內幕以敷衍輿論的意圖；同時也有攀附翁氏，藉其清望喚起
士林支持保皇活動的目的。這篇採訪談話很快被上海、天津、臺北等
地的中文報紙轉載，不僅翁本人看到了，在士林中也廣為傳播。

九月初七、初八日天津《國聞報》連載《德臣西報訪事在香港與
康有為問答語》，[147]九月十四日，署禮部右侍郎準良上折，指斥《國
聞報》「述康逆問答之詞，以肆其指斥之意，吠聲吠影，喪心病狂，
稍具天良，不忍聞述」，請求嚴屬查辦。[148]當日上諭令直隸總督裕祿
密查明確，設法嚴禁。[149]正是在康氏談話四處傳播的背景下，翁氏
「薦康」說喧囂塵上，翁氏政敵趁機推波助瀾，巧妙利用，將翁羅織
於康案，遂有戊戌十月追究翁氏「濫保匪人」之事。

十月二十一日，清廷頒布明發上諭，稱「翁同龢授讀以來，輔導
無方，從未將經史大義剴切敷陳，但以怡情適性之書畫古玩等物不時
陳說。往往巧借事端，刺探朕意。……今春力陳變法，密保康有為，
謂其才勝伊百倍，意在舉國以聽……是翁同龢濫保匪人，已屬罪無可
逭，……著即行革職，永不敘用，交地方官嚴加管束。」[150]這道諭旨

---

147 參見姚福申：《天津〈國聞報〉若干史實辨析》，載《新聞與傳播研究》1990年第
　　3期。

148 國家檔案局明清檔案館編：《戊戌變法檔案史料》，482頁。

149 《清德宗實錄》卷432，光緒二十四年九月甲子，《清實錄》第57冊，637-638頁。

150 《清德宗實錄》卷432，光緒二十四年十月辛丑，《清實錄》第57冊，674頁。

出自剛毅之手，據稱，「先一日，剛毅獨對，襒職編管皆其所請」。[151]

當時很多人都認為翁氏的「薦康」之罪是莫須有。據張謇所聞，翁案係「剛毅、許應騤承太后意旨，周內翁尚書於康、梁獄，故重有革職永不敘用，交地方縣官編管之諭旨」[152]。軍機大臣榮祿和王文韶都對剛毅的做法有異議。[153]兩江總督劉坤一也認為將翁革職，屬於「康有為案中詿誤」，稱翁氏與陳寶箴均為「四海九州所共尊為山斗，倚為柱石者，何以賢愚雜糅至此？若力保康有為以至波及，聞翁中堂造膝陳詞，亦是抑揚之語」[154]。本來，「康有為之才勝臣百倍（十倍）」之語是戊戌年四月翁同龢在與光緒帝的對答中所說的，隨後還有「然其心叵測」一句，這種肯定康氏才華而詆其心術的評價，否定的意味更重，當時孫家鼐、陳寶箴對康也有類似的評語。不料，剛毅卻斷章取義，將「勝臣百倍」語作為「薦康」的證據。[155]可見，翁同龢革職是剛毅等人利用康氏在海外散布翁氏「薦康」說造成的輿論氛圍趁機傾陷翁氏的結果。同日，與翁關係密切的開缺湖南巡撫吳大澂也遭革職。[156]這兩起事件同時發生，正好說明翁氏革職是甲午後清廷內部的派系鬥爭的延續，「薦康」不過是個藉口而已。

清廷對翁氏「力陳變法，密保康有為」的定論，對於康、梁展開保皇活動帶來了意想不到的效果。在稍後《清議報》發表的《戊戌政

---

151 翁斌孫：《翁同龢列傳》，轉引自謝俊美：《關於翁同龢開缺革職的三件史料》，載《近代史研究》1992年第3期。

152 《張謇年譜》，《戊戌變法》叢刊第4冊，199頁。

153 參見陳夔龍：《夢蕉亭雜記》，《戊戌變法》叢刊第1冊，483頁。也有記載稱是軍機大臣王文韶力諍之，見唐文治《茹經堂文集》，《戊戌變法》叢刊第4冊，252頁。

154 劉坤一：《復歐陽潤生》，《劉坤一書牘》，《戊戌變法》叢刊第2冊，633頁。

155 參見馬忠文：《翁同龢「薦康」說質疑——從「康有為之才勝臣百倍」說起》，載《史林》1999年第3期。

156 《清德宗實錄》卷432，光緒二十四年十月辛丑，《清實錄》第57冊，674頁。

變記》中，梁啟超全面闡述變法與黨爭的關係，明確將翁說成是促成
光緒帝賞識康有為的關鍵人物。他將上諭中「密保康有為，有其才勝
臣百倍之語，意在舉國以聽」之句，刪改為「翁同龢復面於上，謂有
為之才，過臣百倍，請皇上舉國以聽」，添作翁氏「薦康」的細節。
[157]康、梁與剛毅一唱一和，既有當事人的公開指認，又有朝廷的官方
定論，使翁同龢「薦康」的說法迅速傳播開來，並深深影響了人們的
歷史判斷。即使像宋恕這樣的同時代人，也對翁的「薦康」深信不
疑，甚至為昔日批評翁氏守舊的言論而感到歉疚。[158]

　　光緒二十五年十一月十八日清廷再下諭旨嚴緝康、梁，語涉翁同
龢。諭云：

> 朕自沖齡入承大統，篤荷皇太后恩勤教育垂三十年。自甲午以
> 來，時事艱難，益貧益弱，宵旰焦思，恐負慈闈會托之重，思
> 纘列聖神武之謨。每冀得人以資振作。而翁同龢極薦康有為，
> 並有「其才勝臣百倍」之語。孰意康有為密糾邪黨，陰構逆

---

157 梁氏原文是：「……正月初三日遂命王大臣延康有為於總署，詢問天下大計變法之
　　宜，並令如有所見，及有著述論政治者，可由總署進呈……至今年正月始得達御
　　覽，皇上乃命總署諸臣，康有為有條陳，即日呈遞，無許阻格。並宣取康所著《日
　　本變政考》、《俄皇大彼得傳》等書；翁同龢復面薦於上，謂康有為之才過臣百倍，
　　請皇上舉國以聽，自此傾心嚮用矣。」見《戊戌變法》叢刊第1冊，250-251頁。
158 宋恕在1899年6月給孫仲愷的信中說：「翁常熟甲午年以前全不解時務，乙未年
　　後，合肥（按，指李鴻章）入京，常熟虛心請教，遂一變前之愚昧，甚服合肥。
　　近又力薦南海（按，指康有為），以此為諸權臣所怒，內外夾攻，加以重處。由近
　　日論之，常熟竟不失為正人君子，弟昔年之薄之，實為誤薄，當削改之矣。」（見
　　胡珠生編：《宋恕集》下冊，691頁，北京，中華書局，1993）宋恕對翁氏看法的
　　改變，與上諭的影響有很大關係。其實，與現在通行的說法有異，清季不少私家
　　記述都視翁為守舊人物。民國時期的學者陳鑒就將翁列入守舊陣營予以研究，詳
　　見《戊戌政變時反變法人物之政治思想》，載《燕京學報》第25期，民國28年
　　（1939年）6月，59-106頁。

謀，必陷朕躬於不孝；並倡為「保中國不保大清」之謀，遂有
改君主為民主之計。[159]

這裡將翁之舉薦與康、梁「陰構逆謀，幾陷朕躬於不孝」之事相
提並論，用意十分明顯。二十一日翁氏從報章見到此諭，大有感慨。
他在日記中寫道：

> 《新聞報》紀十八日諭旨，嚴拿康、梁二逆，並及康逆為翁同
> 龢極薦，有「其才百倍於臣」之語。伏讀悚惕！竊念康逆進身
> 之日，已在微臣去國之後，且屢陳此人居心叵測，不敢與往
> 來。上索其書至再至三，卒傳旨由張蔭桓轉索，送至軍機處同
> 僚公封遞上，不知書中所言如何也。厥後臣若在列，必不任此
> 逆猖狂至此！而轉因此獲罪，唯有自艾而已。[160]

翁氏在日記中再次以委婉的方式否認了上諭的指責，強調自己代
呈康氏變法書籍只是履行公務，並暗示張蔭桓與康氏進用的神秘關
係。這種謹慎的辯白，比起康、梁在海外報章上連篇累牘宣揚翁氏
「薦康」的聲勢，實在微不足道。

對於翁、張與康氏進用關係的認識，小說家高陽可謂獨具慧眼。
在高陽看來，翁同龢是醇謹之士，與康有為氣味本不相投，無可交
往；且翁氏居官，素持明哲保身之道，故翁不可能「薦康」，薦康的
只有張蔭桓。然則，翁同龢「薦康」之說何來？有兩點原因：「一則
是後黨如榮祿等人，有意散播流言，因康有為與張蔭桓同鄉交密，而

---

159　《清德宗實錄》卷455，光緒二十五年十一月壬戌，《清實錄》第57冊，997頁。
160　陳義傑整理：《翁同龢日記》第6冊，3241頁。

翁倚張為左右手，故此種流言，易為人所信。再則康有為刻意攀附翁
同龢以自高身價，其《自編年譜》中，虛構與翁交往的情形，實不值
一哂。」[161]高陽注意到了康、張、翁三人之間的關係，並提出所謂翁
氏「薦康」說與政敵陷害有關，這樣的史識恐不能以小說家言待之。
可惜，他的判斷並未引起史學家的足夠重視。

## 七　結語

到底怎樣認識和評估康有為在戊戌變法中的實際影響，學界是存
在分歧的。事實上，當我們從思想史的層面著力分析康有為改革思想
和政治主張的時代意義時，可能忽略了這樣一個問題：無論康有為在
當時士林中曾有過多大的影響，無論其政治主張多麼犀利和切中時
弊，但是在政治運作的層面，他是很無奈的。身為額外主事，康氏職
位卑微，根本無法與宋神宗變法時的宰輔王安石可比；[162]因而如何取

---

161 參見高陽：《翁同龢傳》，280-281、307頁，北京，中國友誼出版社，1999。高陽還
　　撰有《康有為「十疑」詩注》，其中一章云：「奔走皇皇權貴門，每言常熟最恩
　　深；松禪日札分明在，蹤跡何妨細細論。」注云：「康有為《自編年譜》一再強調
　　翁同龢以國士相待的知遇之恩，其實為子虛烏有之事。翁同龢日記晚年雖有刪
　　改，但以翁同龢之篤於孝悌忠義，康有為之賣弟、賣友，以『康聖人』自居，而
　　有少正卯之實，氣味不投，理所必然。證以同時人的記載，如葉昌熾《緣督廬日
　　記》等，可知康有為於翁，乃是謬托知己。」（見《高陽雜文》，137頁，海口，海
　　南出版社，1997）高陽以文學家之筆觸論事，所言不免帶有意氣，但論點大體符
　　合實際。所謂「松禪日札」是指甲午至戊戌期間翁同龢給張蔭桓的一百餘通書
　　札，多涉清廷外交、財政事務，而無一字言及康氏。戊戌八月張蔭桓戍邊途經保
　　定時，將這批書信交由在直隸候補的僚屬吳永保存，上世紀70年代吳永之女吳芷
　　青將這批信札售歸臺北故宮博物院，高陽受命整理，署《松禪老人尺牘墨蹟》，
　　1977年由臺北故宮印行。（詳見馬忠文：《關於〈松禪老人尺牘墨蹟〉》，〔上海圖書
　　公司主辦〕載《博古》2003年第2期）
162 鄺兆江曾撰文對於康有為作為戊戌變法核心人物的歷史形象進行了重新評估，認

得光緒帝信任、迅速進入核心決策層便成為康有為孜孜以求的首要目標，甚至是他在京活動的重心所在。為此，他不得不密結張蔭桓，精心策劃，煞費苦心，尋找終南捷徑。可見，澄清康氏進用內幕是研究戊戌變法史的一條重要線索。

由於康氏驟然進用是沿著非正常途徑實現的，以至被視為「鑽營」「僥進」，當事人掩蓋內幕並不意外。當戊戌年五月許應騤、文悌將張蔭桓援引康氏之事揭破時，張、康不得不設法應對。從實際情況看，在援引康氏過程上，張氏始終欲藉重翁同龢，共擔責任，並得到光緒皇帝的認可，不料，卻遭到翁的拒斥。因此，政變後張、康二人異口同聲，將薦康的責任推給翁氏，不是偶然的，何況因英、日外交干預而產生的張「非康黨」上諭，為他們掩蓋真相提供了千載難逢的良機。當翁氏「薦康」說傳開後，剛毅等人又趁機羅織，將翁打入康案。在這場多種力量介入的政治鬥爭中，康、梁與剛毅、許應騤等人各得其所，張蔭桓也得以暫避風險，只有開缺在籍、為慈禧所仇視的翁同龢再遭打擊，成為這場博弈的犧牲品。然而，歷史的辯證法卻再次顯示了它的神奇：當真正的薦康者悄無聲跡地被淹沒在茫茫歷史中的時候，「維新第一導師」的桂冠卻為翁氏贏得了後世的普遍敬仰。這大概是時人與今人始料未及的。

原載《近代史研究》二〇一二年第一期

---

為康門弟子徐勤在《戊戌奏稿》序言中將康比擬成王安石，將戊戌變法比擬成熙寧新政並不恰當，康在戊戌新政中的地位與作用並不像康氏自許的那麼大，康氏地位的提升與政變後各國政府出面干涉與營救活動有關。（見鄺兆江：《戊戌政變前後的康有為》，載《歷史研究》1996年第5期）對此，有學者提出異議，由此展開了討論。（參見汪榮祖：《也論戊戌政變前後的康有為》，載《歷史研究》1999年第2期；房德鄰：《論維新運動領袖康有為》，載《清史研究》2002年第1期）

# 「翁同龢薦康」說考辨
## ——翁、康關係再認識<sup>*</sup>

　　戊戌維新中翁同龢向光緒帝「舉薦」康有為的說法在近百年來頗為流行，幾成歷史定論。一般認為，翁氏在甲午戰後主張變法，與康有為關係密切，曾積極支持過康氏的政治活動；戊戌年四月翁同龢之開缺及政變後再遭革職處分，均是因支持變法、「舉薦」康氏而開罪於慈禧的結果。在反映翁、康關係的史料中，既有康有為回憶翁氏「舉薦」的詩文，也有清廷指責翁「濫保匪人」的諭旨。在一些學者看來，曾經刪改的翁氏日記中詆毀康有為的詞句也可視為翁「薦康」的反證。此或係翁氏「薦康」說久興不衰的主要原因。不過，如果調整角度，以翁同龢「薦康」說的源起與流衍為線索，逐次分析主要相關文獻的形成背景、相互聯繫及史料意義，我們會發現，流行近百年的翁氏「薦康」說並無確鑿的事實依據，有關翁、康關係的諸多說法，仍有重新認識的必要。

## 一　政變後康有為首倡翁氏「薦康」

　　近代以來人們在研究翁、康關係時，往往忽視了一種現象，即在

---

* 1998年紀念戊戌維新100週年之際，筆者曾撰寫《「翁同龢薦康」說質疑——從「康有為之才勝臣百倍」說起》一文（後收入王曉秋主編：《戊戌維新與近代中國的改革——戊戌維新一百週年國際學術討論會論文集》），本文即是在該文基礎上擴寫而成。

戊戌年四月翁氏被開缺前乃至是年八月政變爆發前，似未有人聞及翁同龢「薦康」之事。這一情況在史料學上的反映是，迄今我們見到的涉及翁氏「薦康」的全部文獻，無論是官方檔案還是私家著述，沒有任何一件被證實形成於戊戌政變前，換言之，翁同龢「薦康」說是戊戌政變後才流傳開來的一種說法。就目前發現的材料而言，翁氏「薦康」說實起源於康有為一八九八年十月六日（光緒二十四年八月二十一日）接受香港英文報紙《中國郵報》（China Mail，又稱《德臣報》）記者採訪時的一篇談話。

九月二十日（八月初五日）康有為逃離北京，在英國軍艦的搭救下於九月二十九日（八月十四日）晚七點到達香港。抵港後，港官「派英差多名，暗為保護，有求見者，康皆卻之」，[1]直到十月六日（八月二十一日）晚才首次公開露面，接受了《中國郵報》記者的採訪。這是康逃離北京後第一次就時局發表政治談話。作為當事人，他把整個維新變法過程和政變原委作了簡要的闡明，經過一位買辦翻譯，記者將康氏談話用英文記錄下來。當時離政變發生僅隔半月，世人方苦於傳說紛紜、是非真相撲朔迷離之際，康氏的談話立刻引起中外媒體的極大關注。第二天，上海英文報紙《字林西報周刊》全文轉載了這篇採訪記。[2]隨後，港、滬、津等地的中文報紙也紛紛將其譯成中文以饗讀者。翁同龢「薦康」說最早即起源於這些報紙上刊載的康氏談話。十月十六日（九月初二日）上海《申報》引述康氏言論云：

> 我由湖北人御史高燮曾所薦，翁同龢及禮部尚書李端芬〔棻〕亦留意於我，有謂翁守舊黨，實非也，實翁、李二臣屢欲薦我

---

1　《官犯抵港》，《申報》光緒二十四年八月二十九日。
2　《戊戌變法》叢刊收錄的《中國的危機》一文，即是根據《字林西報周刊》轉載的康氏訪談記重新翻譯的。（見該書第3冊，499-513頁）

在皇上左右以備顧問。我自蒙召見，即奉旨在總署行走。[3]

　　稍後上海《新聞報》、天津《國聞報》刊譯的康氏談話內容與上文大致相同，都提及翁同龢「非守舊黨」，曾「留意」、「舉薦（薦剡）」過康有為。可以肯定，康有為是翁氏「薦康」說的首倡者。

　　突然興起的翁氏「薦康」之論在當時的士林中引起了怎樣的反響，暫且不論，我們今天卻不可盲目信從。翁同龢若確實「舉薦」過康，無論何種形式，總會留下一些蛛絲馬蹟的。如果是具折「保薦」，似應有奏疏存世。康氏稱高燮曾、李端棻保薦自己，均係疏薦，這已從清廷檔案中得到了證實。高氏保薦係指一八九七年十二月十二日（光緒二十三年十一月十九日）遞呈《請令工部主事康有為相機入弼兵會片》一事，片中有請「特予召對」之語。[4]李端棻疏薦的具體時間尚有待查證，但一八九八年九月五日（光緒二十四年八月十九日）李上《為濫保匪人自請懲治摺》可證實確有其事。[5]而北京中國第一歷史檔案館與臺北故宮博物院均未發現有翁氏「薦康」的奏疏。翁如果向皇帝「面薦」過康有為，則有兩種情況：一是「密薦」，即除了光緒帝與翁同龢外，沒有第三者在場；二是軍機大臣召見時當眾「面薦」。前者只有翁同龢在毓慶宮授讀時才有可能。但是，從一八九六年二月十五日（光緒二十二年正月十三日）慈禧下令撤去漢書房後，翁氏已無法在毓慶宮「造膝獨對」。同時，按照清代規制，軍機大臣向無單獨召見之例，樞臣只能在入值時一起被召見。[6]從漢書房被撤到戊戌

---

3　《逋臣問答》，《申報》，光緒二十四年九月初二日。

4　此片現藏北京中國第一歷史檔案館。

5　《戊戌變法》叢刊第2冊，105頁。

6　清代軍機大臣一同進見之例始於乾隆年間，詳見梁章鉅《樞垣紀略》卷27（北京，中華書局，1985）。甲午年翁同龢入軍機之初，因在毓慶宮行走，樞臣入值前，得以與光緒帝獨對。此事與常例不符，翁同龢曾深為憂懼。據《翁同龢自訂年譜》甲戌

四月翁氏開缺為止，光緒帝從未單獨召見過擔任軍機大臣的翁同龢，《諭折匯存》和《翁同龢日記》均可證實此事。如果翁氏是在軍機大臣召對時當眾「薦康」的，當時必然會有所傳聞。而事實上，沒有材料表明在翁氏戊戌四月開缺前有人聽說過翁氏「薦康」一事。因此，翁同龢在軍機大臣見起時當眾「面薦」康有為的可能性也幾乎不存在。

退一步講，如果翁氏開缺前確曾「舉薦」過康有為，而且康氏有充分的理由對此一直守口如瓶，那麼政變發生後為何公然將這一秘密揚之報端？這實在令人疑惑不解。翁同龢從《新聞報》上看到康氏談話內容後，於十月十八日（九月初四日）日記中寫道：「《新聞報》等本皆荒謬，今日所刊康逆語，謂余論薦，尤奇，想我拒絕，欲計傾我耶?!」[7]這裡，翁否認曾「舉薦」過康氏，他斷言這是康有為對自己未曾援手相助而進行的傾陷。因翁氏日記在政變後曾經刪改，此論或不易為人們所相信。不過，通常而言，康氏散布「薦康」說時是不會不考慮對翁氏安危的影響的。既然他置自保不暇的翁同龢於不顧，公開宣揚於翁不利的言論，顯然對「薦主」沒有保護之意，反倒有恩將仇報之嫌，如此看來，翁氏日記所云則更近情理。

分析當時的情形，康有為公開談話中的翁氏「薦康」之說實與情理有悖。況且迄今我們未發現一件形成時間與「舉薦」行為相同時的原始材料來為康氏事後的回憶做主證。因此，康氏之說似無事實依據。

康氏談話流傳不久，上海報界又出現了一篇提到翁氏「薦康」之事的文章。此為湖廣總督張之洞的幕僚梁鼎芬於十月二十七日（九月

---

午年十二月記：「自念以菲才而當樞要，外患日迫，內政未修，每中夜彷徨，慽不自斃。講惟職事，僅有數刻。最難處者，於樞臣見起之先，往往使中官籠燭宣召，及見則閒話數語而出。由是同官側目，臣跡無路可以釋疑。」（見《近代史資料》總86號，39頁）後慈禧下令撤去漢書房即與翁氏「獨對」招致奕 等樞臣不滿有關。

7　陳義傑整理：《翁同龢日記》第6冊，3167頁。

十三日）在《申報》刊發的《駁叛犯康有為書》。此文是針對康氏談話以及康所撰《奉詔求救文》[8]中詆毀慈禧太后的言論而刊發的一篇反駁文章。梁氏在文章中抨擊康有為「乘我皇上銳意求治之日，又為翁師傅造膝密薦之人，於是逞其奸謀，夾以危論。依張蔭桓為羽翼，結內監為腹心，陽托變法之名，陰行僭逆之事，欺侮我聖主，貽害我百姓。得罪之後，逃在外洋，與逆犯孫文聯為一氣，無所不至，無所不言」。[9]本來這是一篇駁斥康梁「逆黨」的文章，卻筆鋒一轉，提到翁同龢「造膝密薦」之事，將鋒芒指向罷職在籍的翁氏，梁氏此舉絕不懷好意。既是「造膝密薦」，旁人焉能知道？此論應是從廣為傳播的康氏談話演繹而來的，其目的是借康有為之口打擊翁同龢。此舉的幕後指使者是張之洞。翁、張二人久生積怨，尤其是在英德續借款抵押問題上，翁同龢與張蔭桓執意以宜昌鹽釐為抵押，嚴重侵害了湖北地方利益，引起張之洞的抗拒；戊戌年春張之洞入樞又因翁、張的暗阻而失敗，凡此種種，足以令張之洞對翁有落井下石之舉。[10]翁氏政敵的介入，使情況變得複雜起來，終於導致了戊戌年十月翁同龢革職事件。

## 二 戊戌十月翁氏革職的真相

一八九八年十二月四日（光緒二十四年十月二十一日）清廷忽然頒布明發上諭，以「濫保匪人」的罪名宣布將開缺在籍的翁同龢「即

8　參見湯志鈞：《乘桴新獲──從戊戌到辛亥》，57頁，附錄七。

9　梁鼎芬：《駁叛犯康有為書》，《戊戌變法》叢刊第2冊，642-643頁。

10　戊戌年春湖廣總督張之洞經大學士徐桐保奏，入京陛見。張曾謀入軍機處，並已徵得榮祿的支持，但因翁同龢、張蔭桓設法阻撓而受挫。此事詳見陳慶年《橫山鄉人日記》（見《近代史資料》總81號，109頁，北京，中國社會科學出版社，1992）；鄧之誠《戊戌政變實錄》（見《骨董瑣記》，519頁）及黃尚毅《楊叔嶠先生事略》（見《碑傳集補》卷十二，民國刊本）。政變後張之洞乘機打擊翁氏與此直接相關。

行革職」。這是最早提到翁氏「薦康」的一份官方文書。該諭云：

> 翁同龢授讀以來，輔導無方，從未將經史大義剴切敷陳，但以
> 怡情適性之書畫古玩等物不時陳說。往往巧借事端，刺探朕
> 意。……今春力陳變法，密保康有為，謂其才勝伊百倍，意在
> 舉國以聽。朕以時局艱難，亟圖自強，於變法一事，不憚屈己
> 以從。乃康有為乘變法之際，陰行其悖逆之謀，是翁同龢濫保
> 匪人，已屬罪無可逭，……其任性跋扈情形，事後追憶，殊堪
> 痛恨。前令其開缺回籍，實不足以蔽辜。翁同龢著即行革職，
> 永不敘用，交地方官嚴加管束，不准滋生事端，以為大臣居心
> 險詐者戒。[11]

此諭以光緒帝的口吻確認翁氏在戊戌年春曾「密保康有為」，且
有「其才勝臣百倍」之奏語，在客觀上加深了世人對康氏之說的信
任。這一官方定論為康氏談話做了一個有力的注腳。然而，諭旨中的
「薦康」同樣不可輕信，其疑點在於，如果翁曾有「薦康」行為，為
何政變發生時沒有立即受到朝廷的懲處而要遲至十月才有此諭？這是
一個不能忽視的問題。戊戌八月禮部尚書李端棻、內閣學士張百熙均
因公開舉薦康有為而遭到「革職流放新疆」和「革職留任」的處分。[12]
就連大學士榮祿也因保薦陳寶箴而被予以「降二級留任」的薄懲。[13]
試想，這種氛圍下，慈禧如何會對曾經「薦康」的翁同龢網開一面？
顯然，戊戌十月翁氏革職應另有隱情。

有關材料證實，這道諭旨係由軍機大臣剛毅擬稿，並體現了剛毅

---

11 《清德宗實錄》卷432，光緒二十四年十月辛丑，《清實錄》第57冊，674頁。
12 《上諭》，《戊戌變法》叢刊第2冊，105頁；108-109頁。
13 《上諭》，《戊戌變法》叢刊第2冊，108頁。

等人的意願。一九一四年翁同龢姪孫翁斌孫應清史館協修王崇烈（字漢甫，清季國子監祭酒王懿榮之子）之邀，曾撰擬了一份《翁同龢列傳》。這份由翁氏後人撰寫並保存至今的傳稿中記載：「（翁同龢）生平坦白，同官有過，恒面規之，卒以是為小人所忌，遭讒罪廢，朝野惜之。戊戌十月旨出大學士剛毅手，先一日，剛毅獨對，褫職編管皆其所請。尚書王文韶於述旨時爭之曰：『朝廷進退大臣以禮，編管奚為？』剛毅謬其說，曰：『慈聖意耳。』文韶歎曰：『吾曹他日免官可以此為例矣。』」[14]翁斌孫明確指出翁同龢革職係遭剛毅讒言構陷。榮祿門人陳夔龍《夢蕉亭雜記》中記云：「迨八月政變，康、梁獲罪，剛相時在樞府，首先奏言：翁同龢曾經面保康有為，謂其才勝臣百倍，此而不獲嚴懲，何以服牽連獲咎諸臣？」[15]以情理推之，剛毅奏此言當在十月革黜翁氏之前，而非八月政變發生時，此處應為陳氏憶誤。《張謇年譜》戊戌十月亦記：「聞剛毅、許應騤承太后之意旨，周內翁尚書於康、梁獄，故重有革職永不敘用，交地方縣官編管之諭旨。」[16]可見，翁同龢革職似與剛毅等人的蓄意傾陷有很大關係。

　　戊戌年春翁、剛同值樞垣，在處理政務時意見屢有不合，二人關係未洽確為實情。翁氏之開缺與剛毅之排擠也不無關係。[17]但是，戊戌十月剛毅是怎樣以「濫保匪人」的罪名將翁羅織在康梁案中，這需要我們進行全面的分析和考證。特別是「康有為之才勝臣百倍」這句

---

14　轉引自謝俊美：《有關翁同龢開缺革職的三件史料》，載《近代史研究》1993年第3期，278頁。

15　陳夔龍：《夢蕉亭雜記》，63頁，北京，北京古籍出版社，1985。

16　《張謇年譜》，《戊戌變法》叢刊第4冊，201頁。

17　葉昌熾《緣督廬日記鈔》戊戌四月二十九日云：「佩鶴來雲，虞山（翁）之去，木訥令兄（剛毅）實擠之。」七月十二日又記：「至別墅，適逢甫（翁斌孫）在允之座，談極久，瓶師（翁）之歸，木訥令兄有力焉。」（《戊戌變法》叢刊第1冊，528-529頁）

話是否可視為翁氏「薦康」的鐵證，則是問題的癥結所在。

　　翁同龢門人孫雄所撰《故清吏部尚書協辦大學士翁文恭別傳》曾稱言，翁氏從未說過「其才勝臣十（百）倍」之類的話。諭旨中此語實乃「剛毅輩不愜於公，設詞以傾公，且以傾德宗也」。[18]此論明顯是為翁氏辯解。一般說來，剛毅擬旨，對翁氏上奏之言恐怕不敢憑空捏造，多少必有所據。更何況一些比較可靠的材料說明，翁同龢確曾說過此話。近人丁國鈞《荷香館瑣言》記云：「世皆謂翁相國保薦康某，相國得罪後，上諭中亦及之。趙次丈侯，相國老友也，曾面質以此事。相國謂皇上一日問及康某，我對以其才勝臣十倍，然其心叵測，恐皇上不解叵字，又申言叵測者，不可測也，余未及康某一字雲。」[19]文中趙次侯即趙宗建，又字次公，晚號非昔居士，常熟人，為翁同龢友人。翁氏開缺回籍後與趙往來十分密切。從趙次侯向丁國鈞轉述翁同龢的話中可知，翁氏不承認「舉薦」過康，但並不否認自己說過讚譽康氏之才的話，只是他說過康氏之才「勝臣十倍（而非『百倍』），然其心叵測」之語。王崇烈在《〈翁文恭公傳〉書後》中也證實翁氏說過「其才勝臣十倍」一語。王氏云：

　　康有為成進士後，感憤時事，急於致用，每作危言論天下事，康實具有世界知識者，造次上書常熟不報後，以所著《日本變政考》乞為奏進御覽。夫此豈常熟肯為者乎？康固不知也。忽一日，德宗於常熟獨對後，示以《日本變政考》，意甚慍常熟不為奏進，並諭以試論康有為之才如何，常熟見天顏不霽，惶悚對曰：「康有為才具勝臣十倍，其它非臣愚所能知也。」當

---

18 孫雄：《舊京文存》卷一，民國刊本。
19 丁國鈞撰：《荷香館瑣言（選錄）》，《戊戌變法》叢刊第4冊，253頁。

剛、翁同值時，自親王外，滿臣以剛居首，聖眷亦隆，自剛銜
怨之後，其於常熟早蓄排擠之計，至是得其間矣。[20]

　　所謂《翁文恭公傳》實即民初任職清史館的王崇烈（王懿榮之
子）在翁斌孫所擬《翁同龢列傳》基礎上，又根據清廷檔案資料寫成
的，當是後來《清史稿·翁同龢傳》的祖本。據王氏言，上述情況因
其「事屬瑣屑，例不應引入正傳」，故「用述顛末，作為書後，以存
紀實」，以便「後人窺知當時政局之真跡」。[21]由於撰擬翁同龢傳時，
王崇烈曾向翁斌孫徵求過意見，故上述說法有可能得之於翁氏後人之
口，或者至少經過了他們的證實。因此，在原始材料缺乏的情況下，
這段記述與《荷香館瑣言》所記情況均是較為可信的有源史料。這段
經過演繹、流傳下來的口碑材料提供了值得注意的細節和線索：其
一，康氏「感憤時事，急於致用」，「造次上書常熟」，但均為翁氏所
拒；其二，在光緒帝「諭以康有為之才如何」時翁同龢說過「康有為
之才勝臣十倍，其它非臣愚所能知也」的話；其三，光緒帝與翁同龢
君臣二人的對話與奏進《日本變政考》有關。

　　若將丁國鈞、王崇烈的記述進行比較，我們就會發現，翁同龢確
曾說過「康有為之才勝臣十（百）倍」之言，但這只是半句話。「其
才勝臣十（百）倍，然其心叵測（其它非臣愚所能知也）」才是語意
完整的一句話，這其中毫無「舉薦」康氏之意。當時對康氏才識予以
肯定，同時貶斥或鄙視其人品心術的大臣並非翁氏一人。戊戌年六
月，協辦大學士孫家鼐在奏摺中亦言：「康有為之為人不端，而才華

---

20 轉引自謝俊美《有關翁同龢開缺革職的三件史料》一文，載《近代史研究》1993年
　　第3期，278頁。
21 謝俊美：《有關翁同龢開缺革職的三件史料》，載《近代史研究》1993年第3期，279
　　頁。

尚富……願皇上采其言，而徐察其人品心術。」[22]廣東學政張百熙在
奏請免調康氏參加特科片中，也稱康「通達時務，信為有用之才，若
再能心術純正，操履廉潔，尤屬體用兼備」。[23]特別是翁與孫家鼐，關
係素密，政治傾向亦相近，孫對康的如此評價，也可印證翁氏說出
「康有為之才勝臣十（百）倍，然其心叵測」這樣的話不足為奇。

　　進一步而言，翁氏奏此言的具體時間亦可考證出來。王崇烈言
「其才勝臣十（百）倍」之語是在奏進《日本變政考》時所說，其時
間當在戊戌年三四月間，這與剛毅所擬諭旨「今春力陳變法，密保康
有為，有其才勝伊百倍之語」完全吻合。以此為線索查證戊戌年春季
的翁氏日記，可以發現，四月初七、初八日（5月26、27日）兩天的
日記非常值得分析。

　　　　初七日記云：上命臣索康有為所進書，令再寫一份遞進。臣
　　　　對：與康不往來。上問：何也？對以此人居心叵測，曰：前此
　　　　何以不說？對：臣近見其《孔子改制考》知之。
　　　　初八日記云：上又問康書，臣對如昨，上發怒詰責。臣對：傳
　　　　總署令進，上不允，必欲臣詣張蔭桓傳知，臣曰：張某日日進
　　　　見，何不面諭？退乃傳知張君，張正在園寓也。[24]

　　這裡所言康書，正是《日本變政考》。此書本於三月二十三日（4

22 《孫協揆議陳中丞寶箴折說帖》，蘇輿輯：《翼教叢編》卷2，19頁，光緒二十四年
　　武昌重刻本。
23 《湖南巡撫陳寶箴片》，光緒二十四年五月二十七日，國家檔案局明清檔案館編：
　　《戊戌變法檔案史料》，231頁。按，此處有誤。該片應是廣東學政張百熙所奏，時
　　間當在戊戌年七月，參見孔祥吉：《讀書與考證——以陳寶箴保薦康有為免試特科
　　事為例》，載《廣東社會科學》2003年第5期。
24 陳義傑整理：《翁同龢日記》第6冊，3128頁。

月13日）已由翁代呈御前，但很快被轉呈慈禧，故光緒帝令翁傳旨讓康再抄一份進呈。由於當時康氏之進用已引起慈禧不滿和守舊勢力的仇視，深知利害關係的翁同龢公然兩次抗旨，遂致君臣二人發生爭論。「康有為之才勝臣十倍，然其心叵測」一語應該是此刻所講。當時是樞臣見起，剛毅得以親聞翁氏此言。戊戌十月在向慈禧進言並草擬諭旨時，剛毅斷章取義，將「其才勝臣十倍」說成「百倍」，作為翁氏「薦康」的證據，同時將「其心叵測」一句隱去不言；又故弄玄虛，將翁面奏之言，說成「密保」，此舉可謂陰巧卑劣。翁氏接到諭旨後自知是誣陷卻無法申辯，只好將日記中「其才勝臣十倍」半句刪去，僅留下「其心叵測」半句。這正是我們今天在翁氏日記中看不到「其才勝臣十（百）倍」之語的原因。以前曾有人懷疑「其心叵測」一句是翁氏後來刪改日記時添加用以飾人耳目者，現在看來，這種推論似乎並不準確。

　　戊戌年四月初七日（5月26日）翁氏向光緒帝奏言「康有為之才勝臣十倍，然其心叵測」一事，從翁氏日記的另一處記載中也能得到證實。光緒二十五年十一月十八日（1899年12月20日）清廷再下諭旨，重申懸賞緝拿康、梁，其中再次提及「翁同龢極薦康有為，並有『其才勝臣百倍』之語」，並將翁之舉薦與康、梁「陰構逆謀，幾陷朕躬於不孝」之事相提並論。[25]十一月二十一日（12月23日）翁氏見到此諭後在日記中寫道：「《新聞報》紀十八日諭旨，嚴拿康、梁二逆，並及康逆為翁同龢極薦，有『其才百倍於臣』之語。伏讀悚惕！竊念康逆進身之日，已在微臣去國之後，且屢陳此人居心叵測，不敢與往來。上索其書至再至三，卒傳旨由張蔭桓轉索，送至軍機處同僚公封遞上，不知書中所言如何也。厥後臣若在列，必不任此逆猖狂至

---

25　《清德宗實錄》卷455，光緒二十五年十一月壬戌，《清實錄》第57冊，997頁。

此！而轉因此獲罪，唯有自艾而已。」[26]此記意在為自己辯解。這裡提到戊戌年四月初七、初八兩日奉旨索取《日本變政考》之事，再次證實「其才勝臣百倍」一語確在奏呈《日本變政考》時所說，否則翁同龢在讀諭旨時不會無端涉及此事的。而且可以肯定，此時他已將四月初七日日記刪改過。「因此獲罪，惟有自艾而已」一語，流露出翁氏遭剛毅陷害而有口難辯的無奈心情。

澄清了翁氏奏言「康有為之才勝臣十（百）倍」一語的真相後，我們有理由認為，清廷上諭稱翁「濫保匪人（康有為）」並沒有事實依據，完全是剛毅利用其地位和權力對翁同龢的蓄意陷害。翁氏革職實際上是戊戌年春清廷高層內部權力鬥爭的餘緒。至此，我們也明悉了剛毅等人遲至戊戌十月才敢提出「薦康」罪名將翁革職的原因。毫無疑問，康氏談話造成的輿論氛圍為翁氏政敵提供了可乘之機。在這層意義上說，諭旨中的「薦康」之說不過是對康氏之說及梁鼎芬的「造膝密薦」之論進行了新的編造而已，它們之間有內在的聯繫，有學者從新舊兩派均指認翁曾「薦康」的表面現象來推論此事的真實性，看來並不確當。

## 三　《戊戌政變記》對翁、康關係的全面渲染

迄今為止，流傳較廣、影響較大的翁氏「薦康」材料，出於梁啟超的手筆。一八九九年五月梁啟超於日本橫濱印行了九卷本的《戊戌政變記》，書中首次系統敘述了翁、康關係，被後世視為翁同龢「薦康」說據以立論的基本史料之一。[27]不過，此書並非嚴格意義上的歷

---

26 陳義傑整理：《翁同龢日記》第6冊，3241頁。

27 《戊戌政變記》的部分章節最早連載於《清議報》（創刊於1898年12月23日）第1-10期中，但這些章節中並無翁氏「薦康」之內容。

史著作，更大程度上是當時康、梁開展「保皇」活動的政治宣傳品。為了適應現實鬥爭的需要，書中對戊戌維新中的有關史實或掩飾隱諱，或誇大歪曲，個別之處甚至有臆造之嫌。[28]該書《康有為嚮用始末》一章述翁氏「薦康」原委云：

> 光緒二十三年（1897年）十二月，德人占踞膠州之事起，康馳赴北京，上書極陳事變之急。……書上工部，工部大臣惡其戇直，不為代奏。然京師一時傳鈔，海上刊刻，諸大臣士人共見之，莫不嗟悚。有給事中高燮曾者，見其書歎其忠，乃抗疏薦之，請皇上召見，皇上將如所請，恭親王進諫曰：本朝成例，非四品以上官不能召見，今康有為乃小臣，皇上若欲有所詢問，命王大臣傳語可也。皇上不得已，正月初三，遂命王大臣延康有為於總署詢問天下大計變法之宜；並令如有所見，及有著述論政治者，可由總署進呈，……而翁同龢復面薦於上，謂康有為之才，過臣百倍，請皇上舉國以聽，自此傾心嚮用矣。上命康有為具折上言，正月初八，康有為上疏統籌全域。[29]

此處言高、翁「薦康」事比《中國郵報》刊登的康氏談話內容較為詳細，時間與邏輯性也較為清晰。不過，梁氏竟將剛毅所擬論旨中

---

28 政變後與梁啟超一起流亡日本的王照在光緒二十五年（1899年）二月致犬養毅函中稱：「今康刊刻露布之密詔，非皇上真密詔，乃康偽作者也。」見《戊戌變法》叢刊第4冊，333頁；又1929年4月王照在《復江翊雲兼謝丁文江書》中再次揭露康、梁密謀作偽之事。稱梁氏「於橫濱創辦《清議報》，大放厥詞，實多巧為附會」，「毀譽任情，令人不覺，因揭宮闈秘事，大半捏造」並言「《戊戌政變記》捏造景帝（光緒）口出恨那拉之言，因此景帝幾造不測之禍」。王照還親聞梁啟超與唐才常、畢永年深夜合謀製造譚嗣同血書之事，見《戊戌變法》叢刊第2冊，575頁。

29 梁啟超：《戊戌政變記》，《戊戌變法》叢刊第1冊，250-251頁。

翁氏「密保康有為，有其才勝臣百倍之語，意在舉國以聽」之句，刪
改為「翁同龢復面薦於上，謂有為之才，過臣百倍，請皇上舉國以
聽」，添入書中作為翁氏「薦康」的細節。此舉或許時人不察，但今
天看來，其破綻十分明顯。梁將翁氏戊戌年四月初七言「康有為之才
勝臣十（百）倍」一事，寫在了戊戌正月初三至初八之間。這說明
康、梁在政變前並不知道翁氏說此話的具體情況，更不知道這是被剛
毅歪曲了的「薦康」證據。

　　書中首次向世人「披露」了甲午戰後翁同龢與康有為及其變法活
動的關係，並創言翁氏早在一八九五年（乙未）就曾向皇帝「介紹」
過康氏的變法主張。梁氏云：

> 時師傅翁同龢兼直軍機，性生忠純，學問極博，至甲午敗後，
> 知西法不能不用，大搜時務書而考求之，見康之書大驚服。時
> 翁與康尚未識面。先是，康有為於十四年（1888年）奏言日人
> 變法自強，將窺朝鮮及遼臺，及甲午大驗。翁同龢乃悔當時不
> 用康有為言，面謝之。後乃就見康，商榷治法。康有為極陳列
> 國並爭，非改革不能立國之理，翁反覆詢詰，乃益豁然，索康
> 所著之書。自是，翁議論專主變法，比前若兩人焉。翁者，皇
> 上二十年之師傅，最見信用者也，備以康之言達皇上，又日以
> 萬國之故，西法之良，啟沃皇上。於是，皇上毅然有改革之志
> 矣。其年六月，翁與皇上決議擬下詔十二道，布維新之令，既
> 而為西後所查覺，及撤翁毓慶宮行走，而皇上信用之汪鳴鑾、
> 長麟等皆褫革，自是變法之議中止，而康亦出都南歸。[30]

---

30 梁啟超：《戊戌政變記》，《戊戌變法》叢刊第1冊，250頁。

　　上述敘述一直被視為光緒帝因受康氏影響而產生變法思想，以及翁氏在皇帝與維新派之間充當連絡人的主要依據之一。事實上，這是梁啟超誇大其詞。據後世學者對翁同龢日記的考證，翁、康首次會晤是在一八九五年七月一日（光緒二十一年乙未閏五月初九日）。[31]二人交談中「商榷治法」，議論改革應有其事，因為康有為《上清帝第三書》已於六月三日（五月十一日）由都察院代呈皇帝。翁氏稱康為「策士」說明他對康氏主張的欣賞。但是，如梁氏所言，此次談話後翁同龢便「專主變法」，「比前若兩人焉」，並「備以康之言達於皇上」，於是「皇上毅然有改革之志」之類的說法並不符合歷史實情。《馬關條約》簽訂後，光緒帝於五月十一日（四月十七日）已頒布上諭，號召疆臣士民上下一心，臥薪嚐膽，發憤圖強，[32]其立志改革的決心躍然紙上，此時康尚未見過翁氏。梁氏筆下那種非翁氏將康言達於光緒帝則不會有變法運動興起的說法，顯然是對康氏政治影響力的吹噓。在這裡梁氏首次將康有為——翁同龢——光緒帝三人的關係與甲午戰後改革的興起聯繫起來，將翁塑造成了一位溝通康氏與皇帝關係的關鍵人物。如此編造的目的，無非是為戊戌年翁氏「薦康」之論張本。

　　為了抨擊慈禧、榮祿等人扼殺變法、「密謀廢帝」的行徑，梁啟超在《戊戌政變記》中迴避清廷統治階層內部權力鬥爭的因素，完全以帝、后兩黨圍繞變法與否展開鬥爭的模式來概括和解釋甲午至戊戌間的朝局變化。書中不僅把慈禧撤去翁氏毓慶宮行走之事說成是變法與守舊鬥爭的結果，戊戌年四月翁氏之開缺也被完全歸結於新、舊之爭。梁氏云：

---

31　參見孔祥吉：《康有為變法奏議研究》，133-134頁，瀋陽，遼寧教育出版社，1988。

32　《清德宗實錄》卷366，光緒二十一年四月戊午，《清實錄》第56冊，781頁。

自四月初十以後，皇上日與翁同龢謀改革之事，西後日與榮祿
謀廢立之事。四月廿三日皇上下詔誓行改革，廿五日下詔命康
有為等於廿八日覲見。而廿七日西後忽出一朱諭強令皇上宣
布，其諭略云：協辦大學士戶部尚書翁同龢，近屢次經人參
奏，……著加恩准其開缺回籍，以示保全，欽此。皇上見此
詔，戰慄變色，無可如何。翁同龢一去，皇上股肱頓失矣。[33]

　　梁氏此處對翁氏罷官原因的解釋，與他在戊戌年五月致夏曾佑函
中言翁因「阻天津之幸」而去位的說法相牴觸。[34]至少戊戌年夏他並
不認為翁是因「謀改革」而被開缺的。

　　總之，《戊戌政變記》中對翁、康關係的記敘虛構成分很大，完
全是當時的一種政治宣傳。梁氏對甲午戰後翁同龢與康有為政治關係
的刻意誇大，不過是對「今春力陳變法，密保康有為」官方定論的進
一步演繹和鋪展。剛毅所擬諭旨在指責翁氏「力陳變法，密保康有
為」之後，又言「前令其開缺回籍，實不足以蔽辜」，故再有革職編
管之嚴懲。如此含糊的措辭，暗示出翁之開缺亦與「力陳變法」與
「薦康」有關。梁啟超將翁「力陳變法」推至乙未年，並將翁之開缺
與「謀改革」聯繫起來，皆源於諭旨中的這層寓意。在梁啟超筆下，
翁、康二人在學術、政治思想上的差異被完全抹殺。久經宦海磨煉的
翁同龢被刻畫成一位傾服於康氏變法主張並為之不惜擲首領利祿於一
注的新黨領袖，這遠遠脫離了當時官場生活的實際。作為史學家，梁
啟超在一九二一年出版的《中國歷史研究法》一書中說；「如吾二十
年前所著《戊戌政變記》，後之作清史者記戊戌事，誰不認為可貴之

---

33 梁啟超：《戊戌政變記》，《戊戌變法》叢刊第1冊，260頁。
34 丁文江、趙豐田編：《梁啟超年譜長編》，121頁。

史料？然謂所記悉為信史，吾已不敢自承，何則？感情作用所支配，不免將真跡放大也。治史者明乎此義，處處打幾分折頭，庶無大過矣。」[35]作為一般的治史經驗，此論極有見地，然而，梁氏此書對翁、康關係的記述，遠遠不是「打幾分折頭」的問題，因為這裡不僅是「真跡放大」，甚至有編造事實的嫌疑。

## 四　康氏對翁、康關係的完美「構建」

對「薦康」問題及翁、康關係的記載，當然是康有為本人的著述更受重視。不過，這些詩文、雜著及年譜不僅刊印公布時間較晚，文獻本身的形成時間也存在不少疑問。

光緒三十年（1904年）五月翁同龢在籍逝世，當時康有為正在瑞典旅行。康聞訊後，曾賦詩兩首以示哀悼。現存譚張孝所藏保皇會檔案中留有一份康氏的親筆抄件，說明該詩在康返回美洲後已經寫成。詩云：

> 甲辰七月瑞典得常熟凶問，於申堪北海口石上望海哭之：
> 長天黯黯海蕭蕭（海風怒號，悲潮飛拍，助我哀痛也），欲溯淒風賦大招。東望江南雲斷處，空將老淚灑寒潮。海山淒斷冷風酸，忽聽山頹最痛辛。薦士豈聞才百倍，救公直欲贖千身。蕭何遇舉登壇將，王猛曾為入幕賓。豈料七年悲黨錮，竟成千古痛維新。昔為膠州北上書，冰河淩曉賦歸歟。追亡竟累蕭何履，變法真成商鞅車。黨禍千秋見蘇馬，波濤萬里泣靈胥。拊心君國慚無救，辜負明揚恨有餘。

---

35 梁啟超：《梁啟超史學論著四種》，200頁，長沙，嶽麓書社，1985。

中國維新業，誰為第一人？王明資舊學，法變出元臣。密勿謀
帷幄，艱難救國民。峨峨常熟相，鑿空闢乾坤。仲舒學純懿，
第一冠賢良。賢傅推蕭望，公才屬馬光。韋平勳再世，陳寶黨
重傷。仙鶴青霄唳〔淚〕，霜毛竟不翔。（故太子少保、協辦大
學士、軍機大臣、毓慶宮行走，常熟翁公□□耳──原注，
引者。下同）師弟而臣主，寧聞二十年。成王新斧辰，尚父授
經筵。堯舜天人聖，熊盤啟沃賢。痛心喪良傅，一老不遺天。
馬江經敗績〔憤〕，謬上萬言書。遼失憂薪火，韓亡慮沼魚。
春〔審〕時求變法，痛器〔哭〕輒當車。絳灌非公意，長沙空
里閭。甲午東和後，紆心世變更。高軒諸下士，長揖對前榮。
不信徒〔徒〕薪策，今為割地盟。豈聞師相貴，謝過向鯫生。
考求中外勢，救國決更張。進御新書本，培才大學堂。苦心營
鐵路，鑿空啟銀行。十二策猶未，經帷遂太忙。金輪久臨御，
玉辰類潛陰〔陽〕。雖割三臺島，仍張萬壽觴。舞歌扶力士，
鼾醉挾相王。憂國驚讒毀，沉沉隻日〔自〕傷。膠州忽見割，
伏闕我陳書。薦士勞推轂，追亡特枉車。闔門諸在下，決策變
幃初。廷議終為梗，椒蘭誰與除？恭王憂死日，華夏復生年。
一德君臣合，千秋新舊移〔緣〕。恥為亡國主，誓欲復君權。
戊戌當初夏，深謀變法全。四月廿三詔，維新第一期。大號明
國是，獨力掃群疑。五日相遂罷，千年弊盡披。新潮今卷海，
開幕可忘之？神州大一統，文化五千年。守舊盈廷論，攘夷舉
國傳。眾攻誰敢犯，新法獨倡先。救國新彌苦，罹災身遂偏。
痛絕瀛臺變，憂深京室墟。老臣編禁復，聖主幸巡初。幾被張
華戮，徒為殷浩書。七年驚黨禍，慘澹謝興居。上相猶居士，
幽囚現老僧。閉門惟讀畫，遊寺或行滕。待死一生樂，憂時百
憤騰。房州未復辟，目暝亦何能。他日新中國，元功應爾思。

鑄金范蠡像，遣祭曲江碑。灑淚隨歐海，招魂仗楚詞。乾坤何
日正，生死論交悲。[36]

　　從這兩首長詩反映的內容看，主旨已不只是悼念翁氏，而是借機
宣揚翁、康交誼與變法的關係。康有為後來似乎對這兩首詩又有所改
動，除了個別詞句的改動，主要是增補了一些說明性的小注。

　　民國十五年（1926年）刊印的梁啟超《飲冰室詩話》中公開披露
了這兩首修訂過的詩，即《哀詞十四章》及《哭常熟三章》。梁氏詩話
寫道：「常熟翁公之喪，海內識時之士，同聲哀悼。南海先生在歐洲
聞訃，為哀詞十四章；自序云：『戊戌為中國維新第一大變，翁公為
中國維新第一導師，關係至重。恐人間不詳，故詳詠之。此雖詩也，
以為翁公之傳，以為新舊政變之史，皆可也。』」任公在這裡毫不掩
飾地說明了康氏賦詩的意圖，後世經常引用的「維新第一導師」之
句，就源於該詩話。[37]《哀詞十四章》中增加了說明政情的小注有：

十二策猶未，經帷遂太忙。（乙未公大變法未成，而恭邸撓
忌。那拉後惡之，不遣近上，遂於十月撤去毓慶宮行走，毓慶
宮即師傅也。）
憂國驚讒毀，沉沉只自傷。（乙、丙、丁三年，復行守舊。祝
壽起園，安其危，利其災。李蓮英、恭王執政，翁公被讒憂畏
甚。）

---

36　方志欽主編、蔡惠堯助編：《康梁與保皇會——譚良在美國所藏資料彙編》，88-89
　　頁，天津，天津古籍出版社，1997。按，整理者在識別原文時，似有訛誤，茲用方
　　括號注明，供讀者參考。
37　必須說明的是，此序並不見於康氏詩集。參見上海市文物保管委員會編：《康有為
　　遺稿·萬木草堂詩集》，195-197頁。

廷議終為梗，椒蘭誰為除？（鄙人上書不達，束裝南歸。翁公
凌晨下朝來追。朝命王大臣見之於總理衙門，以上賓相待，諮
問變法。）

恭王憂死日，華夏復生年。一德君臣合，千秋新舊緣。恥為亡
國主，誓欲復君權。戊戌當初夏，深謀變法全。（恭王守舊，
撓變法，三月薨逝。四月，公與上即決變法。）

四月廿三詔，維新第一辭。大號明國是，獨力掃群疑。五日相
遂罷，千年弊盡披。新潮今卷海，開幕可忘之？（公以廿三日
請上下定國是詔，中國數千年新基本於是定。廿七日，即革職
逐歸，永不敘用。公以變法救國民，罷相之速，古今未有。）

七年驚黨禍，慘澹謝興居。（庚子正月，榮祿請那拉後殺公。
軍機大臣王文韶、廖壽恒叩頭固請，乃令常熟縣監禁。七月，
京師破，遂有西幸之事。）

上相猶居士，幽囚現老僧。閉門惟讀畫，遊寺或行滕。待死一
生樂，憂時百憤騰。房州未復辟，目暝亦何能。（公七十無
子，寡欲絕交，煢煢無歡，惟好畫，或遊山寺耳。）[38]

此外，據康有為生前保存的《瑞典遊記》，光緒三十年（1904
年）七月十一日他才得知翁同龢已逝世，遂賦詩哭常熟，與前引內容
不同，「東望江南雲斷處，空將老淚灑寒潮」一句後有長注云：

吾於丁酉冬，為德人索膠上書不達，十一月二十日津海將冰，
十八曉束裝而行，馬車戒旦，僕夫在途，先一日投書翁常熟辭

---

38 梁啟超：《飲冰室詩話》，119-120頁，北京，人民文學出版社，1982。最大不同是將
「眾攻誰敢犯，新法獨倡先。救國新彌苦，罹災身遂偏」。改為「弓刀經改試，經
濟特求賢。變法身為導，罹災公遂先」。

行，告以中國即滅亡，眼看各國之兵入京，吾不忍見，決出舊中國而覓新中國，不復再還。翁公退朝，即來追亡，吾已拒駕，翁公闖入握手曰，君不得行，今早高理臣有章薦君，吾白於上曰，時局艱難，非破格用人不可，康有為之才過臣百倍，請加大用，上甚眷君，宜留勿行，即行亦追回。吾感其意，乃呼僕解裝而留，遂有戊戌變法之事，而翁公與鄙人亦幾死於是。蓋上與翁常熟為二十年師弟，最為敬信，而翁公生平公忠謹密，未嘗妄薦一人，故上以信公之故，過信海濱鄙人，其稱僕太過，吾何能任？蓋元臣好士愛才推轂之溢詞云爾。然以薦僕故，己亥廢立未成，於庚子正月十日榮祿幾殺公，臨朝明降詔書，以誤薦鄙人為罪，革職編管，公遂終身廢棄。救國無功，徒累知己，方冀光復重逢，豈意哲人遂萎，望海隕涕，哀思難任，續詩二章。更續哀詞十二章，以無關瑞典事，不復錄入。[39]

看來，這些詩文確寫於一九〇四年翁氏逝世不久，但後來又屢經增補。詩中講述翁「薦士」「追亡」之事，發出「薦士豈聞才百倍，救公何值贖千身」的感歎，並在序中稱翁為「中國維新第一導師」。[40]這些哀詩的特點是把「其才勝臣百倍」之語與翁氏「追亡」的感人故事結合在了一起。

不過，刊印公布最早、影響最大的述及「薦康」之事的康氏詩文是《明夷閣詩集》所收《懷翁常熟去國》詩。據稱詩集收入戊戌、己亥兩年的詩作，凡九十九首，於宣統三年（1911年）在日本影印。

---

39 上海市文物保管委員會編：《康有為遺稿·列國遊記》，258-259頁，上海，上海人民出版社，1995。

40 參見梁啟超：《飲冰室詩話》，119-121頁。

《懷翁常熟去國》一詩云：

> （膠變上書不達，思萬木草堂學者，於十一月十九日束裝將
> 歸。先是，常熟已力薦於上，至是聞吾決行，凌晨來南海館，
> 吾臥未起，排闥入汗漫舫，留行，遂不獲歸。及常熟見斥，吾
> 又決行，公謂，上意拳拳，萬不可行。感遇變法，且累知己，
> 未知天意何如也。）膠州警近聖人居，伏闕憂危數上書。已格
> 九關空痛哭，但思吾黨賦歸歟。早攜書劍將行馬，忽枉軒裳特
> 執裾。深惜追亡蕭相國，天心存漢果何如？[41]

　　此詩將翁、康關係比擬為漢時賢相蕭何與大將韓信之間的知遇之
交，可以看出康氏對翁的崇敬感激之情。該詩與前引《哀詞十四
章》、《哭常熟三章》所述情節多有雷同之處。其中有關細節多有疑竇
和破綻。其一，詩中言翁「力薦」康在丁酉年十一月十九日前，即高
燮曾疏薦康氏之前，此與《戊戌政變記》戊戌正月翁氏「面薦」一論
有異。其二，後世學者利用檔案史料經過研究證實，高氏薦康係出於
康有為之授意，甚至與接受康氏賄賂有關。[42]丁酉冬康上《第五書》
被拒後，遂授意言官疏請召見，其進用之急切心情可見一斑。這種心
態下，怎會因「思萬木草堂學者」而有「束裝」南歸之意？從時間上
看又恰恰在高氏呈遞奏疏的那天（應為十一月十八日），顯然，這與
事理相悖，並不可信。既無「南歸」之事，何有翁同龢冒著嚴寒「枉
駕」「留行」之舉？且此事獨見於康氏本人的詩文而未見時人述及。
故所謂翁氏到南海會館為康「留行」的情節不可信。其三，翁氏「見

---

41 康有為：《南海先生詩集（選錄）》，《戊戌變法》叢刊第4冊，342頁。
42 參見馬忠文：《高燮曾疏薦康有為原因探析——兼論戊戌維新前後康、梁的政治賄
　　賂策略》，載《學術交流》1998年第1期。

斥」係在「定國是詔」頒布後，其時康已深簡帝心，政治前景十分看好，為朝野所矚目，他怎麼有急流勇退之念？所謂翁氏開缺後康亦「決行」不可信，翁氏囑其「上意拳拳，萬不可行」亦不可信。按一般情況分析，此詩應作於翁氏開缺離京之時。不過，據黃彰健先生考訂，此詩係戊戌政變後補作的。[43]如果推斷不誤，這首詩應與上述哀詞形成時間接近，不會早於光緒三十年（1904年）五月翁氏逝世的時間。

康有為在民國九年（1920年）寫的《翁文恭書〈易林〉書後》一文中，也「生動」地回憶了他與翁氏戊戌年的關係。康氏云：

> （翁）公以帝師為相德宗十年，師弟君臣，魚水情至親。太后因惡之，撤職回籍編管。先是，公憂中國，進呈吾所著《日本明治變法考》、《俄大彼得變政記》，因薦言「康有為之才，過臣百倍」，遂被德宗特達知。先請定國是，公請於四月，上下詔定國是，決變法。榮祿忌焉，謀於太后。逐公，遂罷相歸常熟。吾往望公，亦欲從歸。公曰：上待公厚，萬不可行。吾遂毗贊維新變法，至八月遂構大變，黨禍大嚴……公以薦吾故，遂移及公，（太后）欲殺之。樞相王文韶叩頭求免，下詔編管。吾之累公，危甚矣。……吾以戊戌四月送公行後，累公以大難遂與公永訣。音容既不接，公與吾之書札亦抄沒，不復保存。[44]

康氏此記將自己與翁的關係寫得很親近，但與《哀詞十四章》、

---

43 參見黃彰健：《戊戌變法史研究》，149頁。

44 康有為：《翁文恭書〈易林〉書後》，蔣貴麟編：《萬木草堂遺稿》，192-193頁，臺北，成文出版社，1978。

《哭常熟三章》、《懷翁常熟去國》詩注在內容上又有所出入。此文言及翁氏在進呈《日本變政考》時言「康有為之才過臣百倍」，同時又言翁因「薦吾故」受累被下詔編管，王文韶曾力止未果諸事。這些細節與前引翁斌孫、王崇烈之撰述極為相近，似同出一源。也許這些情況是民國初年康回國後才瞭解到的。不過，此處並無翁氏曾言「其心叵測」之類的話，這是與《〈翁文恭公傳〉書後》不同的地方，很可能是康故意隱諱不提。此外，康氏這裡言昔日翁同龢給他的信札均被清廷抄沒，亦有疑問。政變後步軍統領及兩廣總督奉旨從南海會館、康氏家中搜繳的信牘之中，未見有翁氏致康的信札；迄今流傳在世的數以千計的翁氏信札原跡中，亦不見致康氏一札，可見康所言不實。

與上述詩文雜著相比，《康南海自編年譜》（亦稱《南海先生自編年譜》）中對翁、康關係的記述最為詳細。關於年譜的成書時間，一九五四年中國史學會編《戊戌變法》叢刊第四冊《書目題解》中言：「是書係康有為於光緒二十一年乙未前所做，敘事亦至是年為止。原稿在戊戌年抄落，輾轉落於其門人羅孝高手中。戊戌十二月，作者流亡日本，復將乙未以後事補作而成是編。」[45]此論之來源，實為康有為在年譜中的一句注語。《康南海自編年譜》「光緒二十二年丙申三十九歲」前有一小注云：「光緒二十一年乙未前作，故敘事止於是歲，門人羅孝高不知從何得之，蓋戊戌抄沒，落於人間，而孝高得之也。更甡年七十識。」[46]按，康氏晚號更甡，其年七十當在民國十六年（1927年）。又，康氏是年三月八日（二月初五日）度過七十歲生日後於三月三十一日（二月二十八日）在青島逝世，因此，這條注語應是康逝世前不久所寫的。康氏自言其年譜前部分著寫於乙未年（光緒二十一年，1895年）前並不可信。因為這部分內容中多處夾雜有戊戌

45 《康南海自編年譜》，《戊戌變法》叢刊第4冊，136頁。
46 《康南海自編年譜》，《戊戌變法》叢刊第4冊，120頁。

年才發生之事。所謂年譜原稿被抄沒又「碰巧」為其門人所得亦不免
過於離奇。現存國家博物館的康氏年譜手稿也只是康氏的親筆抄本而
已。因此，筆者認為：如果乙未前康氏確曾編過年譜，則這部分內容
在政變後也經過了修改和補充，否則其中不會摻入戊戌年才發生的事
情。但更為可能的是，現在通行的《康南海自編年譜》係政變後才開
始編撰，並且經過不斷修改、補充，到康氏逝世前才最後定稿。他在
年譜中自加注語無非是讓後世相信乙未前的部分乃其舊著，非政變後
所寫，而實際情況正好相反。因此，年譜中對乙未前翁、康關係的描
述必須進行謹慎分析。

年譜記一八八八年（光緒十四年）康有為來京參加鄉試不售後，
「發憤上萬言書，極言時危，請及時變法」，並通過當時的國子監祭
酒盛昱將此書（後稱《上清帝第一書》）轉交翁同龢，請代上達。但
因書中「直言時事」，「常熟恐以此獲罪，保護之，不敢上」。[47]翁同龢
日記是年十一月十六日（十月十三日）則記云：「南海布衣康祖詒上書
於我，意欲一見，拒之。」十一月三十日（十月二十七日）又記：
「盛伯羲以康祖詒封事一件，欲成均代遞，然語太訐直，無益，只生
釁耳，決計覆謝之。」[48]比較康、翁的記述，可以看出，康氏諱言了
自己求見翁同龢遭到拒絕一事。梁鼎芬在戊戌政變後述康氏十年前來
京時的情形云：

> 康有為赴試京師，因不中舉人，遂夤緣在朝大官，求得富貴。
> 已故工部尚書潘文勤公祖蔭、現任大學士徐公桐、前協辦大學
> 士戶部尚書翁同龢、前禮部尚書許公應騤、已故前出使英國大

---

47 《康南海自編年譜》，《戊戌變法》叢刊第4冊，120頁。
48 陳義傑整理：《翁同龢日記》第4冊，2232、2234頁。

臣戶部左侍郎曾惠敏公紀澤、禮部右侍郎志公銳、前國子監祭
酒盛公昱,皆與康有為素無淵源,乃屢次求見,上書諛頌,諸
公以康有為一年少監生,初到京師,遍謁朝貴,實屬躁進無
品,皆甚鄙之。潘公送銀八兩,並作函與康雲,以後請勿再
來,來亦不再送銀。此函人多見之。曾公嘗告人曰:康有為託
名西學,希圖利祿,不知西無此學,中國亦無此學也。徐公、
志公見其言囂張卑躍,皆將原書擲還,都下士大夫無不鄙笑。[49]

　　梁鼎芬政變後的這番說法顯然有貶損康氏的傾向,但一八八八年
招康入京的翰林院編修張鼎華(字延秋)是其舅父,上述情形多少有
所依據。梁氏言康上書「諛頌」權達,確非虛語,現存康氏當年致諸
朝臣的書札中即可看出他夤緣津要的心態來。[50]康氏致翁的函札不見
傳世,但可以肯定,其中不乏同樣的諛頌之辭。翁氏拒見康氏恐怕也
與此有關。至於康「上書陳大計」,是受當時放言高論以爭時名的清
議風氣的影響,其真實動機是攀援朝貴,尋求出仕捷徑。翁與康素無
交往,拒絕代康上書更多的是出於寧人息事的考慮,恐無任何私交性
質的關愛之意。年譜中的「保護」之論應是後來康氏的附會。
　　年譜記乙未年會試中翁氏對康的「賞識」亦頗詳盡。康氏云:

　　殿試,朝考皆直言時事,讀卷大臣李文田與先中丞公宿嫌,又

---

49 梁鼎芬:《康有為事實》,見湯志鈞:《乘桴新獲——從戊戌到辛亥》,65頁。

50 康氏在致潘祖蔭函中稱潘氏「雄略柱天,真氣驚牖,胸中縱橫九流之學;眼底有緯
　畫八表之思,好士若渴,而能容度外之說,誠可謂魁壘耆艾之大臣也。」致盛昱函
　云「今宗室中魁壘骨鯁,憂國如家,議論通古今者,惟有公耳」。致徐桐書中言:
　「以方今公卿者艾,憂國如家,通古今之學術者,舍公無以為歸也。」(參見上海
　市文物保管委員會編:《康有為遺稿‧戊戌變法前後》,189-200頁,上海,上海人民
　出版社,1986)

以吾不認座主，力相排。殿試徐壽蘅侍郎樹銘本置第一，各閱
卷大臣皆圈矣，惟李文田不圈，並加黃簽焉，降至二甲四十八
名。朝考翁常熟欲以擬元，卷在李文田處，乃於「悶」、「練」
等字，加黃簽力爭之，遂降在二等。徐澂園、翁常熟告我，問
與李嫌之故，故知之。[51]

　　康言朝考時翁同龢欲擬其為元，因李文田從中阻礙而未果。此事
與情理不符。朝考前翁、康從未有一面之緣，二人既無同鄉之情，又
無堂屬之誼，沒有任何交往與私誼。更何況康氏殿試位列二甲末等，
縱使翁氏有心在朝考中擬其為元，又如何能不顧科舉考試的客觀標準
和其它考官的意見而任意拔才呢？梁鼎芬《康有為事實》記康氏會試
情況云：

　　康有為既中進士，欲得狀元，日求戶部左侍郎張蔭桓為之遍送
關節於閱卷大臣，皆以其無行斥之，不得狀元，尚欲得翰林，
又托張蔭桓送關節於閱卷大臣禮部右侍郎李公文田。康有為以
為張與李係姻親，己又與李同鄉，謂必可入選，豈知李侍郎品
學通正，深知其無行不受張托，斥之尤力，遂不得入翰林。康
有為恨之次骨，時與其徒黨詆李侍郎。[52]

　　梁鼎芬此言康、李交惡的原因與康說有歧，但他揭示出了康氏托
張蔭桓在科場中暗通關節的內情。打通關節在清季科舉考試中是司空
見慣的現象。張不僅向李文田進行過關說，種種跡象顯示，他也向翁

---

51　《康南海自編年譜》，《戊戌變法》叢刊第4冊，131頁。

52　梁鼎芬：《康有為事實》，見湯志鈞：《乘桴新獲——從戊戌到辛亥》，66頁。

做過疏通工作。[53]不過，朝考結果康氏僅得二等一百零二名，並未取得入翰林院做庶起士的資格。無法看出翁氏對康曾有絲毫賞識之意。

年譜記乙未年閏五月初九日翁、康二人首次面晤的情況云：

> 時翁常熟以師傅當國，憾於割臺事，有變法之心，來訪不遇，乃就而謁之。常熟謝戊子（按，即光緒十四年，1888年）不代上書之事，謂當時實未知日本之情，此事甚慚雲。乃與論變法之事，反覆講求，自未至酉，大洽，索吾論治之書。時未知上之無權，面責常熟，力任變法，推見賢才。常熟乃謂：「與君雖新見，然相知十年，實如故人。姑為子言，宜密之。上實無權，太后極猜忌。上有點心賞近支王公大臣，太后亦剖看，視有密詔否。自經文芸閣召見後，即不許上見小臣。即吾之見客，亦有人窺門三巡數之者，故吾不敢見客，蓋有難言也。」吾乃始知宮中事。然未知其深，猶頻以書責之，至謂「上不能保國，下不能保身」。常熟令陳次亮來謝其意，然苟不能為張柬之之事，新政必無從辦矣。時常熟日讀變法之書，銳意變法，吾說以先變科舉，決意欲行，令陳次亮草定十二道新政意旨，將次第行之。……常熟內畏太后，欲托之恭邸而行，而恭邸不明外事，未能同心，卒不行也。[54]

---

53 據張蔭桓在《驛舍探幽錄》中回憶說：「康應乙未會試，本未入彀，常熟搜於落卷中得中式，有知己感。」（《戊戌變法》叢刊第1冊，492頁）查乙未會試被簡放的四位主考官中沒有翁同龢，翁不可能去「搜落卷」，張氏所說不實。不過，貢士揭榜後，翁氏於是年四月十二日日記中記云：「吾邑中二人，張繼良、胡同頻。康祖詒亦中矣。」（陳義傑整理：《翁同龢日記》第5冊，2801頁）此次會試中式者近三百人，翁氏獨記自己的兩位常熟同鄉和康有為一人，說明翁對康氏是格外注意的。考慮到當時翁、張私交較深，張氏為康的考試向翁進行疏通的可能性很大，否則政變後張蔭桓不會毫無緣故地把翁與康氏參加乙未會試聯繫起來。

54 《康南海自編年譜》，《戊戌變法》叢刊第4冊，132-133頁。

　　上述敘述與《戊戌政變記》大略一致。康氏當面建議翁氏「力任變法，推見賢才」，實際上是希望能重用自己。翁視康為「策士」，對其變法主張自然有所詢問，這也是極為可能的。但諸如「上實無權，太后極猜忌，上有點心賞近支王公大臣，太后亦剖看，視有密詔否」之類牽涉宮闈秘辛的事情，焉能與一位素無淵源的「狂生」初次見面時就一吐為快？這豈是以理學修身，具有濃厚忠君觀念，秉性謹慎持重的翁同龢所為？無疑，這是康氏在政變後為了證明自己與翁有私交而強加給翁氏的。康有為甚至有藉此向後世暗示光緒帝經常有密詔給臣僚，誘使人們相信他在政變發生前確實奉有皇帝衣帶詔的意圖。這不失為一種煞費心機的杜撰。

　　年譜記丁酉、戊戌之交高燮曾疏薦及總署傳見之事，與《戊戌政變記》、《懷翁常熟去國》詩注大致相同，但年譜中只言翁對高氏疏薦康有為的建議「力稱之」，「再持之」，[55]並未確言翁又「舉薦」之事。這與康、梁的早期著述有異。

　　《康南海自編年譜》中有關翁、康頻繁交往的記載也隨處可見。如「翁常熟在毓慶宮獨對，吾頻謂之曰……」；「吾累書勸其力辭總署差，常熟不能從……常熟去官後，悔不聽我言也」；「既謁常熟，投以書告歸」；「吾走告常熟，明日本之可信」；「吾聞之，上書常熟曰……」；「時嚴范孫請開經濟特科，常熟主之……乃說常熟並責張樵野成之」；「時償日本款甚急，中允黃思永請用外國公債法，行昭信股票，下戶部議……吾聞而投書常熟，力諍之」；[56]等等。這些情況翁同龢日記中無從互證，當時人的記載中也未曾提及。

　　相反，戊戌年間康氏與其同鄉、戶部左侍郎兼總署大臣張蔭桓往還密切雖為時人所知，康氏年譜中卻極少談到，這是耐人尋味的。對

---

55　《康南海自編年譜》，《戊戌變法》叢刊第4冊，137-138頁。
56　《康南海自編年譜》，《戊戌變法》叢刊第4冊，135-142頁。

於這種「揚翁隱張」的傾向，很早就有人提出疑問，並試圖予以解釋。近人黃濬在《花隨人聖庵摭憶》中言：「或疑南海自編年譜中，言常熟者多於樵野，以為南海純得常熟之力，此實大誤。南海來京，主樵野，此事瘿公（羅惇㦱）、孺博（麥孟華）皆言之。常熟負重望，又有知己之感，故數言之，樵野結納深，而為謀主，故不數言之也。」[57]這種解釋雖然道出了康有為來京「主樵野」的事實，但因囿於成見，未能揭示出康氏刻意「揚翁隱張」的真實意圖。

筆者以為，《康南海自編年譜》係康氏晚年定稿，書中對翁氏「薦康」說的宣揚與《康氏談話》、《戊戌政變記》、《懷翁常熟去國》詩注及《哀常熟三章》等文獻是一脈相承的，除了因年代久遠發生的記憶失誤外，對有些情節的刻意誇大和虛構是不容否認的。二十世紀三十年代，丁文江、趙豐田先生在研究翁氏「薦康」問題時曾認為，康有為在被召見前已受知於光緒帝必然經過大僚的奏薦，但「當時康所結識的大僚中只有翁常熟和南海張樵野蔭桓。據《南海先生自編年譜》所記，康與張的關係和往來還不及康與翁的十分之一。所以康之受知於光緒帝，絕不是張的力量。……翁是薦過康的」。[58]這一結論的得出顯然是對康氏年譜過於輕信了。這是康、梁編造事實，致使後世對翁、康關係的研究誤入歧途的典型例證。

## 五　翁同龢日記的刪改與評價

翁同龢「薦康」說的興起與流衍，是從康有為公開談話、《駁叛犯康有為》、清廷革黜翁氏上諭、《戊戌政變記》、《懷翁常熟去國》詩注、《康南海自編年譜》等文獻的傳播中表現出來的。隨著時間的推

57 黃濬：《花隨人聖庵摭憶》，466頁。

58 丁文江、趙豐田編：《梁啟超年譜長編》，117頁。

移，這些文獻（特別是康、梁的著述）對翁、康關係的記載越來越詳盡，細節越來越豐富，膨化出大量的無法證實的生動「事實」。然而，民國十四年（1925年）四月由商務印書館涵芬樓首次影印刊行的《翁文恭公日記》中卻毫無「舉薦」康氏的記載。世人多以日記曾被刪改為由，推測原來涉及「薦康」的文字可能已被刪去，一些攻擊康氏的詞句是後來添加的，其目的是為了掩蓋與康氏的密切關係。這些推論今天看來並不確切。《翁文恭公日記》是我們據以研究翁、康關係最主要的翁氏著述[59]，翁同龢自刪日記的情況，需要重新分析和評價，這也是澄清翁氏「薦康」疑案不可缺少的內容。

從前文考述可知，翁氏最初刪改日記恐係因朝廷諭旨中「其才勝臣百倍」一語所引起。戊戌年四月初七日記中「其才勝臣十倍」一句至遲在己亥年（光緒二十五年，1899年）十一月二十一日已刪去。至於其它相關內容的刪改，似在庚子年（光緒二十六年，1900年）春季。日記庚子正月初十日記：「連日看從前日記，擬自撰年譜也。」同月二十八日記：「檢日記至甲午年，悵觸多感。」同年二月初四又記：「一日只檢日記一本，甚厭，悵觸。」[60]這幾條零星的記載表明，翁氏欲編自撰年譜，開始檢閱歷年日記。顯然，對甲午至戊戌部分內容的刪改、重繕應在此時。翁氏手撰《松禪年譜》一直由其後人保存。[61]從年譜內容與日記的對比分析也可看出，前者是利用刪改後的日記為基本材料編寫的，許多內容是彼此呼應的。因此，翁氏刪改日記的時間大致應在己亥十一月至庚子二三月間。

---

59 《光明日報》1955年7月21日刊載張子揚藏翁同龢致友人書札一通，札中有翁「舉薦」康、梁之內容，被視為出翁氏之手的「薦康」證據。但黃彰健先生經過考訂，認為此札乃後人偽造，參見氏著《戊戌變法史研究》，150頁。

60 陳義傑整理：《翁同龢日記》第6冊，3250、3252頁。

61 參見《近代史資料》總86號，1-56頁。

　　關於日記改動的內容，湯志鈞先生曾作過考訂和分析。大致說來反映翁、康關係者有以下幾處。光緒二十年甲午（1894年）五月初二曰：「看康長素（祖詒，廣東舉人，名士）《新學偽經考》，以為劉歆古文無一不偽，竄亂六經，而鄭康成以下皆為所惑云云。真說經家一野狐也，驚詫不已。」「真說經家一野狐也，驚詫不已」一句被認為是後來添入的；光緒二十一年乙未（1895年）閏五月初九曰：「歸時略早，飯後，李蓴客先生來長談，此君舉世目為狂生，自餘觀之，蓋策士也。」其中「李蓴客」原應為「康有為」。戊戌年日記目前被懷疑或已確知的改易有兩處：其一，在正月初三記康氏與總署大臣談話內容後，加「狂甚」二字；[62] 其二，刪去了四月初七日光緒帝對話中的「康有為之才勝臣十倍」一句。除此以外，日記中其它涉及康有為的內容尚未證實有刪改的痕跡。上述改動一直被認為是翁用來隱飾翁、康間真實關係的飾詞，此論似有重新商榷之必要。筆者以為，翁、康之間從未有過私交，翁氏添加詆康之言，主要意圖是向後世表明他與康之間關係並不密切，實際上是對官方強加給他的「薦康」罪名的一種申辯，與此同時，也流露出對康的痛恨心理。

　　由於受翁氏「薦康」說的影響，人們不僅懷疑翁氏刪改了「薦康」的內容，甚至將日記中一些未經刪改過的記載也牽強地用來證實翁氏與康有為變法活動關係之密切。日記戊戌二月十八日記：「明日遞康有為折，又議復陳其璋折……皆速議也。」[63] 同年三月二十三日記：「總署代康有為條陳折（變法片一件，歲科試改去八股）並書三部：《日本變政記》、《泰西新政摘要》、《各國振興記》。命將康折……並書及前兩次折，並《俄彼得變政記》皆呈慈覽。」[64] 這兩條翁氏代

---

62 參見湯志鈞：《戊戌變法人物傳稿》（增訂本），286-290頁，北京，中華書局，1982。
63 陳義傑整理：《翁同龢日記》第6冊，3100頁。
64 陳義傑整理：《翁同龢日記》第6冊，3112頁。

呈康氏條陳及變法書籍的記載即被認為是支持康氏的變法活動的依據，此論似未及實情。因為日記中涉及康有為的記載本身並不能說明翁對康氏政治活動的支持。身為樞臣，翁氏在日記中對甲午至戊戌年每日辦理樞務的情況，如內外臣工所上封奏，軍機見起時的討論，以及戶部、總署公務的辦理等，均有簡明扼要的記錄。日記中許多涉及康氏的記載不過是對履行公務諸環節的一般性記錄，並無任何感情色彩和政治傾向。如日記中記丁酉年十一月十九日高燮曾薦康，戊戌年正月初三總署傳見康氏，以及二月十八日和三月二十三日兩次代遞康折及書籍等，都屬一般性的公務記錄，這並不能說成是翁同龢對康的支持。就實際情況來說，翁氏代遞康有為書折，也是以總理衙門公務的名義，而非私人行為。這從《傑士上書匯錄》所收幾件總署代遞折中可以清晰地看到。[65]如果說以總署名義進呈康氏書折尚可謹慎從事的話，直接向康索書則非翁氏所願為之。翁同龢於四月初七、初八日兩次抗旨並建議「傳旨令總署」進呈康氏之《日本變政考》，正說明了這種情況。翁氏被開缺後，軍機大臣兼總署大臣廖壽恒又專門負責向康氏傳話並轉呈書籍、條陳。當時康有為已被任命為總理衙門章京，總署大臣代其轉呈條陳和書籍已符成例。光緒帝之所以再令廖專司此事，主要因為廖壽恒為樞臣，每日入值，這樣可以隨時通過他與康取得聯繫。但廖氏恐開罪於慈禧，伺機將代遞康折之事推給了孫家鼐。[66]可見，翁同龢與廖壽恒一樣，代呈康氏條陳與書籍都是奉行公務，不應簡單視此為翁氏對康個人的支持。

翁日記丁酉年十二月二十四日記：「上頗詰問時勢所宜先？並以變法為急，恭邸默然，臣頗有敷對，謂從內政根本起，諸臣亦默然

---

65 參見黃明同、吳熙釗主編：《康有為早期遺稿述評》，172頁。

66 蘇繼祖：《清廷戊戌朝變記》，《戊戌變法》叢刊第1冊，335頁；《康南海自編年譜》，《戊戌變法》叢刊第4冊，152-153頁。

也。」[67]論者也視此為翁氏支持康氏變法之證據。事實上，翁同龢所主張的「變法」與康有為宣導的變法是有區別的，他並不願意全部接受康氏的主張。翁日記中記他對皇帝索取黃遵憲《日本國志》的消極態度，對張蔭桓主持的仿效西法改革外交儀節的牴觸和反對，以及「西法不可不講，聖賢義理之學尤不可忘」的言論，都反映出其改革思想仍囿於「中體西用」的藩籬，翁氏所謂「變法」須「從內政根本起」的涵義，與康設制度局盡變舊法的改革主張是格格不入的。更有論者以翁曾草擬「定國是詔」來證明他支持變法，這也過於牽強。光緒帝立志維新，「明定國是」已經慈禧同意。翁同龢身為首席樞臣，奉命擬詔應是其職責，此舉亦不能說明他對康氏變法主張的傾心支持。相反，他在詔書中倡言「以聖賢義理之學植其根本，又須博採西學之切於時務者，實力講求，以救空疏迂謬之弊」。[68]這既是翁氏「變法」基調的流露，也是對光緒帝採納康氏建議實行新政在指導思想上的一種「矯正」。根據翁氏日記中有關主張「變法」以及曾草擬「定國是詔」的記載，就認為他支持康氏變法，「舉薦」康有為，顯然過於簡單化了。

　　由於《翁文恭公日記》公開面世時翁氏「薦康」說早已深入人心，世人寧願相信翁氏在刪改日記時顛倒了事實，而對康、梁著述及清廷諭旨中的「薦康」之論毫不懷疑，翁氏日記的史料意義因而未能得到全面的認識。的確，翁同龢刪改日記的事實是不容否認的，這對人們弄清他與康有為之間的真實關係確實帶來了不少麻煩。其中最要害的是他刪去了「康有為之才勝臣十倍」之語，使人們無從知道剛毅誣陷他「密保」康氏的真實情節，導致了世人對「薦康」情形的種種

---

67 陳義傑整理：《翁同龢日記》第6冊，3132頁。
68 《上諭》，《戊戌變法》叢刊第2冊，17頁。

猜測。但是，日記中記載康有為之處，多事關公務，翁氏的刪改不過將本來就不甚密切的翁、康關係說得更加疏遠而已，這與康、梁在政變後著書立說，蓄意歪曲翁、康關係，編造「翁同龢薦康」說的做法相比，其消極因素遠遜。

筆者以為，翁同龢在戊戌維新中從未舉薦過康有為，翁氏「薦康」的說法是康氏在政變後編造出來的。一些確鑿的材料說明，乙未至戊戌間與康有為關係最為密切，且對其政治活動予以最大支持的朝臣，並非翁同龢而是戶部左侍郎、總署大臣張蔭桓，真正向皇帝密薦康有為的正是張氏。[69] 由於張蔭桓是通過非正常途徑「薦康」的，康有為對內幕極力隱晦，為了應對輿論，解釋自己進用的過程，政變後拋出翁氏「薦康」之論以混淆視聽。不料，康氏首倡的翁氏「薦康」說又被剛毅等翁氏政敵所利用，導致戊戌十月翁同龢革職事件的發生。翁氏被以「力陳變法」「濫保匪人」的罪名革職後，流亡日本的康、梁又通過《戊戌政變記》的宣傳，把光緒帝、翁同龢與康有為變法緊緊連在一起，以此來贏得士大夫階層對保皇活動的支持，最大限度地孤立慈禧一派。進入二十世紀後，康有為著述中對翁、康關係的描述更加詳盡，成為戊戌維新史的重要「組成部分」。因為沒有翁同龢「舉薦」，康有為無論如何是無法得到光緒帝賞識的，百日維新也就無法開始，這正是康氏向後世昭示的基本邏輯。

原載常熟市人民政府、中國史學會編：《戊戌變法與翁同龢》，
北京，中央文獻出版社，二〇〇〇。

---

69 對此，筆者有另文討論，茲不展開詳論。

# 康有為自編年譜的成書時間及相關問題[*]

　　年譜是按年次記載人物生平事蹟的傳記文獻，因而將傳主的自編年譜視為個人回憶錄亦不無理由。在史學研究中，這種具有中國傳統形式的傳記文獻通常被當作較為重要的史料來利用，康有為的自編年譜自然也不例外。事實上，由於康氏與晚清政治、學術、思想、文化的重要關係，學界對其自編年譜的重視更是非同一般。

　　康氏自編年譜本擬名為《我史》，[1]後人改稱為今名。年譜在康氏生前並未刊行過，一九二七年三月康有為逝世後，曾以抄本的形式在小範圍內流傳，現在已知的抄本有羅孝高、丁文江、康同璧、趙豐田藏本。[2]直到二十世紀五十年代初中國史學會組織編輯中國近代史資料叢刊《戊戌變法》時，才根據趙豐田所藏抄本與康同璧所藏抄本對校後，取名《康有為自編年譜》，收入該叢刊，[3]這是康氏自編年譜首次印行。[4]後半個世紀，臺灣和大陸一些機構又多次刊印該年譜，[5]但

---

[*]　崔志海研究員曾對本文修改提出了補充意見，特致謝忱！

[1]　康同璧：《康南海先生年譜續編》，「前言」，見樓宇烈整理：《康南海自編年譜（外二種）》，69頁。

[2]　參見謝巍編撰：《中國歷代人物年譜考錄》，615頁，北京，中華書局，1992。

[3]　中國史學會主編：《中國近代史資料叢刊·戊戌變法》（以下簡稱《戊戌變法》叢刊）第4冊，107-169頁。

[4]　這裏只是從年譜本身的刊行來說的。如從年譜內容而言，1932年康氏弟子張伯楨刊行《南海先生傳》，其中前半部分（1898年以前）基本上便是依據康氏自編年譜改

基本上皆以抄本和《戊戌變法》叢刊本為據，內容並無二致。其中樓宇烈先生整理的《康南海自編年譜》，不僅增入西元紀年，又改正了叢刊本中個別明顯的誤字，故多為學界重視和引用。

不過，與學界對該年譜文本的廣泛利用相比，康有為自編年譜作為一種歷史文獻，其形成過程中存在的問題似乎沒有得到應有的關注。[6]對於年譜成書於戊戌政變後即一八九九年初前後的習慣說法，學界少有疑義，學人對年譜內容的利用和研究，亦均以此為前提。近年有學者指出，康氏年譜中個別內容似乎是後來很晚時候補入的，年譜內容有「點竄」的嫌疑，實際上已對該書成書時間的習慣說法提出了疑問，但似未從整體上對該問題展開考察。[7]本文希望借鑒既有的研究成就，對康有為自編年譜的撰寫、形成情況進行考訂，提出疑問，並對與之相關的問題進行討論。不妥之處，尚請方家指正。

---

編，但張氏並未說明。該傳後附王樹枏跋云：「弟子述先生事，見聞較為真確，故能始末備舉，鉅細不遺，此書可作康先生年譜，並可為一朝史鏡焉。」當時王氏或許知道該傳與年譜的關係，但亦隱晦未明。詳見張伯楨：《南海康先生傳》，收入《滄海叢書》，北平琉璃廠文楷齋刻印，1932年5月；（徐）一士：《讀〈南海康先生傳〉》，載《國聞周報》第9卷第20期，1932年5月。二者均轉引自夏曉虹編：《追憶康有為》，98-161頁，北京，中國廣播電視出版社，1997。此

5　臺灣和大陸先後出版的康氏自編年譜有：《康南海自訂年譜》，見沈雲龍主編：《近代中國史資料叢刊》第2輯，臺北，文海出版社，1966；《康南海先生自編年譜》，見蔣貴麟主編：《康南海先生遺著彙刊》，第22冊，臺北，宏業書局，1976；樓宇烈整理：《康南海自編年譜（外二種）》；康有為：《我史》，南京，江蘇人民出版社，1998；《我史》，收入劉夢溪主編，朱維錚編校：《中國現代學術經典・康有為卷》（以下簡稱《康有為卷》），石家莊，河北教育出版社，1996。

6　據謝巍編撰《中國歷代人物年譜考錄》，日本學者田原正己曾撰寫《〈康南海自編年譜〉之考察》一文，收入《香川大學教育學部研究報告》第1部第30號，1971年3月。因筆者未能見到該文，文中是否涉及康氏年譜的成書情況，不詳。

7　朱維錚：《康有為在十九世紀》，《求索真文明——晚清學術史論》，165-213頁，上海，上海古籍出版社，1997。有關情況詳見後文。

# 一　成書時間的兩種說法

　　學界通常認為康有為自編年譜撰寫於戊戌政變後即一八九九年初前後，這是以康自己的說法為根據的。康年譜末云：

> 聚散成毀，皆客感客形，深閱生死，順天俟命，但行吾不忍之心，以救此方民耳。諸子欲聞吾行事，請吾書此。此四十年乎，當地球文明之運，中外相通之時，諸教並出，新理大發之日，吾以一身備中原師友之傳，當中國政變之事，為四千年未有之會，而窮理創義，立事變法，吾皆遭逢其會，而自為之。學道愛人，足為一世，生本無涯，道終未濟，今已死耶，則已閱遍人天，亦自無礙，即作如是觀也。後此玩心神明，更馳新意，即作斷想，又為一生觀也。九月十二日至日本，居東京已三月，歲暮書於牛込區早稻田四十二番之明夷閣。[8]

　　這段話乃年譜終篇總結之語，據此，年譜當完稿於光緒二十四年戊戌歲暮，亦即一八九九年初，這種說法現在比較通行。不過，《戊戌變法》叢刊第四冊後所附《書目解題》的說法與此稍有區別：

> 是書系康有為於光緒二十一年乙未以前所作，敘事亦止於是年為止。原稿在戊戌抄沒，輾轉落於其門人羅孝高手中。戊戌十二月，作者流亡日本，復將乙未以後事補作而成是編。[9]

　　解題強調指出年譜是分兩個階段寫的，即光緒二十一年乙未

---

8　樓宇烈整理：《康南海自編年譜（外二種）》，67-68頁。

9　《戊戌變法》叢刊第4冊，616頁。

（1895年）以前部分（包括乙未年）寫於乙未年；光緒二十二年至光
緒二十四年（丙申、丁酉、戊戌，1896-1898年）三年的內容則係政
變後流亡日本時續補的。仔細審察，這種解釋實與年譜中的康氏的一
句注語有關。年譜「光緒二十二年丙申三十九歲」前有康氏自注云：

> 此書為光緒二十一年乙未前作，故敘事亦止於是歲，門人羅孝
> 高不知從何得之，蓋戊戌抄沒，落入人間，而孝高得之也。更
> （甡）年七十識。[10]

　　康氏晚號更甡，其年七十當在一九二七年。是年三月八日（二月
初五日）康有為在上海度過七十歲生日，數日後遂離滬去青島，三月
三十一日（二月二十八日）在青島寓所病逝。據其門人麥仲華回憶，
康氏壽誕後，即在上海「親自檢理其平生最愛之書籍，及自著稿件
等，徹三晝夜不稍息」。[11]康同璧也回憶說：「先君去滬時，親自檢點
遺稿，並將禮服攜帶。臨行，巡視園中殆遍，且云：我與上海緣盡
矣！以其相片分贈工友，以作紀念，若預知永別者焉。」[12]康氏離滬
前曾檢點遺稿，據此似可判言，這條注語應是康逝世前不久臨時添加
的。顯然，題解中所謂康年譜分兩階段成書的說法，是將年譜正文總
結語與康氏所添注語綜合後得出的一種新解釋。
　　康同璧和趙豐田抄本所依據的年譜稿本，現在仍存世。據謝巍先
生稱，「該稿本不分卷，共兩冊」。筆者雖幾經努力，惜仍未能找到原

---

10　樓宇烈整理：《康南海自編年譜（外二種）》，32頁。

11　據麥仲華函，時間不詳，轉引自夏曉虹：《聖人心跡》，載《讀書》1996年第8期，
　　119頁。

12　康同璧：《康南海先生年譜續編》，見樓宇烈整理：《康南海自編年譜（外二種）》，
　　235頁。

稿。[13]儘管未能見到稿本，但據前引康有為的注語，筆者推斷，稿本第一冊應止於乙未年，康氏注語應寫於該冊之後，否則康不至於有「此書」之稱；稿本第二冊，當為丙申至戊戌部分。由此，或可斷定，康氏自編年譜稿本分為兩冊，本來已是前後相續、自成體系的本子，只是由於康逝世前添加了一句注語，才又引出「兩階段」成書的歧說，這其中自然有後世學者綜合分析的主觀因素在內。不過，即使乙未前後兩階段成書的說法成立，似乎也不影響人們對年譜最後成書時間的認定，學界對兩種說法的差異忽略不計，原因大概也在於此。

## 二　始撰於乙未年不可信

康有為逝世前為何在基本定稿的《我史》中，寫下一句別有意味的注語，具體緣由今人已很難知曉。不過，他在七十歲前自稱在乙未年便撰寫了年譜前半部，可謂疑竇叢生。讓人懷疑的理由至少有三點：其一，是年康氏方中進士，授工部主事，年僅三十七歲，似不至於在仕途尚未發達、功名尚未顯赫時，就對自己的前半生做回顧性的總結。這與明清時期人們晚年撰寫自訂年譜的習慣不符。其二，乙未年《馬關條約》簽訂，康氏在京參與策動公車上書，後又參與強學會活動，是年八月復南下，得到張之洞支持，創辦上海強學會。這個階

---

13 中國歷史博物館編《中國近代史參考圖錄》中冊（上海，上海教育出版社，1983）第259頁，有「《康有為自寫年譜》手稿首頁」圖片，說明年譜稿本仍存於世。又據謝巍編撰《中國歷代人物年譜考錄》第615頁「《康南海自編年譜》（我史）」條下記云：「稿本不分卷，二冊。《萬木草堂叢書目錄》載《我史》條注，『即年譜』。稿本傳鈔多本，已知有羅孝高、丁文江、康同璧、趙豐田藏本。」根據該書所注藏書之處，年譜原稿應藏中國人民大學圖書館，但經筆者查詢，不確。筆者在查訪年譜稿本收藏機構的過程中，得到中國人民大學程歗教授、中國社會科學院近代史研究所張海鵬研究員以及國家博物館相瑞花、高世瑜兩位研究員的熱忱幫助，特此致謝。

段康氏全身心投入上書開會的政治活動，是否會有時間與精力撰寫年譜，也是值得懷疑的，至少目前還沒有發現關於他撰寫年譜的有力佐證（包括康氏本人或其家人弟子的文獻）。其三，康自言年譜在政變發生時被抄沒，後又碰巧被其門人羅孝高[14]所得，並完璧奉還，這種說法不免過於離奇。現在看到的年譜，內容多諷舊黨者，且指名道姓，攻擊慈禧、榮祿等當政者，倘若抄沒，又豈有重新流落民間的可能性？況且又恰被其門徒所得？康氏每每自命不凡，自認遇事多得蒼天祐助，此情並不稀奇，但事情如此玄虛，很難令人信服。鑒於上述原因，筆者以為康於乙未年開始撰寫年譜的可能性不大。

退一步說，即使康氏乙未年確實撰寫過年譜，而且年譜被抄沒後又奇跡般地回到康的手中，那麼，現在看到的年譜，恐怕也不會是「抄沒」前的原樣了。比較有力的證據是，今存年譜乙未年以前的內容，多夾雜著後來發生的事情。茲列舉如下：

（一）年譜「光緒九年癸未」記是年在南海創不纏足會情形後，康又言：「至乙未年與廣仁弟創辦粵中不纏足會，實用此例及序文。……戊戌七月，吾並奏請禁纏足矣。以知天下事無難易，專問立志如何，昔之極難者，後或可竟行焉。吾立禁纏足之願，與廢八股之願，二十年皆不敢必其行者，而今竟行之。」[15]這裡插入的是戊戌年的事。

（二）「光緒十四年戊子」記代屠仁守草折建議修築清江浦鐵路事，稱「去年容閎乃請築津鎮鐵路，吾實助之，奉旨見行。既而政變，撤容閎差，今命胡燏棻、張翼督辦，蓋十一年矣」。[16]丁酉年

---

14 羅孝高，名普，廣東順德人，康有為弟子，麥孟華的妹夫，萬木草堂後期的學生。戊戌政變後赴日本遊學，入早稻田專門學校讀書。見陳漢才編著：《康門弟子述略》，138-139頁，廣州，廣東高等教育出版社，1991。

15 樓宇烈整理：《康南海自編年譜（外二種）》，11頁。

16 樓宇烈整理：《康南海自編年譜（外二種）》，17頁。

（1897年）才發生的容閎請築津鎮鐵路事，怎會是乙未年所記？

（三）「光緒十九年癸巳」記述南海縣「同人團練局之舉」時，將之比於戊戌年八月之政變：「自癸巳十一月攻張事起，謗言沸騰，吾幾死於是，而禮吉實殉難，與為中國變法，吾與卓如幾死於是，而幼博、譚復生、楊漪川、林敦谷實殉難焉。……與八月國變未有少異也。」[17]這些內容只能寫於戊戌政變後。

（四）「光緒二十一年乙未」記翁同龢事蹟甚詳。據年譜，是年閏五月初九日翁、康二人首次面晤，翁對康言：「與君雖新見，然相知十年，實如故人。姑為子言，宜密之。上實無權，太后極猜忌。上有點心賞近支王公大臣，太后亦剖看，視有密詔否。自經文芸閣召見後，即不許上見小臣。」[18]當時翁視康為「策士」，對其變法主張自然有所詢問，似在情理之中。但諸如「上實無權，太后極猜忌，上有點心賞近支王公大臣，太后亦剖看，視有密詔否」之類牽涉宮闈秘辛的事情，焉能與一位素無淵源的「狂生」初次見面時就一吐為快？這豈是以理學修身，具有濃厚忠君觀念，秉性謹慎持重的翁同龢所為？這段談話提到的「密詔」問題，只能寫於政變之後，因為只有政變後「密詔」才成為康氏政治話語中一個核心詞語。是年又記：「……常熟令陳次亮來謝其意，然苟不能為張柬之之事，新政必無從辦矣。」[19]「張柬之之事」當指擁立武則天之子復位恢復李唐社稷之故事，這裡是指代擁護光緒復辟之意，應是政變前後康的主張，似不會出現在乙未年。

（五）「光緒二十一年乙未」又記：「先是翁常熟在毓慶宮獨對……及六月派總理衙門行走……吾累書勸其力辭總署之差，常熟不

---

17　樓宇烈整理：《康南海自編年譜（外二種）》，22-24頁。

18　樓宇烈整理：《康南海自編年譜（外二種）》，29頁。

19　樓宇烈整理：《康南海自編年譜（外二種）》，29頁。

能從，後以割膠事為罪謗所歸，榮祿嗾其私人劾之，常熟卒以是逐。常熟去官後雲，悔不聽我言也。」[20]割租膠州灣事發生在丁酉年，翁去官在戊戌年，這裡再次摻入後來發生之事。

筆者認為，康自稱年譜起稿自乙未年基本不可信；退一步說，假定在乙未年確實寫了年譜的前半部分，今天也不宜將其視為乙未年形成的文獻，畢竟其中摻入了不少丁酉、戊戌年的內容。因此，從某種意義上說，將年譜成書時間定在戊戌年底，恐怕比「兩階段」成書的說法更為合理。當然，問題還不止如此簡單。

## 三　曾經多次刪改和修訂

說政變後康有為在日本開始撰寫其自訂年譜，大致沒有疑問。流亡海外的康、梁師徒通過報章宣揚其政治主張，披露變法和政變內幕，並且集中解釋康與變法的關係，均是在這一時期。

這期間梁啟超《戊戌政變記》先在《清議報》連載，後又彙集成冊，第一次對戊戌維新運動從整體上進行描述，建立了一個以康有為為領袖，以康氏政治活動為主線的戊戌維新運動敘述框架。其中《戊戌政變記》第一篇《變法實情》第一章《康有為嚮用始末》，集中說明了康有為與戊戌新政的關係；該書附錄一《改革起原》，也以康有為的事蹟為線索，介紹改革的緣起。兩文均以康氏個人為主線，互為表裡，描繪出了從一八九五年到一八九八年以康有為為主的變法運動史。[21]《戊戌政變記》雖說乃梁啟超署名所寫，但其中很難說沒有康有為本人的參與。如果考慮到這種歷史背景，康有為於此時回顧自己

---

20 樓宇烈整理：《康南海自編年譜（外二種）》，32頁。

21 參見戚學民：《〈戊戌政變記〉的主題及其與時事的關係》，載《近代史研究》2001年第6期。

的教育、學術和政治活動，並加以總結，也是順理成章的事情。據此可以認為，康氏此時開始撰寫年譜比乙未年有著更為合理的動機，年譜主體也當形成於這個時期。

然而，康有為自編年譜的撰寫似乎也不是一蹴而就的，寫作始於一八九九年初似無異議，若說定稿於這年則大有疑問。年譜在康氏生前從未刊印，稿本又多有塗改增刪處，康逝世前又添加注語，揆諸以上情形，可知年譜從初稿到定稿，經過了不斷的修訂。期間到底有過多少次增刪、修改，現在無能得出結論，但可以肯定地說，一八九九年以後康年譜依然處在不斷修訂之中。近年朱維錚先生在研究中提出了康氏年譜後來填補內容的情況，說明年譜的「點竄」問題已經受到學界關注。

朱維錚先生在研究康有為《我史》時認為，「這篇自述作於清光緒二十四年歲暮」，亦即一八九九年初；[22]同時，他又指出康氏後來對原文有「點竄」：年譜前「曾祖健昌，又名式鵬，號雲衢」，下注「誥封資政大夫、福建按察使」，朱先生即認為「非《我史》原文」。他進一步指出，所謂「誥封」，自屬朝廷追贈。但清制，追贈先人官爵，需本人官至一品，方能及於曾祖。康有為之父僅為候補知縣，祖父僅官至州學訓導，均在七品以下，「誥封」其祖或父至二品官爵，絕無可能，「而康有為中進士後僅授工部主事，七品微員，怎能追贈曾祖官爵？因此只有一種可能，即『丁巳復辟』時康有為被授予『頭品頂戴』，方能依亡清例『誥封』其曾祖」，「因知此注必為後來添注」。由於康有為在復辟失敗後所撰《康氏家廟碑》述其曾祖頗詳，而尚無此「誥封」字樣，因而添注時間或更晚。[23]朱維錚先生進一步指出：「凡

---

22 朱維錚：《〈我史〉（康南海自編年譜）說明》，劉夢溪主編，朱維錚編校：《中國現代學術經典·康有為卷》，812頁。

23 朱維錚：《康有為在十九世紀》，《求索真文明》，199-200頁，注釋12。

熟悉康有為著作史的，幾乎無不熟知此人有『倒填年月』的癖好，因而對他的自述，倘無佐證，都不敢輕信……」[24]可見，康年譜的成書時間確實存在很大的嫌疑。

事實上，黃彰健先生也曾斷言：「康的記載常自相矛盾」，「我們對康有為的著作及其談話，應仔細審覈其內容，不可盲目輕信」。[25]這不僅是指內容本身，當然也是指這些文字的形成時間。就已有的研究說來，《大同書》成書時間的顛倒、《戊戌奏稿》的刪改，都說明研究康氏生平及思想，不能輕信其著述之所言。

康有為每每將自己著作撰述時間提前很多年，湯志鈞先生稱此舉為「倒填年月，製造迷誤」。如康氏《大同書》中說此書乃光緒甲申（1884年）「吾年二十七」，「感國難哀民生」而作，湯先生通過研究，特別是根據上海博物館後來發現的《大同書》原稿進行勘比考證，證實此書實際上撰於一九〇一年至一九〇二年（辛丑、壬寅間）。[26]同樣，康有為自稱其《禮運注》撰於「光緒十年甲申冬至日」，但據湯先生考證，康氏深研今文經學是在一八八八年第一次上書不達，一八九〇年在廣東會晤廖平以後的事情，而「《禮運注》的

---

24 朱維錚：《康有為在十九世紀》，《求索真文明》，182頁。

25 黃彰健：《戊戌變法史研究》，149頁。

26 參見湯志鈞：《關於康有為的〈大同書〉》，載《文史哲》1957年第1期；《再論康有為的〈大同書〉》，載《歷史研究》1959年第8期；《〈大同書〉手稿及其成書年代》，載《文物》1980年第7期。另，朱仲嶽在《〈大同書〉手稿南北合璧及著述年代》（載《復旦學報》1985年第2期）一文中，援引天津圖書館所藏《大同書》手稿本中犬養毅所寫跋文，認為該書確實起稿於1884年，其初始形態即年譜中所說的《人類公理》。對此，房德鄰撰文表示質疑，認為《人類公理》並非《大同書》的初稿，而是康氏另一部著作《實理公法全書》的初稿；《大同書》的撰寫是在1890年康有為受到廖平影響轉向今文經學、接受公羊學和三世說的社會歷史觀之後的事情，也與受到同時期發表於《萬國公報》的歐洲空想社會主義的小說影響有關，到戊戌年《大同書》已經成稿數篇。詳見房德鄰：《〈大同書〉起稿時間考》，載《歷史研究》1995年第3期。

三世說與《孔子改制考》同，且有受嚴復進化論影響的痕跡可尋，應撰於一八九七年左右」。[27]顯然這又是一起「倒填年月」的例子。

更多的情況是，他將舊作進行改刪，增添進新內容，《戊戌奏稿》所收大部分文獻都有改篡之嫌。這對學界準確認識康氏當時的思想帶來了困難。[28]康有為的自編年譜恐怕同樣存在這樣的問題。筆者認為，自編年譜的主體當形成於戊戌年底，這一點不應有疑問；但康對原稿一直有點竄和增補，很難說最後定稿於何時。這種情況下，將康氏自己最後添加注語的一九二七作為年譜成書定稿的時間，或許更為合理；至少，在無法完全弄清康氏不斷調整、修改年譜的實際情況時，將其視為康氏在一九二七年內心世界與思想狀態的反映，應該是相對準確的。

## 四　最後定稿時間

如果將年譜的定稿時間確定為一九二七年，或許也可以解釋既有研究中尚存的一些疑問。

年譜「光緒十四年戊子」記康「參加鄉試不售後，發憤上萬言書，極言時危，請及時變法」，並通過國子監祭酒盛昱將此書（後稱《上清帝第一書》）轉交翁同龢，請代上達，但因種種原因翁未予遞上。康氏解釋說，因書中「直言時事」，「常熟恐以此獲罪，保護之，不敢上」。這種敘說明顯含有翁因愛才而「保護之」的意味，筆者以為，這與當時翁、康二人的實際關係不甚相符。當時翁與康並未會

27　參見湯志鈞：《〈禮運注〉成書年代考》，《戊戌變法史論叢》，146-153頁，武漢，湖北人民出版社，1957。

28　參見孔祥吉：《〈戊戌奏稿〉的改篡及其原因》，收入胡繩武主編：《戊戌維新運動史論集》，284-306頁，長沙，湖南人民出版社，1983。

面，秉性持重的翁無論如何也不會貿然將一位不知底細者的封事代呈御前的，更何況它又是一篇易引起爭議的文字。儘管翁氏當時私下曾將康的封事做了摘錄，但此舉多半與當時崇尚高論謏言的清議風尚有關，也可能是其中有些針砭時弊的言辭非京中一般官員所敢講，故錄之以備考，歸諸「政事雜抄」。總之，可以肯定，翁同龢未遞康氏之封事，實出於一種息事寧人的考慮，並無私人性的關照在內。[29]然而，也有論者以翁氏日記的記載作為佐證，來說明康氏說法的可信之處。翁日記十月二十七日（11月30日）記云：「盛伯羲以康祖詒封事一件來，欲成均代遞，然語太訐直，無益，只生釁耳，決計復謝之。」[30]細讀二人記述之語境，日記所記與年譜所敘確有吻合的地方。不過，如果將康年譜定稿時間視作一九二七年，則上述兩則材料之間可能存在一種神秘的關聯：康有為生前是看過一九二五年出版的《翁文恭公日記》的，[31]「保護之說」或從「恐生釁耳」一語演繹而來。

康有為在年譜中還用大量筆墨記述了光緒十四年前後他與御史屠仁守的關係，並論及代屠草擬奏章之細節。對此，黃彰健先生曾表示懷疑，並斷言康年譜記載代屠草折之事「有虛妄不實及掠屠氏之美處」。孔祥吉先生則撰文對黃說提出異議。[32]筆者以為，當年康與屠有所接觸或無所疑，但關係恐密切不到像康自編年譜中說的那種程度。

29 參見馬忠文《「翁同龢薦康」說考辨——翁、康關係再認識》，收入常熟市人民政府、中國史學會編：《戊戌變法與翁同龢》，224-253頁。

30 陳義傑整理：《翁同龢日記》第4冊，2234-2235頁，北京，中華書局，1998。

31 臺北「中央研究院」近代史研究所圖書館收藏張蔭桓甲午日記稿本首頁附有康有為的題記：「嗚呼！此吾邑張樵野尚書甲午札記也。……中多記□□事，關涉頗大，若朝章國故尤夥，足與常熟日記參考。」這段題記是康晚年所寫，說明他是讀過1925年由商務印書館影印的「常熟日記」（《翁文恭公日記》）的。詳見任青、馬忠文整理：《張蔭桓日記》，504頁。

32 關於這一問題的探討，可參見黃彰健：《戊戌變法史研究》，603-626頁；孔祥吉：《康有為變法奏議研究》，20-56頁，瀋陽，遼寧教育出版社，1987。

康當時屢遭士林譏諷，為何獨得屠仁守的青睞？況且康自稱與屠乃「至交」，「過從甚密」，[33]而時人留下的文獻中卻不見記錄，這也是讓人生疑的地方。總之，此項研究似不可過分依賴康氏年譜與現存康代屠仁守草擬章奏墨蹟之間的互證。因為現存墨蹟是否是一八八八年的原跡，抑或是康後來的新抄件，現在已很難說清；況且，《屠光祿奏疏》刊印於民國十一年（1922年），促成是書刊行並為之寫序的劉廷琛，又與康同為復辟黨人，康有為自然看到過此書。若是，則現存康氏代屠仁守草擬章奏的墨蹟是否錄於看到此書之後，以及康氏墨蹟有無可能出自對屠氏部分章奏的刪改，諸多問題，恐怕很難釐清。[34]看來，在研究歷史人物生平事蹟與學術思想時，利用該人物自著的不同文獻彼此互證，本來是比較常見的研究方法，然而，具體到康有為，情況似乎又要複雜得多。[35]

　　就明清時代學人自撰年譜的起因，楊殿珣先生認為，「有的是自

---

33 據康有為說，他曾贈洪良品一首詩，「並示屠老」，稱與他們「過從甚密」。參見《康有為遺稿·萬木草堂詩集》，36頁。

34 湯志鈞先生則認為，康有為於光緒二十年甲午冬月在桂林刊行的《救世芻言》中收有《錢幣疏》和《請開清江浦鐵路摺》，皆為代屠仁守所作，其中後者有抄本，現藏上海博物館，似為早年舊跡。參見湯志鈞編：《康有為政論集》上冊，46頁，北京，中華書局，1981。

35 以《大同書》的成書年代為例，方志欽先生雖認為該書成書於1901-1902年間，但是，對湯志鈞先生「倒填年月」的說法仍有疑義。他以康氏年譜為據，認為光緒十年康「從事算學，以幾何著人類公理」，即「手訂大同之制」，這便是《大同書》的最初草稿，此草稿又迭經修改補充，1886年的《內外康子篇》、《公理書》，1887年的《人類公理》等，都是《大同書》的修改稿和續編。理由之一是：「《自編年譜》記1895年前的部分，係1895年所寫，此時距《大同書》定稿尚差四至六年，其中有關《大同書》的記載，與《大同書》序言，並無矛盾，不可謂『倒填年月』。」顯然這是由於相信康氏自稱年譜成書於乙未年而將其與《大同書》互證的必然結果，實則二者成書皆較晚，這可能是學術研究中受到康氏誤導的一個典型例證。詳見方志欽：《關於〈大同書〉的成書年代問題——與湯志鈞同志商榷》，載《學術研究》1963年第1期。

己感到自己懷才不遇，用以發洩自己的不平之氣；有的是敘述生平，載諸家譜，用以垂示子孫；當然也有為了誇耀自己的成就，宣揚自己的豐功偉績」。自編年譜的名稱也比較豐富，如殷近的自編年譜為《幻跡自警》，耿定向的叫《觀生記》，王恕《省身錄》，汪輝祖《病榻夢痕錄》，龐鍾璐《知非錄》。年譜名稱本身便寄託了作者的旨趣和思想。[36]不過，通常情況下每個人的撰述動機可能都是綜合性的。對康有為來說，誇耀成就、宣揚偉績的用意自然最為明顯。康有為自編年譜名為《我史》，寓意也十分明顯，無疑是著力於說明自己的生平、學術及政治活動，特別是與變法活動的關係，細讀全文，講述其與變法活動的關係應是主線，這種提綱挈領式的總結式的回憶，與弟子梁啟超的《戊戌政變記》、《康南海傳》的刊行是相始終的。儘管他們師徒的角度和側重點有所不同，但宣傳康、梁變法史的意圖是完全一致的。康氏將年譜稱為「我史」，欲使其傳之不朽，明顯流露出名山事業的情結。在他逝世前經他最後審訂過的《我史》，正是他希望讓後人銘記的歷史。對此，朱維錚先生指出：「《我史》在成稿半個世紀後才刊布，書題被刊布時編者改為《康南海自編年譜》，自有某種不得已的考慮，但也大失原著論旨，由原著結語可明。」因此，在編輯康有為學術著作時，將它作為康氏「以我為核心的思想政見的自我總結」收入其中，「並依據康同璧的佐證，恢復其原名」。[37]在某種程度上說，恢復《我史》之名，更符合康氏的本意。

縱觀晚清政治史研究的現狀，今人對戊戌變法史的整體理解，從主流上講，依然未能擺脫康梁話語系統的基調；而康年譜與梁啟超《戊戌政變記》相表裡，實為支撐這種話語系統下戊戌變法史敘述框

36 楊殿珣：《中國年譜概說》，載《文獻》1979年第2輯，172、167頁。
37 朱維錚：《康有為先生小傳》，劉夢溪主編，朱維錚編校：《中國現代學術經典‧康有為卷》，15頁。

架的核心文獻。不過，最新的研究趨向表明，在研究戊戌變法時，學界似乎已經不再只關注康梁之文本，也開始留心其文本產生的語境了。比較有代表性的就是日本學者狹間直樹先生和戚學民先生對《戊戌政變記》版本及其語境的探索。[38]相比而言，對康有為自編年譜形成過程的探索，依然很有限，似應有更多的學者關注這一問題。

原載《近代史研究》二○○五年第四期

---

38 參見狹間直樹：《梁啟超〈戊戌政變記〉成書考》，載《近代史研究》1997年第4期；戚學民：《〈戊戌政變記〉的主題及其與時事的關係》，載《近代史研究》2001年第6期。

# 從朝野反響看翁同龢開缺前的政治傾向

　　長期以來學界圍繞翁同龢開缺原因的討論，多與其對戊戌維新的政治態度相關聯。[1]對此，謝俊美教授有過詳細的評述，茲不贅述。[2]不過，爭論過後，將翁氏開缺歸結到支持變法與舉薦康有為似乎仍是主流觀點，至少，大部分通史類著作和教材仍沿襲了這種傳統說法。

　　然而，當我們今天毫不懷疑地把翁同龢視為支持變法的新派人物時，其實忽視了一個現象：在當時很多人的心目中，翁氏恰恰是一位「守舊」者。「新」與「舊」的判斷標準可能隨著時代的進步有相對的差異性，時人視為新潮、今人視為落伍者的現象比比皆是；相反，今人視其為「新」而時人卻視其為「舊」，倒是近代史上十分罕見的先例。如果對戊戌政變前時人的日記、書信以及官方檔案等原始文獻仔細耙梳，我們會發現，許多人心目中的翁同龢確實很「舊」，絕非政變後康、梁所說的那麼「新」。

---

1　關於該問題的討論由來已久，其中近40年來的相關論著有吳相湘：《翁同龢戊戌罷官原因》，《晚清宮廷與人物》第1集，81-90頁，臺北，傳記文學出版社，1970；謝俊美：《關於翁同龢開缺革職的三件史料》，載《近代史研究》1993年第3期；戴逸：《戊戌變法時翁同龢罷官原由辨析》；俞炳坤：《翁同龢罷官緣由考析》；侯宜傑：《略論翁同龢開缺原因》，上述三篇文章均收入常熟市人民政府、中國史學會編：《甲午戰爭與翁同龢》，北京，中國人民大學出版社，1995。另見舒文：《翁同龢開缺原因新探》，載《清華大學學報》1998年第1期；楊天石：《翁同龢罷官問題考察》，載《近代史研究》2005年第3期，等等。

2　謝俊美：《20世紀翁同龢研究述評》，載《江海學刊》2003年第6期。

# 一　在華西人對翁氏開缺的反應

　　說到戊戌年春翁同龢的政治底色，總是與這年四月二十七日翁氏開缺事件相關聯。翁氏開缺後，傳言甚多，各方對翁的評價也不盡一致，彼此細節也互有參差。然而，這些頭緒紛繁的傳言，卻為我們瞭解這一事件的原委提供了初始的歷史場景。

　　戊戌年四月二十七日，在恭親王奕訢病逝不久、朝廷頒布「定國是詔」的數日後，一位有著帝師崇高地位的軍機大臣突然遭到罷黜，這在當時朝野產生的震動是不言而喻的。由光緒帝親筆書寫的朱諭公布了翁氏的「失職」狀況：「近來辦事多未允協，以致眾論不服，屢經有人參奏」，「且每於召見時，諮詢事件，任意可否，喜怒見於詞色，漸露攬權狂悖情狀，斷難勝樞機之任」。以皇帝的口吻如此措辭，很難說理由不充分。諭旨又稱「本應查明究辦，予以重懲，姑念其在毓慶宮行走有年，不忍遽加嚴譴」，所以僅令其開缺回籍，「以示保全」。[3] 這樣的表述，似乎在法理之外也兼顧了不同尋常的君臣情誼，顯得合情合理。但是，當時人們普遍認為此事幕後尚有不便形諸筆墨的深層原因，紛紛猜測不已。

　　清廷政局動向與西方列強在華利益及其對華政策密切相關，因此，一些在華外交官以及海關人員都對翁氏開缺表現出特別的關注。四月二十八日（6月16日），美國駐天津領事向華盛頓方面報告翁同龢開缺情形時說：「多年來，他一直身居要職，且深得皇帝寵信。據認為，他相當誠實，心地善良，但極端排外，是頑固派中的頑固派。……據預測，翁的罷退意味著一個更為孱弱的統治時代的開

---

3　《清德宗實錄》卷418，光緒二十四年四月戊申，《清實錄》第57冊，484頁。

始。」<sup>4</sup>英國公使竇納樂也注意到，親筆諭旨突然出現，使得中國政府高級官員們相當激動。四月三十日（6月18日），他在給英國首相兼外相沙侯（沙士勃雷）的信中說道：「我最初相信翁的命運與六月十一日及十二日上諭裡預示的自由改革，不是不相連的……但北京流行的意見，是現在恭親王死了，慈禧又在伸張著她自己的權力。」竇氏所說「北京流行的意見」無疑是指流行於京城士大夫中的看法，可見，當竇納樂想從政見分歧的角度分析翁氏開缺的原因時，卻發現中國人思考問題的角度與他並不相同，北京的士大夫似乎更強調高層權力鬥爭的因素。具體到翁同龢本人，竇納樂認為，儘管翁頭腦中那種「不變地來反抗革新及進步」的思想傾向比以前已有所改善，但總體上說，翁氏仍是「受人尊敬的，有學者風度的──一位守舊的中國政治家最優美的典型」。<sup>5</sup>「守舊的」又是「最優美的」，這種表述看似矛盾，恰好反映了西方人評判問題的平和心態。

同日，總稅務司赫德致函英國《泰晤士報》駐北京記者莫理循，談了他對清廷政局變化的看法。他說：「這個星期裡發生的事件（指四月二十三日頒布『明定國是』詔──引者）是重要的和意味深長的。它意味著一種過於守舊的政策的放棄。」顯然，赫德對光緒帝實行新政十分讚賞，與其一貫建議中國實行改革的立場並無二致。對於翁開缺，赫德稱：「據說他利用了作為太傅的職權，過多地干預了這位皇帝關於實行民眾參政的主張，可惜的是，這位皇帝沒有把它實行的溫和一些！」<sup>6</sup>同竇納樂相比，赫德對北京官場的情況更熟悉一

---

4　《美國新任駐天津領事向美國國務院報告》，1898年6月16日，轉引自清華大學歷史系編：《戊戌變法文獻資料繫日》，699頁，上海，上海書店出版社，1998。

5　《竇納樂致沙侯信》，《戊戌變法》叢刊第3冊，544-545頁。

6　駱惠敏編：《清末民初政情內幕──莫理循書信集》上冊，105-106頁，上海，知識出版社，1986。

些，與翁同龢本人也有一定的私交，此時他也將翁視為妨害皇帝從事改革的守舊者，恐怕不全是偏聽偏信。同一天，赫德又寫信告訴遠在倫敦的金登幹說：「事情的真相仍不明朗……翁氏的忙亂、守舊或許助長了一場宮廷政變，使大權落到慈禧太后手中，於是皇帝對他頒下無情的諭旨。」這裡也涉及帝後關係及高層鬥爭，並認定翁是守舊的，罷黜翁氏完全出於皇帝的決定。[7]當然，赫德本人的上述論斷，也是以各種傳言為基礎做出的推斷，到底出於什麼原因，他也不能確定，所以用了「據說」、「或許」這樣的字眼。五月初二日（6月20日），天津海關的洋員艾・愛・賀璧理致信莫理循說：「（6月）15日的詔書（即翁氏開缺朱諭——引者）構成了一次政變。它的重要性在於即使不是真正廢黜，也是實際上廢黜了皇帝，這樣說不算誇大……慈禧太后脅迫這位可憐的年輕皇帝革去了他最忠誠的支持者翁同龢的官職。」[8]賀璧理得到的消息沒有提到翁氏的政治傾向，只是強調太后逼迫皇帝趕走了他的師傅，這與赫德所聞截然相反。

可以看到，在事件發生後的幾天裡，寶納樂、赫德、賀璧理等活躍在京津的外國人對事態極為關注，雖然他們得到的消息不盡確切，對事件的判斷也不很清晰，並多少有按照西方人的標準來觀察問題的特點，但大體上還是反映出當時北京官場中流行的幾種基本說法：其

---

7 中國第二歷史檔案館、中國社會科學院近代史所合編：《中國海關密檔——赫德、金登幹函電彙編（1874-1907）》第6卷，863頁，中華書局，1995。此外，赫德給金登幹的電文中也提及翁氏開缺之事。6月16日，赫德致電金登幹說：「剛剛頒佈的一些重要的諭旨，表明慈禧太后正在奪得大權。一道諭旨是將皇帝的師傅，一位大學士撤職；另一道諭旨是命令高級官員對其擢陞官職等等感謝慈禧太后。奇怪的事情和新奇的做法完全可能發生。俄國人的地位正在不斷提高。」6月18日又致電金登幹說，「中國人現在說，目前採取主動的是皇帝，不是慈禧太后。如果是這樣局勢就會好些。」見中國第二歷史檔案館、中國社會科學院近代史所合編：《中國海關密檔——赫德、金登幹函電彙編》第9卷，211-212頁，北京，中華書局，1996。

8 駱惠敏編：《清末民初政情內幕——莫理循書信集》上冊，106頁。

一，翁氏開缺與慈禧擴張權力有關，是皇帝的權力受到限制的一種反映；其二，相對於對光緒帝實行的改革而言，翁是守舊的；其三，翁氏開缺是光緒帝自己的決定，不過也有人認為是慈禧脅迫皇帝做的。這些說法彼此或有牴牾，正說明了官場傳聞的不確定性。

## 二　京內外士大夫的評說

身在北京的各級官員和士人比外國人更關注此事的緣由。現在留下的文獻雖有限，仍然可以窺見時人的心態和見解。

翁氏開缺發生得似乎很突然，就連翁的同僚、戶部左侍郎、總署大臣張蔭桓也頗感意外。這一天張氏也在頤和園，直至午初，軍機章京淩福彭（字潤臺）、軍機大臣廖壽恒（字仲山）來訪後，方知翁氏開缺之消息。這讓他驚駭不已，急忙「往唔常熟（翁同龢），並詢慶邸（奕劻）」，[9]意在打聽內幕。張氏探聽到的消息，在稍後他與日本公使的談話中，略見梗概。張氏告訴日本人：「翁氏免官，其原因之來甚遠，先年日清事件主張開戰者，即是此人。該事件以來，清國多災多難，爾後翁所主張之諸多政策不合時宜。又由於翁氏在清廷內部往往被視為專權驕恣。此種狀態漸為積累，遂導致此次結果。」張又言及翁反對皇帝與德親王行握手禮，對陪侍外國使節態度消極並對皇帝「大放怨言」。[10]顯然，張氏是從追究翁同龢失職的角度解釋翁氏開

---

9　任青、馬忠文整理：《張蔭桓日記》，537頁。

10　孔祥吉、村田雄二郎：《翁同龢為什麼被罷官 —— 張蔭桓與日本公使矢野密談理讀》，《光明日報》2003年10月14日，第3版。張蔭桓對翁氏不諳外事早就有所批評，如1896年12月3日，張氏在會晤李提摩太時告訴他，「北京中國政府的衰弱，歸因於恭親王的體弱多病和翁同龢對外國事務的蒙昧無知。都察院的御史們權力很大，翁同龢也怕他們」。見李提摩太：《親歷晚清四十五年 —— 李提摩太在華回憶錄》，239頁，天津，天津人民出版社，2005。

缺原因的，在反對皇帝與德國親王握手等涉外活動方面，張也認為翁太過守舊。

葉昌熾在四月二十八日（6月16日）日記中寫道：「閱邸鈔，虞山師奉旨放歸。朝局岌岌不可終日，如蜩如螗，如沸如羹，今其時矣。柬蔚若，得復云：『近日號令，但恨兩耳不聾，鄙人亦求瑱甚切。』」[11] 虞山，指翁同龢；蔚若乃吳鬱生之字，葉、吳均是江蘇人，且為翁氏門生。從兩人信函往來中透露的信息分析，葉昌熾與吳鬱生對四月二十三日開始頒布的新政「號令」並不贊同，認為翁的放歸與此相關。至少，他們是將翁置於新政的對立面，這與竇納樂、赫德將翁氏視為「守舊」可謂一致。

與政變後康、梁連篇累牘大談翁氏因「薦康」被開缺的情形不同，翁開缺當時，康、梁對其中的內情也顯得未知就裡。五月初七日（6月25日），梁啟超致函夏曾佑稱，「覃溪以阻天津之幸，至見擯逐」。[12]「覃溪」為清代學者翁方綱的號，這裡指代翁同龢；所謂「天津之幸」則指慈禧到天津閱兵之事。此時夏曾佑在天津編輯《國聞報》，與梁關係極密，以致被汪大燮斥為「康黨」。[13] 梁啟超所說因阻天津閱兵而被罷官，應是康、梁對翁開缺原因的最早解釋。不管從何得此消息，這樣解釋未免膚淺。五月十七日（7月5日）梁致夏的另一封信中又說：「常熟去國，最為大關鍵，此間極知其故，然不能形諸筆墨，俟見時詳之。南海（康有為）不能大用，菊生（張元濟）無下文，僕之久不察者，率皆由此而生也。」[14] 僅僅相隔十天，其說法就

---

11 葉昌熾：《緣督廬日記鈔》，《戊戌變法》叢刊第1冊，528頁。

12 丁文江、趙豐田：《梁啟超年譜長編》，121頁。梁啟超在《戊戌政變記》中說：「翁同龢知之，不敢明言，唯叩頭諫止天津之行，而榮祿等即借勢以去之。」這種解釋已在政變之後。見《戊戌變法》叢刊第1冊，261頁。

13 上海圖書館編；《汪康年師友書札》第1冊，787頁，上海，上海古籍出版社，1986。

14 丁文江、趙豐田：《梁啟超年譜長編》，122頁。按，「南海」指康有為，「菊生」為張元濟的字。

有了新的變化，梁雖提及「常熟去國」與康、張、梁等新黨人物不能得到相應安置有關聯，但是，翁氏究竟是因為支持還是反對新政而獲罪，仍是語焉不詳。梁自稱「此間極知其故」，只是「不能形諸筆墨」，但是，他知道的內情是否比其它官員更有權威性，並不能得到證實。有一點可以斷定，在康、梁當時的言說中，重心也在官場的人事糾葛上，並未明確提及翁氏支持或反對變法的問題，更沒有他們在政變後反覆申說的翁氏「薦康」情節。

京外官員對此事也有反映。四月二十九日（6月17日），鄭孝胥在南京聞知翁氏開缺的消息後，聯繫數日前頒布「明定國是」詔的背景分析道：「翁既逐出，擬旨者乃剛毅、錢應溥、廖壽恒等也。度其情形，翁必主上以變法自強，滿洲人及守舊之黨，遂構於太后而去之。翁去則上孤，而太后之焰復熾，滿朝皆儓楚，而亡在旦夕矣。」[15]鄭氏是新派人物，又是翁極力贊許的後進，[16]這可能是他揣測翁因主上變法而遭黜的原因。同在張之洞幕中的陳慶年則是另一種說法。四月三十日（6月18日）陳氏日記記云：

> 朱強甫見過，知康有為等為侍講學士徐致靖所保，著於二十八日召見。下晚，王雪臣招飲，知二十五日諭旨；或謂學士之子仁鑄主張康學。康黨如梁啟超、譚嗣同並尊康，黃遵憲亦附之，故均見保。翁同龢喜康，徐以是深結於翁。二十七日忽有朱諭罪狀，翁著開缺回籍……以是知二十三日有上諭變法，殆亦有翁主康說而然也。康之命意在解散君權，以便其改制之邪說。如朝廷知是保之由來，恐不免於罷斥。數日之內，能鼓動

---

15　勞祖德整理：《鄭孝胥日記》第2冊，662頁，北京，中華書局，1993。

16　陳義傑整理：《翁同龢日記》第5冊，2852頁。鄭孝胥於光緒二十一年（1895年）冬抵京參加引見，曾幾次拜謁翁同龢，回到南京後即引起張之洞的冷落和疏遠。參見勞祖德整理：《鄭孝胥日記》第1冊，540-541頁。

> 翁老至此，其勢力甚大，令人生畏。彼固不料甫逾一日，失其
> 所倚也。[17]

朱克柔（字強甫）、王秉恩（字雪臣）與陳慶年都是張之洞的幕僚。張與翁素不相能，又極力反康，「翁同龢喜康」、「主康說」的言論出現在張氏幕府中自然不意外。其實，朱、王等人也不瞭解真相，說翁氏喜康也是猜測，他們對翁氏開缺流露出幸災樂禍的情緒。五月初九日（6月27日），張氏的另一位僚屬惲祖祁在常州發電給張之洞：「常熟端節出京，聞因諫事拂慈聖意。」[18]看來他聽到的又是另一種說法，對於真實原因均不詳知。

當時的報章也從側面反映出人們對此事的看法。五月初九日《申報》刊載了題為《聖怒有由》的一篇文章，稱翁之開缺與恭親王臨終遺囑有關。文章說，

> 此次恭忠親王報疾之時，皇上親臨省視，詢以朝中人物誰可大
> 用者？恭忠親王奏稱，除合肥相國積毀銷骨外，京中惟榮協揆
> 祿，京外惟張制軍之洞，及裕軍帥祿，可任艱危。皇上問戶部
> 尚書翁同龢如何？奏稱是所謂聚九州之鐵，不能鑄此錯者。甲
> 午之役，當軸者力主和議，會建三策……時翁大司農已入軍
> 機，均格不得行，惟一味誇張，力主開戰，以致十數年之教
> 育，數千萬之海軍覆於旦夕，不得已割地求和。外洋乘此機
> 會，德踞膠澳，俄租旅大，英索威海、九龍，法貰廣州灣，此

---

17 陳慶年：《戊戌己亥見聞錄》，《近代史資料》總81號，113頁，北京，中國社會科學出版社，1992。

18 惲祖祁來電，光緒二十四年五月初九日酉刻發，初十日未刻到，《張之洞存各處來電》，戊戌第2冊，中國社會科學院近代史研究所圖書館藏，檔號甲182/136。

後相率效尤，不知何所底止？此皆大司農階之屬也。於是，嚮
之不滿意於大司農者，至此咸不甘以仗馬貽譏，交章劾奏，皇
上保全晚節，遂令解組歸田。[19]

　　這篇由「天津採訪友人」所寫恭王遺言的情況，很具細節，猶如
親耳所聞。不論其確否，也不論《申報》刊此文章有無政治背景，有
一點大約可以肯定，即當時榮祿治下的直隸官場在讚譽榮祿、張之
洞、裕祿「可任艱危」的同時，已經流傳著翁氏開缺係因朝廷追究甲
午主戰誤國罪責的說法，只不過是借助於已經去世的恭王之口說出而
已。如果聯繫到上述傳言與榮祿的關係，以及張蔭桓從慶王處打聽內
幕的情形，似乎可以斷言，榮祿、慶王散布出來的內情也就如此，即
翁氏開缺係因辦理政務失當所致。

　　吳汝綸的記述也印證了直隸官場的傳聞。五月十六日（7月4
日），身在保定的吳汝綸致函周馥評論說：「朝局倏忽一變，國師黯然
南歸。然此三年中，所失不小。以三尺法論之，似仍是情重法輕，不
足相抵。惜人才希少，繼之者未必勝之。鄭五作相，時事可知，顧念
時危，惻然心悸。」[20]翁氏當國的三年，正是甲午至戊戌間，此間內
憂外患，翁氏身兼樞譯，難辭其責，故吳氏對翁的開缺毫無惋惜之
情，甚至斷言處罰太輕。無獨有偶，文廷式後來也有相似的評論：

　　戊戌四月，恭親王薨。不逾月而常熟開缺回籍。忠王平日亦不
悅常熟，而比其薨逝，人尤危之。蓋本朝厚待師臣，忠王未嘗
不體上意護持之也。然數年以來，失膠州、失旅順，失長江之
利，東三省隱與俄，廣西、雲南隱與法，江浙屬英，閩屬倭，

19 見《戊戌變法》叢刊第3冊，381-382頁。
20 施培毅、徐壽凱點校：《吳汝綸集》第3冊，194頁，合肥，黃山書社。

皆欺中國臣民而徇外國之請。伊古以來，亡天下之魂，未有甚
於今日！又行昭信股、西鋪稅、藥牙稅……削百姓，殆無生
路。常熟任樞廷、譯署，且兼戶部，難逃天下後世之責矣。[21]

　　如果說吳汝綸的淮系色彩濃厚，議論不免有立場問題，文廷式則
是翁同龢的得意門生，甲午時期最積極主戰的人士，他後來對翁之失
職亦不諱言，可見當時對翁氏有意見者不在少數。因此，上諭中對翁
「近來」種種不勝任樞務的指責不能說全無憑據。

　　那麼，翁同龢本人又是怎樣看待此事的呢？他雖然向弟子表示
「人臣黜陟，皆屬天恩」，[22]內心卻另有想法。翁氏日記中雖盡力隱
諱，仍露出蛛絲馬蹟。五月十二日（6月30日），翁氏離京前夕，孫家
鼐（燮臣）、徐郙（頌閣）兩位老友前來話別，很晚才離去。孫、徐
似乎向翁氏透露了什麼消息，使翁顯得感慨萬千。他在日記中寫道：
「晚燮臣、頌閣來話別，直至戌正二（刻）乃去，真深談矣。余何人
也，彷彿謝遷之去耶？為之一歎！」[23]這段話，暗藏著翁氏對自己受
黜原因的判斷。上世紀七十年代，臺灣學者黃彰健最先對翁氏這段隱
含深意的話進行瞭解讀：明朝嘉靖年間內閣輔臣楊一清曾用計排擠比
自己資歷深厚的大學士謝遷。翁同龢顯然是用這個「謝遷之去」的典
故來暗示自己是在軍機處遭人排擠才離職的，他當然不承認自己不勝
樞臣之任，而是從派系鬥爭方面尋求原因的。[24]翁離京後，其侄孫翰

21 汪叔子編：《文廷式集》下冊，761頁，北京，中華書局，1993。文氏又言：「翁叔
　　平尚書與余素善，餘疏落，要不常相見。然比者以一人而兼任師傅、軍機、總理衙
　　門、督辦軍務處，又領戶部，皆至要之職，而猶謂不能辦事，又不欲居權要之名，
　　一彼一此，迄無定見。以此召亂，誰能諒之？嗟乎！張茂先，我所不解也。」見
　　《文廷式集》下冊，726頁。
22 唐文治：《茹經堂文集》，《戊戌變法》叢刊第4冊，252頁。
23 陳義傑整理：《翁同龢日記》第6冊，3137頁。
24 參見黃彰健：《戊戌變法史研究》，171-172頁，上海，上海書店出版社，2007。

林院編修翁斌孫向葉昌熾透露，翁之開缺，「木訥令兄有力焉」。[25]所謂「木訥令兄」即指剛毅。可見，翁同龢堅信是剛毅從中作祟。翁氏門人幾乎都持此論。沈曾植《寄上虞山相國師》詩云：「松高獨受寒風厄，鳳老甘為眾鳥侵。」又云：「睢皆一夫成世變，是非千載在公心。」[26]所謂「睢皆一夫」也指剛毅。孫雄、唐文治甚至認為在翁氏生日這天宣布將其開缺，就是剛毅這位陰險小人的惡毒計策。[27]

翁氏的政敵也對其開缺極為關注。六月初八日（7月26日），鹿傳霖在家書中稱：「翁六吃洋債成頭並為王幼霞（王鵬運）所劾，又以諫上帶寶星、用文廷式觸怒，遂被斥去。榮相本議入樞，裕（裕祿）代夔（王文韶，字夔石）督直，乃有人以其與禮邸姻親，同樞不便為辭擠之使出，裕竟入樞，純是一班唯諾敷衍之人。國事真不可聞。」[28]鹿氏不僅敵視翁同龢，對軍機處的新調整也不滿意，他對翁氏的評價毫不涉及政見新舊，純粹從朝局變化和人脈關係發論，也算是一家之見。

從上述對翁同龢開缺事件的反應看，不管是在京洋人，還是京官士大夫，甚至翁同龢本人，大多從朝中人事糾葛和權力鬥爭的因素去解釋翁氏遭黜的原因；即使提及政見新舊，也多認為翁氏守舊；論者對翁既有同情，也有批評，也有追究甲午戰後交涉失誤的說法。但是，有一點是無可懷疑的，當時沒有任何人明確提及翁氏「薦康」之事，即使康、梁本人也是如此。還有一個被人們忽視的細節：康有為政變後在香港首次宣揚翁氏「薦康」說時，唯恐世人不信，特別強

---

25 葉昌熾：《緣督廬日記鈔》，《戊戌變法》叢刊第1冊，529頁。以「剛毅木訥」之語，暗指剛毅。

26 錢仲聯校注：《沈曾植集》上冊，202頁，北京，中華書局，2001。

27 唐文治：《茹經堂文集》，《戊戌變法》叢刊第4冊，252頁。

28 鹿傳霖家書，戊戌六月，見《鹿傳霖任川督時函札》，中國社會科學院近代史研究所圖書館藏，檔號甲170。

調：「有謂翁（同龢）為守舊黨，實非也。」[29]這句解釋，在不經意中恰好說明了一種事實，在政變前很多人都認為翁氏是「守舊」的。

## 三 前輩學者的質疑與申說

本來身處政治漩渦中的翁同龢處處謹慎，甚至不惜頂撞光緒帝，抵制年輕皇帝的激進做法，其「守舊」傾向流露無遺，這一點其同僚剛毅最為清楚。不料，政變發生兩個月後，翁氏卻背負了「力陳變法、密保康有為」的罪名，遭到革職的重黜。這是剛毅等人在談「新」變色的政治氛圍中，秉承慈禧旨意，對翁刻意傾陷的結果。[30]當康有為「圍園弒後」的密謀暴露後，六君子慘遭屠戮，新舊之爭終於超越了政見異同，外化為殘酷的權力鬥爭，並染上了血腥色彩。被打入「康黨」的翁同龢政治生命徹底結束。顯然，翁氏是先成「康黨」，才成「新黨」的。他的「新」是被強加的，與其戊戌年春實際的政治態度已是風馬牛不相及了。

正因為如此，翁同龢被革職後，劉坤一、張謇等人對於清廷將翁打入康案皆不以為然，以為罪在莫須有間，對翁的遭遇極為同情。[31]光緒三十年（1904年），翁同龢逝世後，有論者在報章撰文對翁氏「薦康」公案提出異議：「常熟於戊戌四月之間開缺回籍也，世以為太后惡其保康有為之故。其後十月之革職遭譴也，諭旨亦明斥其曾保康有為，此事幾成為信史矣。雖然，常熟重門籍，而康非其主鄉、會

29 《逃客問答》，《申報》光緒二十四年九月初二日。

30 參見馬忠文：《「翁同龢薦康」說考辨——翁、康關係再認識》，收入常熟市人民政府、中國史學會編：《戊戌變法與翁同龢》，224-253頁；《張蔭桓、翁同龢與戊戌年康有為進用之關係》，載《近代史研究》2012年第1期。

31 參見劉坤一：《復歐陽潤生》，《劉坤一書牘》，《戊戌變法》叢刊第2冊，633頁；《張謇年譜》，《戊戌變法》叢刊第4冊，199頁。

試所取之人；常熟重翰林，而康乃一甫通籍之主事。以其習向言之，恐未必契康若是。且常熟以二十七日開缺，而康適以其明日蒙召見，此亦不可解者也。」[32]同樣，其它熟知清末政壇內情者也對翁氏支持變法和「薦康」的說法提出質疑。雖然他們的呼聲十分微弱，沒有引起太多的共鳴。

清季一些世家子弟，由於特殊的閱歷和見聞，對晚清政局的看法多有獨到之見，他們對戊戌年翁氏開缺問題的分析也是如此。近人劉體智（清季四川總督劉秉璋之子）稱：「常熟當國既久，以古大臣自勵，頗不悅於維新異說之驟起，力諍於上前。至稱康有為之才勝臣十倍，正負氣之語。措詞切直，更失帝眷。慈聖重臨朝，憾者撿拾前說，以辭害意，遂獲譴。然慈聖隱痛，在於甲午戰禍之首。一日兩詔，與吳大澂異案同罰，尤見微旨。」[33]劉氏顯然對這樁公案有過深入的關注。在他看來，翁氏失去光緒眷顧，實因抵制變法而起；翁並不悅於「維新異說」；翁氏十月革職則出於慈禧之意，微旨在於追究甲午主戰之責，所謂「其才勝臣百倍」的薦康之語，不過是憾者（剛毅）以辭害意的名目。劉體智把翁氏開缺和革職的原因分別考量，非常符合歷史的實際情況。

民國學者楊佛士是清末常熟學者楊泗孫的曾孫，戊戌時期後黨人物楊崇伊的姪孫，翁同龢乃其鄉前輩。因兩家為世交，佛士為探討翁氏開缺內情，曾遍訪同鄉前輩，廣集口碑以釋疑竇。他在文章中寫道：

> 至於他（翁）得罪的原因，有些人與八月政變並作一事，就十月間的諭旨看，好像是對的，但實際並不盡然。……我根據在

---

32 《論客述翁故相遺事》，《中外日報》，光緒三十年六月初一日，見楊琥編：《夏曾佑集》上冊，202-203頁，上海，上海古籍出版社，2011。

33 劉體智：《異辭錄》，劉篤齡點校，166頁，北京，中華書局，1988。

京有政治見解的老輩的說法，恐怕是當時幾個不同方向的力量
湊合而成的局面。當時同在軍機的剛毅原是後黨中堅，久已要
甘心於老夫子；而同為帝黨的張蔭桓，把康有為窩在家裡，天
天商量怎樣示威，怎樣變法，他們覺得老夫子處事太過持重，
太過考慮，有他在皇帝跟前，不但張蔭桓做不著帝黨的魁首，
而且著實有些絆腿。又知道後黨方面對於排擠翁師傅是百分之
百的同意，更可以暫時利用一下。而光緒呢，那時正著了張、
康諸人的迷，很想一下子把局面改變過來，也覺得老夫子的迂
緩態度，不合脾胃，那年四月上旬，為了索取康有為著作，君
臣間曾經搶白……所以戊戌四月間的事，是幾個不同的力量湊
合起來的，而以帝黨方面的成份為多。至於十月間編管（交地
方官嚴加管束稱為編管）的諭旨「今春力陳變法，濫保匪人」
等語調，那完全是後黨架砌的話了……[34]

　　楊佛士的基本觀點是翁氏戊戌罷官與變政及政變均無實際關係，
翁氏開缺是多方面原因促成的，主要與失眷於光緒帝有關。史學家吳
相湘對此極表贊同。他說：「我們應該承認這一朱諭內容的真實，翁的
罷免並不是莫須有之罪。……在這許多的原因湊合下，尤其是翁再三
力諫帝不可與外人接近及不宜專講西學的事實，是使力圖振作的光緒
帝決心罷翁的重要原因。但近二十年來刊行的近代史書中，對於翁與
康有為的關係不加仔細探究，輒以翁的被黜是新舊黨爭遭受舊黨傾陷
的結果，誰知事實恰巧相反：翁不是舊黨，也不是新黨，實際上是孤
立的，所恃的只是皇帝師傅關係，而又不能滿足年少力圖振作的皇帝
心理與要求，當然只有去位的一途了。」[35]作者的觀點很明確，翁氏

---

34 楊佛士：《略述翁松禪先生》（下），載《暢流》第7卷第3期，1953年8月。
35 吳相湘：《翁同龢戊戌罷官原因》，《晚清宮廷與人物》第1集，89-90頁。

開缺與新舊之爭無關，只是不能滿足皇帝一意趨新的心理而被罷黜。

　　不久前辭世的何炳棣先生在上世紀四十年代就提出，考察翁氏戊戌年的政治作為，應考慮其實際處境。他認為，戊戌年春舉薦康有為者乃張蔭桓，而非翁同龢：「當此之時，同龢所處地位最難，南北之爭，英俄之爭，滿漢之爭，以至帝後之爭，同龢無不身當其沖。同龢非不知中國需改革之切，而不敢同盡廢舊章之改革；非不知中國需才之殷，而不敢用馳突不羈之才；非不願有所建樹，而不敢以首領利祿為孤注。故於變法之論，未嘗執義力主，亦未嘗昌言反對。」[36]翁氏的處境決定了他的態度。近人曾毓雋也有「翁同龢持兩端，受新舊兩派排擠」的判斷，[37]看來翁氏的處境確實比較艱難。

　　翁氏因所處地位特殊，可能沒有很深地介入新舊黨爭之中，但其面對變法謹慎保守的狀態則無可懷疑。當時的新舊標準也是多層面的，竇納樂、赫德等外籍人士的評判不用說，以康、梁的激進主張衡量，翁氏自然屬於落伍；就連光緒帝都對翁的持重表示不滿，可見說翁「舊」絕不是沒有根據的臆說。

　　醉心於西化改革的年輕皇帝受到張蔭桓的影響，在戊戌年春越來越反感謹慎持重的翁同龢。在三月間德國親王亨利訪華觀見儀節安排上，光緒帝堅持按張氏擬定的西式儀節來接待，其中包括「握手」「賜座」「回拜」諸項內容，但遭到包括翁在內的王大臣的一致反對，直到慈禧親自出面干預，光緒才不得不略有讓步。[38]翁氏開缺的第二天，皇帝在召見張元濟時談到，「外患憑陵，宜籌保御，廷臣唯諾，不達時務」，僅「講求西學人太少」一句，便言之再三。這些話

36　何炳棣：《張蔭桓事蹟》，載《清華學報》第13卷第1期（1943年3月），185-210頁。

37　曾毓雋：《宦海沉浮錄》，《近代史資料》總68號，21頁，北京，中國社會科學出版社，1988。按：戊戌變法期間曾氏正在北京。

38　對此，翁同龢戊戌年三月、閏三月的日記中有詳細反映，茲不詳引。

頗能反映皇帝當時的心態。按他的標準，廷臣中翁同龢自然難屬「講求西學人」。況且，據張元濟所說，「自常熟去國後，舉行新政，明詔迭頒，毫無阻滯，其融泄之情更有進於疇昔者矣」[39]。好像光緒帝在罷免翁氏後，阻力大減，行動自如了許多。大約同時，光緒又賞李鴻章、張蔭桓「寶星」。李、張當然是公認的講西學的人，獎懲之間實際上已反映出年輕皇帝對廷臣「講求西學」與「不講求西學」的區分。從這些情況來分析，光緒帝並不認為翁是能夠讚助改革的人物，所以有學者推論翁氏開缺出於皇帝的決斷，並非毫無理由。

同樣，在上世紀三四十年代，學者陳登曾專門撰寫《戊戌政變時反變法人物之政治思想》一文，將翁同龢列為典型的守舊人物加以分析。他認為翁氏開缺出於光緒之意；至十月革職則旨意出於慈禧，「或以翁本帝黨，欲加之罪，正可藉此為辭，不必果以其擁護變法之故也。」[40]可見，黨爭才是翁氏受黜的主因。直到上世紀五十年代初，胡濱仍撰文認為翁氏是守舊的，並引發過一次小小的爭鳴。[41]看來，學界對戊戌年翁氏的守舊傾向還是關注的，只是翁氏「薦康」說的聲勢過於強大，這些微弱的聲音很快被遮蓋了。

---

39 《致沈曾植》，戊戌年六月十八日，《張元濟書札》（增訂本）中冊，675頁，北京，商務印書館，1997。

40 見《燕京學報》第25期，1939年6月。

41 1954年1月25日《光明日報》發表了胡濱《論翁同龢與戊戌變法的關係》一文，提出「從種種事情上看，翁同龢應是頑固守舊的人物，……足以證明翁同龢並未保薦康有為。……康、梁是維新人士，把翁看成積極分子，這不能不是歷史上的錯誤」。1955年7月21日，張子揚在《光明日報》發表《關於翁同龢與康梁關係的一件史料》，認為胡濱的結論與事實不符，並舉出有一封翁氏自己承認舉薦康梁的密信為證。很多年後，經過考訂，學界開始指出這份翁氏手札是偽造的。參見黃彰健：《戊戌變法史研究》，184-185頁；孔祥吉：《關於翁同龢一封密函的訂正》，載《學術研究》2000年第3期；朱育禮：《翁康關係史料辨偽》，收入常熟市人民政府、中國史學會編：《戊戌變法與翁同龢》，298-303頁。

## 四　結語

　　正如一些前輩所指出的那樣，後世對翁氏開缺原因的基本判斷，與戊戌十月翁氏革職上諭的影響直接相關，這是造成人們認識誤區的關鍵所在。開缺與革職雖不無關聯，到底還是兩起不同的政治事件。翁氏於「定國是詔」頒布後數日開缺，適值變法開始之時；而革職則在政變兩月後，正當剛毅等反攻倒算之際。前後相隔半年，環境氛圍迥然不同。然而，人們受到清廷上諭的影響，往往以翁氏革職的原因來逆推其開缺的內幕，認為革職是對翁氏以前支持變法的進一步追究。這樣倒放電影式的邏輯推理遮蔽了真相，左右了人們考察翁氏開缺問題的思路，致使我們的歷史認識出現了不可避免的偏差。

　　當然，揭示戊戌年春翁氏「舊」的一面，只是出於恢復其本來面目的考量本身，這裡並沒有對其做出否定性評判的意味。況且，純粹的歷史評價是毫無意義的。事實上，戊戌時代的變法是多層面的，絕非只有康、梁變法一途。史學家陳寅恪曾言「當時之言變法者，蓋有不同之二源，未可混一論之也」。「至南海康先生治今文公羊之學，附會孔子改制以言變法。其與歷驗世務欲借鏡西國以變神州舊法者，本自不同。」[42]以後來者的眼光看，近代中國發展的道路正是「借鏡西國以變神州舊法者」，直至清末預備立憲仍是這個漸進展開的改革方向。雖未明言，大約在陳寅恪看來，康有為「託古改制」的變法活動，得到的支持甚少，並非戊戌變法的主流；而乃祖「借鏡西國以變神州舊法者」即「中體西用」者倒是切實可行的路子。蕭公權也認為，翁同龢的思想大體屬於「中體西用」的範疇，屬於穩健的改革

---

42 陳寅恪：《讀吳其昌撰梁啟超傳書後》，《寒柳堂集》，167頁，北京，生活·讀書·新知三聯書店，2001。

者。[43]從反對康氏激進變法的角度說，翁同龢與陳寶箴、孫家鼐的政治態度完全一致。所以，謹慎與穩重在一定條件下也會表現為「守舊」，這樣的「舊」比起那些漫無章法、急功近利的「圖新」並非毫無意義可言。戊戌變法的失敗除了從保守勢力的阻撓方面尋找原因，改革者的急迫、忙亂、不切實際更是導致變法失敗的主因，這一點已是學界的共識。

原載《南京大學學報（哲學・人文科學・社會科學版）》
二〇一三年第二期

---

43 參見蕭公權：《翁同龢與戊戌變法》，83頁，臺北，聯經出版公司，1983。

# 戊戌年翁同龢開缺前後清廷滿漢關係管窺

　　光緒二十四年戊戌（1898年）四月光緒帝下詔「明定國是」後不久，軍機大臣、戶部尚書兼總理衙門大臣翁同龢便被開缺，此事對時局影響甚為關鍵。上諭指責翁「辦事多未允協，以致眾論不服，屢經有人參奏」，且每於召見時，諮詢事件，任意可否，喜怒見於辭色，「漸露攬權狂悖情狀」，故將其開缺回籍。[1]對於翁的罷官，論者多認為幕後尚有不便形諸筆墨的深層原因。其中，有不少學者從清廷中樞滿漢關係的角度有所闡述。[2]筆者以為，翁同龢開缺雖與剛毅、榮祿等滿洲權貴難脫干係，但仍須全面考量，似不可簡單視為滿漢矛盾的產物。

## 一　剛毅傾陷翁同龢

　　有關翁同龢開缺的真實原因，比較通行的說法是因為翁氏支持皇

---

1　《清德宗實錄》卷418，光緒二十四年四月己酉，《清實錄》第57冊，484頁。
2　在1994年紀念甲午戰爭100週年及1998年紀念戊戌變法100週年的學術研討活動中，這個問題再度成為關注的熱點，有關研究得到了新的推進。參見戴逸：《戊戌變法時翁同龢罷官原由辨析》；俞炳坤：《翁同龢罷官緣由考析》；侯宜傑：《略論翁同龢開缺原因》，上述三篇文章均收入常熟市人民政府、中國史學會合編：《甲午戰爭與翁同龢》一書。另見舒文：《翁同龢開缺原因新探》，載《清華大學學報》1998年第1期。

帝變法、舉薦康有為而激怒了慈禧太后，故強令光緒帝將翁罷職。同時也與太后的心腹重臣剛毅、榮祿從中構陷相關。這樣的表述很容易將翁的開缺與滿漢矛盾聯繫起來。雖然，當時翁同龢與朝中滿洲權貴多不融洽，但也因人而異，他們對翁的態度並非完全一致。

戊戌年春策動將翁罷職最有力者是軍機大臣剛毅而非榮祿。由於康有為、梁啟超在政變後極力攻擊榮祿，將其視為慈禧發動政變的幫兇。[3]受其影響，人們多將榮祿視為排擠翁氏的主要人物，這與實際情況是不符的。

從當事人的角度看，翁同龢本人認為剛毅是此事的直接推動者。翁開缺後，雖自稱「人臣黜陟，皆屬天恩」[4]，內心卻別有考量，對構陷排擠他的幕後人物有所暗示。戊戌年五月十二日，也即翁即將離京的前一天晚上，孫家鼐（燮臣）、徐郙（頌閣）兩位老友前來話別，很晚才離去。孫、徐似乎向翁氏透露了什麼消息，使翁顯得感慨萬千。他在這天的日記中寫道：「晚燮臣、頌閣來話別，直至戌正二（刻）乃去，真深談矣。余何人也，彷彿謝遷之去耶？為之一歎！」[5]這段話，暗藏著翁氏對自己被開缺原因的看法。二十世紀七十年代，臺灣學者黃彰健先生最先對翁氏這段深含隱意的話進行瞭解讀：明朝嘉靖年間內閣輔臣楊一清曾用計策排擠走了比自己資歷深厚的謝遷。翁同龢顯然是用這個典故來暗示自己是遭到同人排擠才離職的。[6]這位同僚正是剛毅。翁離京後，其侄孫翰林院編修翁斌孫向葉昌熾透露，翁之開缺，「木訥令兄（指剛毅——引者注）有力焉」。[7]這說明翁同龢

---

3　這種傾向主要反映在梁啟超《戊戌政變記》、《康有為自編年譜》以及一些研究論著中，茲不詳列。

4　唐文治：《茹經堂文集》，《戊戌變法》叢刊第4冊，252頁。

5　陳義傑整理：《翁同龢日記》第6冊，3137頁。

6　參見黃彰健：《戊戌變法史研究》，139-140頁。

7　葉昌熾：《緣督廬日記鈔》，《戊戌變法》叢刊第1冊，529頁。

認定自己是遭剛毅排擠而罷官的。翁氏門人沈曾植《寄上虞山相國師》詩云：「松高獨受寒風厄，鳳老甘為眾鳥侵。」又云：「睚皆一夫成世變，是非千載在公心。」[8]所謂「睚皆一夫」亦指剛毅。唐文治也認為係剛毅從中作祟。[9]

誠然，翁同龢在戊戌年被罷官，原因是多方面的。慈禧、光緒對翁各有不滿意的地方，而翁氏自乙未後以帝師之尊柄國，內政外交決策俱有參與。因列強為借款、租港事處處挑釁，引發嚴重的外交危機，清廷進退兩難，翁氏身為樞垣領袖，自然難辭其咎。翁的開缺根本上說是由最高統治者決定的。但出於為尊者諱的考慮，翁本人對此避而不談，將剛毅的排擠視為主要原因。這也不無理由，至少剛毅對翁的排擠應是重要原因之一。

剛毅與翁同龢均繫光緒二十年（1894年）甲午戰爭開始後進入軍機處的。甲午六月十三日翁同龢與禮部尚書李鴻藻先奉命與軍機大臣等會議韓事，十月初六日他們二人便與剛毅一起在軍機大臣上行走。十月十九日原軍機大臣額勒和布、張之萬致仕，退出軍機處。十一月初八日慈禧又命復出的恭王奕訢入樞，主持政務。這使得甲申易樞後孫毓汶隱操朝政的局面逐步瓦解。光緒二十一年乙未（1895年）六月初五日，聲名狼藉的孫毓汶以養病為由請求開缺獲准，六月十六日孫氏的追隨者徐用儀也被勒令退出樞垣；同時，軍機章京出身的禮部左侍郎錢應溥被任命在軍機大臣上行走。至此，新的中樞班底形成。其中，恭王、禮王在樞垣地位較高，但事權則歸諸翁同龢、李鴻藻等漢官，剛毅則因資歷淺顯，對決策很難有發言權。

許多材料稱，剛毅得以入樞與翁氏力薦有關。但翁氏推舉剛毅入樞隱含深層寓意。據軍機章京王彥威回憶，時朝廷擬選一名滿員入

---

8　錢仲聯校注：《沈曾植集》上冊，202頁。

9　唐文治：《茹經堂文集》，《戊戌變法》叢刊第4冊，252頁。

樞，確定在榮祿和剛毅之間選擇。翁建言，剛毅「木訥可任」，「剛遂入直」。[10]翁同龢趁機將與自己有潛在競爭實力、為人機警的榮祿拒之於樞垣外，卻將自認為「木訥」的剛毅援引為同列，這說明，從一開始翁對剛毅即有輕視之意。平時樞臣討論軍政事宜，恭王等亦多與翁商議，剛毅常常受到冷落。剛毅偶有過失，翁氏「恆面規之」，[11]似不留情面，缺乏同僚間應有的尊重。這些平常不易為人重視的小小過節久而久之積成了難以釋懷的個人恩怨。剛毅對翁尤有成見，而且帶有鮮明的滿漢成見。乙未年十二月二十日，他在會晤傳教士李提摩太的秘書時表示，「他對皇帝沒有任何影響力，因為翁一手遮天。在內閣裡（應指軍機處──引者注），漢族官員獨行其是，甚至恭親王和禮親王都無足輕重。他聲言，翁同龢把皇帝引進了一團黑暗裏，蒙蔽了他的雙眼」[12]。這番言論充滿了對翁的不滿和仇視。

翁與皇帝的特殊關係同樣遭到其它樞臣的猜忌。因有毓慶宮授課的差事，身為師傅的翁同龢「每早先至書房，復赴軍機處，頗有各事先行商洽之嫌」。[13]軍機處恭王、禮王和李鴻藻都很有看法。光緒二十二年丙申（1896年）正月十三日，受到樞臣的慫恿，慈禧下令裁撤漢書房，從此翁失去了與皇帝單獨商議朝政的機會，只能在每日見起時與諸臣同時被召見。這使樞臣之間權力格局暫時得以平衡。光緒二十三年丁酉（1897年）六月二十五日李鴻藻病逝，八月十五日翁同龢補任李留下的協辦大學士，在軍機處中成為僅次於恭王、禮王，在漢族

10 王彥威：《西巡大事記》卷首，《清季外交史料》第4冊，3992頁，北京，書目文獻出版社，1987。

11 王崇烈：《〈翁文恭公傳〉書後》，轉引自謝俊美：《關於翁同龢開缺革職的三件史料》，載《近代史研究》1992年第3期，278頁。

12 李提摩太著，李憲堂、侯林莉譯：《親歷晚清四十五年──李提摩太在華回憶錄》，240-241頁。

13 祁景頤：《谷亭隨筆》，《近代稗海》第13輯，120頁。

官員中權高位重的關鍵人物。戊戌年春,恭、禮二王與錢應溥因病常請假不入直,二月,因軍機缺人,令左都御史廖壽恒入樞。此時翁同龢成為實際上的軍機領袖,他與剛毅的矛盾也開始激烈起來。四月,困境中的翁同龢最終喪失太后信任時,剛毅便落井下石,且不遺餘力。據稱,翁開缺的諭旨即由剛毅所擬,宣旨之日適為翁氏六十九歲生辰,實因「先有成見以辱之者」。[14]

　　相反,沒有直接材料說明,在翁氏開缺過程中榮祿曾有過推動。戊戌年四月二十二日,榮祿由兵部尚書、協辦大學士升為大學士,管理戶部事務。五天後,翁同龢被開缺,榮祿則被任命為直隸總督,榮的陞遷與翁的罷黜屬於同一批職務調整。但這不能直接說明榮祿對翁有過排擠。翁離京前,榮祿前後兩次派人到翁府慰問,並贈送厚禮,翁氏開始堅持謝絕,稍後還是接受了榮祿的饋贈,[15]並於五月十一日再次致函答謝。[16]可見,戊戌年春朝局中翁同龢與榮祿的關係並不像人們通常想像的那樣緊張。但是,這也不等於榮祿對翁毫無成見,在戊戌年春徐桐、張之洞等人發起的「倒翁」政潮中,榮祿也是參與者之一。

---

14　王崇烈:《〈翁文恭公傳〉書後》,轉引自謝俊美:《關於翁同龢開缺革職的三件史料》,載《近代史研究》1992年第3期,278頁。

15　參見陳義傑整理:《翁同龢日記》第6冊,3135、3136頁。

16　翁同龢此函云:「日來憧憧,觚稜之戀與邱壟之思一時並集。徂暑不得不早發。今擬趁早車直走塘沽矣。惟不得一詣衙齋握手數語為憾。修攘兼籌,晝夜無暇,惟望若時自衛以慰遠懷。此行深仗康濟,勿念羈棲。敬上略園相國棣臺閣下。同龢頓首,五月十一日。」見孔祥吉:《晚清史探微》,成都,巴蜀書社,2001,圖版插頁。可能當時政局複雜,翁氏遊移再三,終未發出,故存於翁萬戈先生保存翁氏家藏文獻之中。

## 二 張之洞、徐桐聯手「倒翁」

　　原來，在翁同龢開缺之前，由於對翁同龢、張蔭桓主導的內政外交政策不滿，徐桐與湖廣總督張之洞聯手，曾經策動過一場由徐桐舉薦張之洞入京主政以取代翁氏的「倒翁」活動。雖然這項計劃後來未能成功，但頗見朝中滿漢官員彼此聯絡、欲翻朝局的圖謀。

　　戊戌年三四月間，伴隨著膠州、旅大交涉的失敗，朝野上下對翁、張和李鴻章等日益不滿。一些官員認為，造成這種被動局面的原因是因為軍機處缺乏一位強有力的通曉時務的重臣掌握全域。據載，「戊戌新學之士漸起，言論過激」，內閣中書楊銳等京官，「慮朝士水火，非得有學術通時事大臣居中啟沃，弗克匡救」，遂有引張之洞入樞之議。[17]大約同時，張之洞也認為榮祿是慈禧非常信任的重臣，乃派王之春赴京與榮祿秘密疏通關係，意在入軍機。榮祿表示「南皮公忠可敬，無如常熟一掌遮天，兩邸皆病不治事，容當緩圖」。[18]儘管沒有得到榮祿肯定的支持，但得知榮對翁不滿的信息對張之洞亦是巨大的鼓舞。不久，在張授意下，其幕僚楊銳「乃與喬樹柟說大學士徐桐，並代作疏薦張」。[19]三月二十九日徐桐上折保張之洞來京陛見。疏入，經光緒帝呈交慈禧太后閱，閏三月初二日電諭張來京陛見。此時召張之洞來京的意圖，無非是加強中樞的決策能力，甚至意在取代翁氏，朝野已有傳言。翁深知此意，當即致書恭邸告以「召湖督事」。[20]召之洞來京的決定也使張蔭桓感到危在旦夕。李鴻章在給其子李經方

17 黃尚毅：《楊叔嶠先生事略》，閔爾昌編：《碑傳集補》，卷12，《清代碑傳全集》下冊，1334頁，上海，上海古籍出版社，1987。

18 蔡金臺致李盛鐸書，戊戌九月二十五日，鄧之誠：《骨董瑣記》，604頁。

19 黃尚毅：《楊叔嶠先生事略》，閔爾昌編：《碑傳集補》卷12，《清代碑傳全集》下冊，1334頁。

20 陳義傑整理：《翁同龢日記》第6冊，3117頁。

的家書中說，香濤來京「必兼樞譯」，張蔭桓聞其來京，已經「岌岌不自保矣」[21]。

在徐桐出面薦張來京不久，安徽布政使於蔭霖於閏三月初八日「條陳時政」，抨擊翁同龢、李鴻章、張蔭桓誤國無狀，建議「速用公正大臣，舉薦徐桐、崇綺、邊寶泉、陶模、張之洞、陳寶箴以挽國是」。[22]這是對徐桐薦張的配合活動。對於政敵的公開挑戰，翁氏並未退縮。閏三月十九日湖北沙市發生教案，翁同龢「乃與張蔭桓密謀」，借辦理教案緊急為由，阻張入京。[23]當時，清政府因旅大、膠州灣事件仍在交涉之中，惟恐再生事端，遂於閏三月二十四日旨令張之洞回湖廣總督本任，「俟辦理此案完竣，地方一律安靖，再行來京」。[24]至此，張之洞與徐桐密謀的「倒翁」活動完全落空。[25]近人稱，張之洞「生平獨立無奧援，惟高陽相國李鴻藻稍左右之，李卒，政府皆不以所為為然。剛毅、翁同龢尤惡之。戊戌景帝召將內用，翁以留辦教案阻之，中途折回」[26]。聯繫到剛毅一貫仇視漢官的傾向，在此問題上

---

21　《李鴻章致李經方書札》（50），《歷史文獻》，第8輯，103頁，上海，上海古籍出版社，2004。

22　於蔭霖：《請簡用賢能大臣並陳五事以救時局摺》，《悚齋奏議》卷3，民國十二年（1923年）都門刻本。

23　黃尚毅：《楊叔嶠先生事略》，閔爾昌編：《碑傳集補》卷12，《清代碑傳全集》下冊，1334頁。

24　《清德宗實錄》，卷417，光緒二十四年閏三月丁丑，《清實錄》第57冊，467頁。

25　關於該問題的研究，可參考茅海建：《戊戌年張之洞召京與沙市事件的處理》，《戊戌變法史事考》，218-286頁，北京，生活·讀書·新知三聯書店，2005。

26　陳衍：《張相國傳》，閔爾昌編：《碑傳集補》卷2，《清代碑傳全集》下冊，1270頁。張之洞去世後，《神州日報》刊文說：「斯時，德宗皇帝已下詔變法，而先期降旨召公入都，以孝欽顯皇后手擢之人，且為言新者領袖，既可彈壓群倫，且能調和兩宮故也。公聞召，行抵上海。翁同龢譖公，謂不可恃。值湖北有小教案出，遂有廷命命公還任。」見《張之洞全集》第12冊，附錄三，10372頁，石家莊，河北人民出版社，2000。另，蘇繼祖也記述云：「今春上既決意革故圖新，乃召張公來

他與翁似有默契。

翁、張對張之洞入京的阻撓，引起了激烈的反彈。閏三月二十七日，即張之洞回任諭旨頒行的第四天，徐桐親自上折嚴參張蔭桓，並將矛頭暗指翁同龢。面對壓力，翁開始退縮、妥協。一方面，甚至不顧冒犯天顏，刻意疏遠張蔭桓。[27]另一方面，又試圖討好徐桐。四月初九日，徐桐八十壽辰，翁贈詩「能扶正氣調元手，不墜頑空擔道肩」，不乏諛頌之嫌。[28]但是，此時的翁同龢已經失去了慈禧的最後信任，又為一心趨新的年輕皇帝所不滿，他的種種自救努力均無法奏效了，二十七日即奉朱諭開缺。

在戊戌三月間發生的張、徐聯手「倒翁」事件中，主張改革的地方大員張之洞與思想極端守舊的滿洲親貴徐桐竟能聯合行動，這讓我們看到，新舊異同因素在當時的朝局與政治鬥爭中是何等的表面化。在這個具體問題上，並沒有明顯的滿漢對立問題，至少，徐桐對張之洞入樞取代翁同龢極力支持。同樣，在對張入樞態度上，榮祿態度謹慎，反映了他一貫視慈禧意志是聽的立場。[29]剛毅既反對翁氏主政，也不願張入樞。最後，翁承擔了阻張的「罪名」，剛毅則進一步排擠翁氏，成為最終的受益者。因此，單純從滿漢關係的角度解釋戊戌黨爭，並不能得出滿意的答案。同樣，戊戌年春剛毅與榮祿之間的摩擦與矛盾也可作為證明。

---

京，輔助新政，守舊大臣，恐張異己，百計阻尼，得借沙市教案令回兩湖本任。時人多惋惜之⋯⋯」見《清廷戊戌朝變記》，《戊戌變法》叢刊第1冊，334頁。

27 參見陳義傑整理：《翁同龢日記》第6冊，3128、3129、3133頁。

28 《壽徐蔭軒相國八秩》，朱育禮校點：《翁同龢詩詞集》，159頁，上海，上海古籍出版社，1998。

29 張之洞未能入樞根本上還是慈禧不認可，在她看來張與翁同龢一樣，書生氣太重，不適合入樞主政。她心目中最合適的人選還是孫毓汶。參見鄧之誠：《骨董瑣記》，604頁。

　　本來榮祿與剛毅同為甲午年到京參加慈禧六十壽誕而留京任職的。就資歷而言，剛毅並不能與榮祿相比，但二人卻同為進入軍機處的滿員人選。甲午十月因剛毅入直而使榮祿暫時失去了一次進入中樞的機會，但其官階一直高於剛毅，更重要的是慈禧對他的寵信有增無減。戊戌年四月二十二日，榮祿補授大學士，管理戶部事務，剛毅則由刑部尚書調任兵部尚書，協辦大學士，接任了榮祿的舊職。二十七日清廷將翁開缺的同時，宣布榮祿署理直隸總督，直隸總督王文韶與四川總督裕祿來京陛見。在新的任命計劃中，王、裕顯然為入樞之新人。五月初五日，王文韶授命戶部尚書在軍機處和總理衙門行走，完全取代了翁同龢原來的職位，而裕祿也於五月二十三日入直軍機處。但是，有材料說明，在翁開缺前後，慈禧曾經有意向令榮祿進入軍機處，但未果。據載「翁既罷，太后意令榮相入值樞廷，力辭，並稱去一漢員，應補一漢員」，慈禧乃令王文韶入樞，榮祿出任直隸總督。[30]這只是一種解釋。據鹿傳霖六月聽到的消息說，「榮相本議入樞」，由裕祿代王文韶督直，「乃有人以其與禮邸姻親，同樞不便為辭擠之使出」[31]。從後來的情況分析，反對榮祿入樞、將之「擠出」者仍是剛毅。八月政變後，慈禧令榮祿回京入直軍機處併入直總理衙門，而以裕祿調任直隸總督，剛毅「尤不快也」。時人比之翁同龢，謂剛毅「有拔一釘乃得一刺」。「（剛毅）自以入直在榮相之先，入對輒妄發議論，不讓人。」[32]二人明爭暗鬥，一直持續到庚子年，[33]這是戊戌

---

30　蘇繼祖：《清廷戊戌朝變記》，《戊戌變法》叢刊第1冊，332頁。
31　鹿傳霖家書，戊戌六月，見《鹿傳霖任川督時函札》，中國社會科學院近代史研究所藏，編號甲170。
32　王彥威：《西巡大事記》卷首，《清季外交史料》第4冊，3992頁。
33　光緒二十五年己亥四月，剛毅奉命到江南查辦事件，時人信函中透露其行蹤時說：「大約剛大人在江南尚有一時，因其與榮中堂不大十分融洽，欲藉此在京外住住耳。」見《金振猷致張香濤等存札二》，余冰主編：《名人書札墨蹟》第23冊，76頁，北京，線裝書局，2006。

八月政變到庚子間清廷朝局的一大特點。

## 三 政變後榮祿「保翁」

戊戌政變後，在清廷對翁同龢的處理問題上，榮祿與剛毅的態度也是有差別的。這種差別也可間接說明他們二人在翁同龢開缺過程中所起作用並不相同。

政變發生後，在剛毅操縱下，十月二十一日清廷頒布明發上諭，指責翁氏授讀以來不稱職，使皇帝未明經史大義；甲午時利用獨對之利「信口侈陳，任意慫恿」，致使「主戰誤國」。更重要的是翁氏「今春力陳變法，密保康有為」，「更是罪無可逭」。[34]這道諭旨正是由剛毅撰擬的。據張謇當時聽到的消息，翁氏之案係「剛毅、許應騤承太后意旨，周內翁尚書於康、梁獄，故重有革職永不敘用，交地方縣官編管之諭旨」。[35]劉坤一也在致友人書中說：「康有為案中詿誤，內則有翁中堂，外則陳右帥（寶箴），是皆四海九州所共尊為山斗，倚為柱石者，何以賢愚雜糅至此？若力保康有為以至波及，聞翁中堂造膝陳詞，亦是抑揚之語。」[36]張、劉二人對所謂翁氏薦康的說法不以為然，認為是別人趁機借康案傾陷翁氏。對此，陳夔龍回憶說：「迨八月政變，康梁獲罪，剛相時在樞府，首先奏言翁同龢曾經面保康有為，謂其才勝臣百倍，此而不嚴懲，何以服牽連獲咎諸臣？維時上怒不測，幸榮文忠造膝婉陳，謂康梁如此橫決，恐非翁同龢所能逆料。同龢世受國恩，兩朝師傅，乞援議貴之典，罪疑惟輕。上惻然，僅傳

---

34 《清德宗實錄》卷432，光緒二十四年十月辛丑，《清實錄》第57冊，674頁。

35 《張謇年譜》，《戊戌變法》叢刊第4冊，199頁。

36 劉坤一：《復歐陽潤生》，《劉坤一書牘》，《戊戌變法》叢刊第2冊，633頁。

旨交地方官嚴加管束。」[37]充分的材料和研究表明，翁氏革職事件是剛毅利用康有為在海外散布「翁同龢薦康」說造成的氛圍，趁機陷害翁同龢的結果。[38]剛毅不僅極力打擊翁氏本人，就連與翁關係密切的軍機大臣錢應溥、廖壽恒等人也屢受排擠，迫使二人先後退出了軍機處。[39]

光緒二十六年庚子（1900年）夏，慈禧在端王載漪等人慫恿下，不顧部分朝臣的反對，別有用心地「招撫」義和團，對外宣戰。他們打著「禦侮」的旗號利用義和團樸素的反帝熱情，派兵圍攻外國使館，焚燒教堂，很大程度上助長了團民中極端仇洋和盲目排外的偏激情緒。這項決策中，軍機大臣剛毅與大學士徐桐等沆瀣一氣，依仗慈禧的信任，排擠包括榮祿、奕劻在內的稍明外事之員，為所欲為，致使局勢失控。載漪、徐桐等人更是趁亂羅織罪名，殺戮政敵以洩私憤。七月，吏部左侍郎許景澄、太常寺卿袁昶、兵部尚書徐用儀、內閣學士聯元、戶部尚書立山等大臣，均因反對圍攻使館和對外開戰，而被以「漢奸」、「通敵」的罪名遭到殺害。同時，慈禧又下詔處死了戊戌政變後被發配新疆的張蔭桓。立山、聯元等人死後，載漪、剛毅

---

37 陳夔龍：《夢蕉亭雜記》，《戊戌變法》叢刊第1冊，483頁。也有記述稱是軍機大臣王文韶力諍之。唐文治《茹經堂文集》記：「我師常熟翁文恭公之被誣也，滿員剛毅與公有宿怨，持之急，必欲致公於死地。康梁案起，朝議將以公戍邊，當是時，人人阿剛意旨，無敢言者。浙江王文勤公夔石，時為大學士，爭之曰：我朝待大臣自有體制，列聖向從寬典，翁某罪在莫須有之間，今若此，則我輩皆自危矣。事乃得解。」見《戊戌變法》叢刊第4冊，252頁。就當時情形而言，王與榮祿的態度應是一致的，但對慈禧有直接影響的還是榮祿。

38 參見馬忠文：《「翁同龢薦康」說考辨——翁、康關係再認識》，收入常熟市人民政府、中國史學會編：《戊戌變法與翁同龢》，224-253頁。

39 馮煦撰《禮部尚書廖公墓誌銘》稱：「其（廖壽恒）入樞垣也，為翁常熟所引，常熟既以翼戴德宗，積與孝欽忤，公亦靖共受常軌，不為異己所容。常熟一擯，公遂以足疾歸，而國事流失敗壞，益岌岌不可為矣。」見閔爾昌編：《碑傳集補》卷5，《清代碑傳全集》下冊，1289頁。

諸人「猶不懍，將以次盡殺異議諸臣」，長期辦理外交的總理衙門大臣廖壽恒、王文韶均幾罹不測，幸榮祿從中力保始免。[40]

八月，八國聯軍攻入北京後，慈禧與光緒帝出京逃亡西安。據時人記述，慈禧抵達西安後，對甲午戰爭後主持朝政的翁同龢深惡痛絕，以為時局一敗塗地，皆源於甲午朝臣主戰之誤，彼輩難辭其咎，萌生殺翁洩憤之心。對此，嚴復致張元濟信函中就曾提到榮祿極力勸阻的情形。該函稱：

> 榮仲華前用騎牆政策，卒以次保其首領。然平心而論，瑕者自瑕，瑜者自瑜。其前者之調停骨肉，使不為已甚，固無論已；即如老西，既到長安，即欲以待張南海者待翁常熟，榮垂涕而言不可。既至今年正月初六，老西之念又動，榮又力求，西云：直便宜卻此獠；此雖出於為己，然朝廷實受大益，可謂忠於所事矣。[41]該函時間係辛丑年除夕前。信中的「老西」指慈禧，「張南海」指張蔭桓。透過這段來自京城士人的傳聞，可以看到榮祿調停骨肉（兩宮），維護舊僚，確是當時滿員中比較開明且有大局意識的人物。即使在政局異常動盪的庚子時期，也很難單純從滿漢關係的角度來解釋一些政治現象，榮祿保翁即是一例。

總體看來，無論是戊戌年四月翁同龢開缺事件，還是戊戌至庚子間整個清廷中樞的權力鬥爭過程，滿漢對立在其中並不是一個影響全域的重要因素。至少，從最高統治者慈禧來說，她並不是以滿漢的標

---

40 李嶽瑞：《春冰室野乘》，《清代野史》第5輯，133頁，成都，巴蜀書社，1987。

41 《嚴復致張元濟函》（13），王栻主編：《嚴復集》第3冊，549頁，北京，中華書局，1986。

準來選擇用人。在軍機處內部，也不存在分野鮮明的滿漢對立。這些固然與乾隆以來通過各項制度加以保障的滿洲貴族與漢族地主階級的共同統治政策有關，同樣，也與慈禧在幾十年統治過程中成功使用平衡各派政治力量的手法造成的客觀效果有關。可以說，慈禧當政期間極力籠絡地方漢族督撫實力派與滿洲貴族實現共坐天下的宏圖遠略達到了預期目的。但是，在慈禧死後的攝政王載灃時代，這種平衡就被打破了。辛亥時期革命黨人宣傳的滿漢矛盾，特別誇大明末清初的民族主義情緒，在聲勢上很大，這種宣傳對國內社會民眾的影響實際很有限。倒是載灃等滿洲親貴集團以他們實在的專權行為，首先在權力階層內部製造出滿漢裂痕，造成了統治階級的分化和離心離德。一定意義上說，滿漢對立在辛亥時期只是出現在統治階級上層的一種現象，本質上說仍是一些政治集團間利益的角逐，並不涉及兩個民族的關係。[42]在這個層面上說，當今學術界常常提及的「滿漢關係」作為一種抽象出來的研究視角，在觀照歷史本身時常常出現蹩腳的地方，也就在所難免了。

　　原載中國社會科學院近代史研究所政治史研究室編：《清代滿漢關係研究》，北京，社會科學文獻出版社，二〇一一。

---

42 關於滿族作為近代意義上的民族何時形成，學術界尚存在爭議，本文暫不予討論。

# 旅大租借交涉中李鴻章、張蔭桓的「受賄」問題[*]

在近代中外關係史研究中，仍有一些聚訟紛紜的歷史公案。根據俄國方面的原始材料，一八九八年俄國租借旅大過程中負責對俄交涉的清廷官員李鴻章、張蔭桓曾接受過俄國人的巨額賄賂，李、張因而有「賣國」之嫌。這種說法見諸上世紀二十代以來出版的許多史著中，儘管一些學者先後有過懷疑，但此說在史學界依然有著相當的影響。本文希望利用近年印行的張蔭桓（號樵野）《戊戌日記手稿》，[1] 結合翁同龢日記等其它中文資料，對這樁歷史公案的有關細節重新進行審視。筆者以為，俄國方面的有關記載尚有紕漏，以此為源頭的李、張「受賄」的說法存在著不可忽視的疑點。

## 一　源起與流衍

有關李鴻章、張蔭桓「受賄」的說法源自俄國方面，這一點是人所共知的。與此相關的立論依據主要包括沙皇時代財政大臣維特伯爵

---

[*] 北京大學徐萬民教授、翁同龢紀念館朱育禮先生及上海學者姜鳴先生對本文提出了修改意見，謹此致謝。

[1] 該日記原稿由廣東學者王貴忱先生收藏，整理標點後曾連載於《廣州師院學報》1987年第3、4期和1988年第1、2期。1999年，澳門尚志書舍影印出版了該日記，取名張蔭桓《戊戌日記手稿》，王貴忱先生對注釋也進行了新的校訂，本文所用張日記即該手稿本。

（Count Witte）的回憶錄、《紅檔》雜誌披露的彼得堡方面與駐華官員收買中國大臣的往來函電，以及蘇聯學者伯裏斯‧亞歷山大羅維奇‧羅曼諾夫（B. A. Romanov）首先利用過的沙俄財政部檔案。

最先向世人公開披露此事的是維特的回憶錄。一九二一年，在維特死去六年後，經美籍俄羅斯人亞伯拉罕‧亞爾莫林斯基（Abraham Yarmolisky）整理編譯，以維特手稿為依據的《維特伯爵回憶錄》首先在倫敦以英文出版。[2]據回憶錄稱，在旅大交涉中，為了推動雙方迅速達成協議，避免俄軍強行佔領旅順口時發生流血事件，維特曾指使俄國財政部駐北京的代表璞科第（D. D. Pokotilov）去見總理衙門大臣李鴻章和張蔭桓，希望他們勸說慈禧太后與俄國早日達成協議，並允諾饋贈李、張各值五十萬盧布和二十五萬盧布的貴重禮品。維特坦然承認，這是他「在與中國人辦交涉中，第一次借助於行賄」。[3]李、張曾被俄國人收買的說法由此傳播開來。一九二三年，德裔俄國學者約瑟夫‧弗拉基米羅維奇‧黑森（Hessen）根據維特的各種遺稿（包括手寫稿和列印稿），將回憶錄重新整理成三卷，內容比亞爾莫林斯基的英文節譯本要充實和詳盡一些。一九二三到一九二四年蘇聯國內據此出版了俄文版的維特回憶錄[4]，其中有關賄賂李、張的表述基本與英文版一致。

不知是否受到了亞爾莫林斯基整理的《維特伯爵回憶錄》的影響，蘇俄國內以整理刊布沙皇時代檔案為宗旨的《紅檔》雜誌（舊譯作《赤檔》）在一九二二年第二卷公布了二十一件藏於外交部的檔案資料，名為「關於收買中國大臣李鴻章和張蔭桓的電稿」。這組彼得堡

---

2 該書中譯本於1976年由商務印書館出版，由傅正翻譯。以下引述維特回憶錄均據該版本。

3 《維特伯爵回憶錄》，傅正譯，79頁，北京，商務印書館，1976。

4 該版本的中譯本取名《俄國末代沙皇尼古拉二世——維特伯爵的回憶》，由張開翻譯，於1983年和1985年由新華出版社分兩冊出版。

與駐華官員之間的往來函電表明，一八九八年初俄國駐華代辦巴甫洛夫（Pavlov，也譯作巴百羅福或巴百諾福）與璞科第一起，先是為取得對華借款權曾對李、張進行過利誘，許諾分別餽贈五十萬兩和二十萬兩的禮物；後來又為租借旅大之事再次與二人「作機密談話」，向他們承諾，假使旅順口及大連灣問題在俄方指定期間辦妥，並不需要俄方的非常措施時，「當各酬他們銀五十萬兩」。[5]根據電函所言，租借協定簽訂後的次日（3月28日），璞科第付給李鴻章銀五十萬兩。[6]至於給張蔭桓，一直到這年九月二十一日戊戌政變發生時，俄國人「尚未支款給他」。十月四日，巴甫洛夫同意付給已在流放途中的張蔭桓（政變後被革職發配新疆）一點五萬兩。[7]這些原始檔案的公布，客觀上為維特回憶錄首次披露的李、張「受賄」的說法增添了有力的佐證。

　　俄國史學界對這一問題的研究一直在深入。一九二四年，鮑·亞·羅曼諾夫發表《李鴻章基金》一文。[8]作者認為，作為俄國遠東外交政策的一部分，從一八九六年開始沙俄政府為了修建中東鐵路及獲得在東三省的利益，先後實施了一系列賄賂中國官員的活動，旅大交涉中對李、張的賄賂只不過是其中的一次而已。文章對一八九七到一八九八年間租借旅大過程中俄國政府的決策進行了全面的考述，除了《紅檔》雜誌選登的電稿和維特的回憶錄之外，作者還引證了財政部總務司所藏沙皇時代檔案等資料。羅曼諾夫指出，實際上俄國人「於一八九八年三月十八日（西曆30日）付給了李鴻章六十萬九千一

5　張蓉初譯：《紅檔雜誌有關中國交涉史料選譯》，207頁，北京，生活‧讀書‧新知三聯書店，1957。

6　張蓉初譯：《紅檔雜誌有關中國交涉史料選譯》，209頁。

7　張蓉初譯：《紅檔雜誌有關中國交涉史料選譯》，211-212頁。

8　該文刊載於《階級鬥爭》（彼得格勒，俄文）1924年第1、2期合刊，第77-126頁。中共中央黨校國際戰略研究所左鳳榮女士在俄從事學術訪問期間特代為複製了此文；北京大學歷史系李偉麗同學說明翻譯了部分內容，在此一併致以謝忱。

百二十盧布五十戈比，於一八九八年五月和十一月付給了張蔭桓五萬一千一百七十一盧布一戈比，共計六十六萬二百九十一盧布五十一戈比」[9]。在一九二八年出版的《俄國在滿洲（1892-1906）》[10]和一九四七年出版的《日俄戰爭外交史綱》[11]兩部著作中，羅曼諾夫重申了李、張在旅大租借交涉中「受賄」的結論。

　　絕大部分中國人知道李鴻章、張蔭桓「接受俄國人賄賂」之事，可能是通過王光祈一九二八年翻譯出版的《李鴻章遊俄紀事》一書。這本書系譯者根據德文本《維特伯爵回憶錄》中四章有關中俄交涉的內容翻譯整理的。在俄國史學界已利用檔案資料對李、張「受賄」問題研究取得重要進展的時候，中國人才剛剛從維特回憶錄中得到這種聞所未聞的說法，相比而言已落後不少。譯者在敘言中說：「關於旅順大連條約，維氏向李鴻章張蔭桓行賄一事，至今真相不明。惟據友人中之研究當時史事者，則謂李鴻章似未收受此款；歐戰以後，清理華俄道勝銀行，其中曾有華人存款，而姓名不可查考，或即係此項款子。但是，此外又有人疑此項款子，係為太后所得，云云。至於張蔭桓遣戍新疆之際，聞出京時，有向俄使索款之說，則頗跡近嫌疑矣。」[12]從譯者謹慎的表述中可以看出，儘管論說不一，有關這個問題已在小範圍內有過討論。作為維特回憶錄節本的《李鴻章遊俄紀事》，對李鴻章、張蔭桓「受賄」說法在中國的流傳起了非常關鍵的作用，該書至今在學術界仍有很大影響。

---

9　《階級鬥爭》1924年第1、2期合刊，124頁。

10　該書由列寧格勒葉努基傑東方學研究所出版社出版。

11　該書1947年由蘇聯科學院出版社出版，1955年修訂再版，1976年據修訂版出版了中譯本（上海，上海人民出版社，1976）。需要指出的是，中譯本將俄國人兩次一共付給張蔭桓的總額誤譯為「十五萬一千一百七十一盧布一戈比」。見該書上冊，144頁，註釋166。

12　王光祈譯：《李鴻章遊俄記事》，上海，東南書店，1928。

　　中國史學界較早關注這個問題的似乎是蔣廷黻。一九二九年他在
《評〈清史稿・邦交志〉》中評析俄國租借旅大時說：「中國之租旅大
與俄，大半固由於俄人兵力之壓迫，即《邦交志》所謂艦隊入旅順口
率兵登岸，兵屯城外諸行動是也。然不盡然。近蘇俄政府所發表帝俄
時代外交公文中有二電稿，頗能補吾人之不足。」[13]於是他列舉了反
映一八九八年三月二十一日（俄曆3月9日）博可笛洛夫（璞科第）秘
密會晤並利誘李鴻章、張蔭桓和三月二十八日（俄曆3月16日）交銀
五十萬兩給李鴻章的兩份電報加以說明問題。[14]蔣廷黻進一步解釋
說，「或者李氏之意以旅大之租借勢不能免，五十萬之鉅款何妨收
之。然李氏既與俄國訂同盟秘約（此事《邦交志》不提，然其為事實
則無可疑，中國政府已在華府發表其條款──原注），而俄國又以助
華防護為口實，則俄國礙難先以武力施之於其所保護者，俄人之以定
約在限期未滿之先為納賄之條件者，其故即在渡過此外交之難關。旅
大之喪失史，固不如《邦交志》所傳之簡單也」。[15]言詞之間似認為李
鴻章「受賄」實有其事。從目前發現的材料看，蔣廷黻應是首次利用
俄國檔案研究旅大「受賄」疑案的中國學者，不過，他的研究並沒有
引起其它學者相應的關注。一九三五年出版的陳恭祿著《中國近代
史》在研究俄占旅大事件時，仍然只引用維特回憶錄。[16]這一時期其

---

13　蔣廷黻：《中國近代史（外三種）》，105頁，長沙，嶽麓書社，1987。此文最早發表
　　在《北海圖書月刊》第2卷第6號（北平，1929年7月）。
14　蔣廷黻在文章中標明這兩份電稿「選自Steiger，China and Occident, 1927, p.71」，見
　　《中國近代史（外三種）》，105頁，這說明《紅檔》披露的有關材料已受到西方學
　　者的注意。
15　蔣廷黻：《中國近代史（外三種）》，105頁。
16　參見陳恭祿：《中國近代史》（上海，商務印書館，1935）。不過，其結論則與蔣氏
　　相近，他評論道：「維特所言誇張己功，所敘之情節，不同於中國史料，但其所言
　　賂賄，蓋非誣語，此豈總署仍主聯俄原因之一乎？」見該書第421頁。

它關於中俄關係史的著作則基本沒有涉及此事。[17]

　　李鴻章、張蔭桓「受賄」的說法在中國史學界被普遍接受與羅曼諾夫的《俄國在滿洲（1892-1906）》一書的翻譯出版有重要關係。一九三七年民耿將該書譯為中文，由商務印書館出版，書名作《帝俄侵略滿洲史》，蔣廷黻為之作序。[18]該書前兩章由《李鴻章基金》一文擴充而來，書中除詳盡研究租借旅大的原委外，更重要的是以檔案為依據，指出一八九六年李鴻章赴俄簽訂《中俄密約》期間，俄國已對其實施收買政策。[19]這使得一八九八年李、張「受賄」之事似乎有了更充足的理由。應該承認，這部著作的翻譯擴大了李鴻章、張蔭桓「受賄」說在中國學術界的影響，羅曼諾夫在書中引用的《紅檔》雜誌也為中國學者所熟知。以二十世紀四十年代後期出版的陳復光著《有清一代之中俄關係》為代表，[20]國內學者開始以維特回憶錄及羅曼諾夫的研究為依據，陸續採納了李、張「受賄」的觀點。一九四九年以後，隨著史學界對洋務運動及其代表人物李鴻章的基本否定，特別是一九五七年《紅檔雜誌有關中國交涉史料選譯》的出版，所有涉及旅大交涉的著作基本上承襲了李、張「受賄」的說法。[21]臺灣及海外

---

17　如陳博文《中俄外交史》（上海，商務印書館，1928）、文公直著《中俄問題之全部研究》（上海，益新書社，1929）及何漢文著《中俄外交史》（上海，中華書局，1935）等著作中均未涉及該問題，或因該問題複雜而迴避之，具體原因不詳。

18　現在通常見到的為1980年商務印書館出版的新譯本，易名為《俄國在滿洲（1892-1906）》，譯者為陶文釗等，以下本文所引均據該版本。

19　參見羅曼諾夫：《俄國在滿洲（1892-1906）》，106-107頁。關於1896年李鴻章簽訂《中俄密約》是否接受巨額賄賂，學界同樣存在爭議。因該問題同樣很複雜，本文不擬涉及。中國社會科學院近代史所編寫的《中國近代史稿》第2卷（北京，人民出版社，1984）中對此似採取了存疑的態度，書中將有關爭議放在頁下注釋中（見該書，415頁）加以說明；相比而言，同書有關旅大交涉中李、張受賄的情況則在正文中敘述（見該書，426頁），基本持肯定意見。

20　本書為國立雲南大學文法學院叢書乙類第一種，1947年8月在昆明出版。

21　在這些著述中，梁思光的《李鴻章賣國史》（天津，知識書店，1951）和胡濱的

學界的研究情況也大致相同[22]。

其實，從這一說法在國內流傳開始，許多人便將信將疑，前引王光祈譯《李鴻章遊俄紀事》敘言中即有反映。二十世紀六十年代後，一些從事李鴻章及洋務運動史研究的學者對李氏「受賄」的說法公開表示懷疑。臺灣學者雷祿慶以為維特所說「受賄」之言「似屬虛妄」。[23]已故史學家陳旭麓先生在一九八八年的一次學術研討會上發言認為，有關李鴻章受賄之事，缺乏實證性的材料，殊難根據「孤證」作出結論；另一方面，他又指出，「如果維特所說屬實的話，那就很難洗清李鴻章的賣國賊罪名」。[24]如果說上述懷疑仍然很謹慎的話，袁偉時、余明俠則非常明確地對李鴻章「受賄」說予以否定。[25]總體看

---

《賣國賊李鴻章》（上海，新知識出版社，1955）兩本小冊子雖係通俗讀物，卻頗能代表當時學術界的基本傾向。20世紀60年代以後，在中俄關係史研究中，肯定李鴻章、張蔭桓接受過賄賂的說法完全佔據了主導地位，可參閱傳孫銘等：《沙俄侵華史簡編》（長春，吉林人民出版社，1982）；復旦大學歷史系編：《沙俄侵華史》，上海，上海人民出版社，1986；丁名楠等：《帝國主義侵華史》，第2卷，北京，人民出版社，1986；楊培新：《華俄道勝銀行——沙俄侵華歷史內幕》，香港，經濟與法律出版社，1987；中國社會科學院近代史研究所編寫：《沙俄侵華史》，第4卷，北京，人民出版社，1990；崔丕：《近代東北亞國際關係史研究》，長春，東北師範大學出版社，1992，等等。有關論文有劉存寬：《關於帝俄租借旅大的幾個問題》，載《近代史研究》1989年第6期；孔祥吉《膠州灣危機與維新運動的興起》，載《歷史研究》1998年第5期。

22 蕭一山《清代通史》（臺北，臺灣商務印書館，1972）述及光緒前期之政治與外交時，雖對李、張受賄之事未作可否，仍引用了維特回憶錄和羅蒙諾夫的研究結論（參見該書，1333-1336頁）。吳相湘著《晚清宮廷實紀》（臺北，正中書局，1973）、陳志奇著《中國近代外交史》（臺北，南天書局，1993）也都肯定李、張有「受賄」之事。費正清主編《劍橋中國晚清史（1800-1911）》（中國社會科學院歷史研究所編譯室譯，北京，中國社會科學出版社，1985）下卷第2章「晚清的對外關係」一節，亦持這種觀點（這部分系由徐中約撰寫）。

23 雷祿慶編：《李鴻章年譜》，591頁，臺北，商務印書館，1977。

24 陳旭麓：《李鴻章：向中國近代化邁出第一步的代表人物》（代序），見周軍、楊雨潤主編：《李鴻章與中國近代化》，4頁，合肥，安徽人民出版社，1989。

25 參見袁偉時：《晚清大變局中的思潮與人物》，深圳，海天出版社，318頁，1992；

來，這些異議主要是圍繞對李鴻章的評價展開的，大部分學者將李在旅大交涉中的「受賄」與他一八九六年簽訂《中俄密約》時的「受賄」嫌疑聯繫起來評判，而且大多仍停留於論點的申述上，對該問題的具體論證顯得不夠有力。他們將癥結放在維特回憶錄（其實這是一種並不精確的證據）的可靠性上，為李鴻章辯解，實則未切中要害。歸根到底，問題的關鍵仍在於俄國檔案記載的內容是否可信。

事實上，上述俄國方面的材料（包括維特回憶錄和檔案資料）反映的細節彼此是有出入的，這些很少受到人們的注意。《紅檔》所刊函電表明，一八九八年春俄國人曾兩次與李、張密談，對他們進行利誘；稱允諾饋贈李、張各五十萬兩和二十萬兩是為了借款交涉（因借款未成，俄國人並未支付），後來為旅大交涉又許諾給每人五十萬兩。維特回憶錄則稱向李、張允諾饋贈各值五十萬盧布和二十五萬盧布的貴重禮品是為了促成租借旅大之事，後者記憶似不準確，可能是將借款與租地二事混淆了。《紅檔》選登外交部檔案與羅曼諾夫在《李鴻章基金》中所引財政部檔案反映的情況也有差異：璞科第密電中稱至一八九八年九月尚未付款給張蔭桓；同年十月巴甫洛夫同意支付張一點五萬兩，這與財政部檔案中記載五月和十一月兩次付給張「五萬一千一百七十一盧布一戈比」的記載也明顯不同。羅曼諾夫可能注意到了這些差異，但我們似乎沒有看到他作出過解釋。

史學界有關旅大租借交涉中清廷官員是否「受賄」的爭論還有一個鮮明的特點，即更多關注的是李鴻章，至於另一位當事人張蔭桓「受賄」只是被附帶提及（這與張氏與晚清外交的關係很少受到重視有關）。現在看來，這種傾向有失偏頗。近年刊行的張蔭桓《戊戌日記手稿》正可為解剖當時的實際情況提供一些難得的信息。至少，從

余明俠：《關於李鴻章接受俄國賄賂出賣東北鐵路權益一事的辨析》，見沉寂等主編：《影響近代中國歷史的安徽人》，90頁，合肥，黃山書社，1994。

張蔭桓記載提供的背景中，我們可以大致對俄國人所說的「受賄」情況作出基本的判斷。

## 二　借款談判中的收買活動

　　研究李鴻章、張蔭桓「受賄」疑案，必須依靠中俄兩方面資料的比較和互證。就已知情況而言，反映李鴻章、張蔭桓「受賄」的俄國檔案，除了《紅檔》雜誌上刊載原外交部檔案，也包括其它未公開披露的檔案資料（如羅曼諾夫查閱的沙俄時代財政部檔案及列寧格勒中央歷史檔案館所藏檔案文獻等）。比較合理的研究應當是將上述不同藏處的俄國檔案進行綜合整理，找出其中的異同並作出相應的解釋後，再與中文資料進行互證研究。然而，對中國學者而言，尚不具備整合各種俄國檔案的條件。本文只能就目前所能看到的《紅檔》載二十一件函電，結合中文文獻對相關事實進行考證。

　　《紅檔》發表的函電並非都與租借旅大相關。從內容看，這些有關收買中國官員的函電可分為借款問題（前6件）和旅大問題（後15件）兩部分。俄國人打算賄賂中國官員是從借款問題開始的，探討旅大交涉中李、張的「受賄」問題亦須由此入手。

　　根據《馬關條約》，清政府賠償日本的二萬萬兩庫平銀，須分作八次交完。除第一次外，其餘未償之款「按年加每百抽五之息」。在賠款償清前，日本軍隊暫駐威海衛，每年駐軍費五十萬兩亦由清政府承擔。同時日方又承諾：如果清政府在換約三週年之前能夠全部償清，日本「除將已付兩年半利息，於應付本銀扣付外，餘仍全數免息」。[26]按照這一協議，中方如果能在一八九八年五月八日前償清，即

---

26 王鐵崖編：《中外舊約章彙編》第1冊，615頁，北京，生活‧讀書‧新知三聯書店，1957。

可省息一千多萬兩，及駐威海衛的軍費一五〇萬兩。為此，清政府在
一八九五年俄法借款和一八九六年英德借款後，決定籌措新的外債，
準備在一八九八年五月八日一舉全部償清對日賠款。考慮到時間充裕
或可免受外人要脅，清政府很早就開始醞釀第三次借款，但實質性的
工作卻是一八九七年春才開始的。由於此前實際負責對外借款事宜的
戶部左侍郎、總理衙門大臣張蔭桓作為特使出訪英國參加英女王登基
六十週年慶典活動，新一輪的借款由入值總署不久的李鴻章來接手。
從這年夏天一直到年底，李鴻章先後與滙豐銀行、呼利・詹悟士公司
等外商進行了長時間的談判，但因列強之間（主要是英、俄）為爭奪
借款權明爭暗鬥，加之這些外國銀行條件苛刻，處處作梗，致使借款
談判旋議旋停，毫無進展，直到德國強佔膠州灣事件後外交形勢驟然
突變的時候，借款仍然沒有落實下來。此時已回國的張蔭桓也對李鴻
章的借款策略多有批評，二人意見分歧日益加大。一八九七年十二月
十四日，李鴻章通過璞科第向維特提出借款一萬萬兩的請求，俄方趁
機提出了苛刻的條件。這遭到英國政府的強烈反對，清政府內部也有
人不以為然。俄國人企圖通過賄賂手段取得借款權的計劃，即是在這
種背景下制訂的。

　　據《紅檔》，一八九八年一月二十日璞科第致電維特說：「中國人
在借款上的遲緩，大概由於對李鴻章有很厲害的陰謀和其它大臣不願
使李鴻章辦理此事。另方面，有根據可以假定，英人在成立借款時允
給大臣重大賄賂。」[27]在這份電文中，透露了兩層意思：其一，總理
衙門中有人「不願使」李鴻章辦理借款（此人應為主張借英款的張蔭
桓）；其二，英國人為使借款成功準備使用賄賂手段。這一消息顯然
對俄國政府有所觸動，很快彼得堡方面便指示巴甫洛夫，表示如果

27　張蓉初譯：《紅檔雜誌有關中國交涉史料選譯》，204頁。

「斟酌當地情形，認為要成立對俄借款是必要的話」，可與璞科第共同負責，「在華俄道勝銀行存款中撥出百萬盧布，作為對中國大臣秘密送禮之用」。[28] 據璞科第與巴甫洛夫說，他們二人先後秘密約見了總理衙門大臣李鴻章、張蔭桓，向他們遊說，表示只要促成中國向俄借款，將各許以五十萬兩和二十萬兩的酬謝；戶部尚書翁同龢則拒絕與他們會面。上述情況基本上可從中方文獻中得到證實。

據俄方電函稱，一月二十三日晚璞、巴「極秘密地」將李鴻章請到俄使館，告訴他如果能促成中國向俄國借款之事，當酬銀五十萬兩。李鴻章表示，「主要困難在於英國的條件有利，英國建議按十足數借款，五十年償清，年息百分之四」。如果俄方同意也按十足數借款，「多半能成交，因為英國的建議對戶部極有誘惑力」。璞科第提出「必須立即派遣許景澄（清政府駐德公使——引者）至聖彼德堡」商議借款，李「答應對此採取辦法」。[29] 目前看到的中文材料中尚無直接證據表明李鴻章與俄人有過這次密談，不過，從翁同龢與張蔭桓日記相關的記載判斷，應該有過（詳見後文）。翁氏一月二十四日記云：「未初到總署，兩邸（恭親王奕訢、慶親王奕劻——引者）諸公畢至。俄使巴百羅福來，稱奉國電，借款若中國不借俄而借英，伊國必問罪，致大為難之事。又極言英款萬不可借，將以埃及待中國矣。辯論一時之久，而英使竇納樂來，恭邸先往晤之，余與慶邸、榮（祿）、敬（信）、崇（禮）、廖（壽恒）勉支巴使退。」[30] 當時翁、李、張與榮祿、敬信、崇禮、廖壽恒，及許應騤均為總理衙門大臣。同日張蔭桓日記云：「卯初常熟（翁同龢）函約早到署商借款，以兩邸十堂並到，宜有確論。及晤，常熟似忘卻早間來函，漠無所言。少

28　張蓉初譯：《紅檔雜誌有關中國交涉史料選譯》，204頁。
29　張蓉初譯：《紅檔雜誌有關中國交涉史料選譯》，205頁。
30　陳義傑整理：《翁同龢日記》第6冊，3086頁。

頃，俄、英使先後至。余接晤英使，兩邸續來晤，並無成說，不歡而去。俄使亦如是云。」[31]

從翁、張兩人的記載看，總理衙門很重視這一天的會晤，「兩邸十堂並到」，但因受到英、俄兩方面的壓力，借款之事「並無成說」，不過「勉支巴使去」。可是，巴甫洛夫在會談結束後卻電告彼得堡稱：「今天在總理衙門內已確使李鴻章與翁同龢顯然轉到有利我國的方面」，認為這是「昨天」秘密地與李鴻章會面的結果。[32]這顯然是給上級報告中的渲染之詞。從翁、張當時日記裡實在看不出李、翁有何轉變。可以假設，即使李鴻章在前一天晚上對俄國人有過什麼承諾，第二天也沒有產生實質性的影響。

或許是事態沒有進展，璞科第、巴甫洛夫又試圖秘密會見戶部尚書翁同龢以便勸誘。不料遭到翁的拒絕，巴甫洛夫將此事報告給了彼得堡方面，[33]翁氏日記證實了此事。一月二十五日翁日記云：「巴百羅福函稱有密事面商，或來就或赴彼，擬明日函辭以疾。」[34]巴在電報中稱翁「怕引起懷疑，因為他與外國人根本沒有私人來往」，這種判斷應該說基本符合翁的處世特點。但他又斷言翁將「秘密與李交涉，與李分潤」，[35]這恐非實情。以當時翁、李二人在朝中的地位以及晚清官場中派系鬥爭的複雜狀態而言，似不會有這種情況發生。更何況，當時翁同龢對李鴻章一味親俄的傾向頗有微詞。在這一天的日記中，翁又記：「李相書云巴致恭邸，堅請許使（景澄）詣彼都談借款，微德（維特）電謂不借即失和云。法使到署亦攔阻英款，李相欲就俄緩

---

31 王貴忱注釋：《張蔭桓戊戌日記手稿》，2-3頁。

32 張蓉初譯：《紅檔雜誌有關中國交涉史料選譯》，204-205頁。

33 張蓉初譯：《紅檔雜誌有關中國交涉史料選譯》，206頁。

34 陳義傑整理：《翁同龢日記》第6冊，3086頁。

35 張蓉初譯：《紅檔雜誌有關中國交涉史料選譯》，206頁。

英，試問何術以緩之哉？」[36]次日翁又記云：「飯後合肥（李鴻章）抄吳王（烏赫托姆斯基，Prince Oukhromski，華俄道勝銀行董事長）電，謂若不借俄，則伊與戶部（俄國財政部）代中國出力之處前功盡棄，再緩數日即遲矣云云。合肥頗急，令璞科第電微德商半借，又請速發許電令赴俄京，至如何拒英則並無一字也。晚再詣合肥，值其它出，作函告以恭邸未入，須明晨會商。」[37]這些記載隱約證明俄人所說與李鴻章的密談確曾有過，而翁對李不考慮全域，一味主張借俄款並不以為然。這種情況下，他怎會傾向主張借俄款並與李「分潤」？巴甫洛夫在沒有見到翁的情況下，便如此臆斷，確有些匪夷所思。

張蔭桓是總署大臣中的活躍人物，在膠州灣、旅大交涉前後他的親英傾向十分明顯，與李鴻章時有分歧。儘管俄國人知道未必能徹底扭轉他對俄國的態度，但設法接近這位總署中實權人物還是必要的，甚至是必需的。二十六日晚，璞科第、巴甫洛夫與張蔭桓進行了秘密會面，這從張日記「至俄館一談」[38]的記載得到了證實，可惜談話內容日記中毫無反映。巴甫洛夫稱張蔭桓「保證」，俄國人「在此事及以後的事件上可以完全信任他」，[39]這種常見的外交辭令恐不能說明張已被收買，事實上，張蔭桓在總理衙門中與李鴻章大唱反調，力主借英款，後來的英德續借款即是在他與赫德的秘密操縱下達成的。

從上述情況看，在與英國爭奪對華借款權的過程中，俄國人確曾有過借助賄賂手段達到借款目的的計劃，並進行了具體的實施，這從中文文獻中基本得到了證實，但實際上並未奏效。究其原因，一方面，英、俄明爭暗鬥，都向清政府施加巨大壓力，總理衙門感到左右

---

36 陳義傑整理：《翁同龢日記》第6冊，3086頁。
37 陳義傑整理：《翁同龢日記》第6冊，3086-3087頁。
38 王貴忱注釋：《張蔭桓戊戌日記手稿》，5頁。
39 張蓉初譯：《紅檔雜誌有關中國交涉史料選譯》，206頁。

為難；另一方面，清廷內部也存在分歧。後來，作為一種妥協的產
物，經過商議，總理衙門於一月二十七日向英、俄提議各借五千萬兩，
試圖平息衝突。李鴻章親擬致許景澄電，告以「今為調停計，擬各借
一半五千萬，以全兩國體面交情」，[40]令許馳往俄都商談。可是，由於
英、俄都堅決反對清政府向對方借款，事態遂陷入了僵局。至此，俄
國人試圖通過賄賂清廷官員取得借款權的計劃最終化為了泡影。

## 三　強租旅大過程中的「收買」活動

如果證之中文方面的資料，《紅檔》雜誌刊載的關於旅大租借的
函電則有相當的疑問。

璞科第與巴甫洛夫為何考慮在租借旅大問題上也同樣使用賄賂的
手段，並向彼得堡方面請示後得到授權，有關原委目前尚不清楚（很
可能北京與彼得堡之間還有其它相關函電談到這一問題，而《紅檔》
雜誌未能全部披露，或者中文譯者沒有全部翻譯；有關情況在羅曼諾
夫引證的財政部檔案中同樣也無痕跡可尋）。值得注意的是，《紅檔》
所載函電中最早因租借旅大決定收買李、張的密電是一八九八年三月
二十一日發出的，而中俄簽訂租借條約是在三月二十七日，中間只隔
一個星期。不管是維特的回憶錄還是羅曼諾夫的相關研究，都肯定在
這個短暫的期限內，因向李鴻章和張蔭桓許以重金，才扭轉了局面，
保證了租借條約的順利簽訂，避免了因俄軍強行登陸而引發的衝突。
這種說法淡化了俄艦已開入旅大的事實，誇大了當時李、張實際所能
起到的作用，其可信性值得商榷。

在一八九七年底到一八九八年初的中俄交涉中，借款與租港兩個

---

40 李鴻章：《致許使》，光緒二十四年正月初六日申刻，見顧廷龍、葉亞廉主編：《李
　鴻章全集・電稿三》，815-816頁，上海，上海人民出版社，1987。

問題始終交織在一起。早在一八九七年十一月二十三日，即膠州灣事
件發生後不久，俄國外交大臣穆拉維約夫（Mouraviev）便提議「用
艦隊佔領」遼東半島的大連灣。起初，在俄國遠東外交事務上有很大
發言權的財政大臣維特極力表示反對這種做法。他並不是不想佔領中
國的海口，而是反對「強佔」這種形式。穆拉維約夫對維特長期染指
遠東事務、過多干預自己職權範圍的做法也不甚滿意，俄國政府內部
存在明顯的意見分歧。然而，由於沙皇全力支持武力佔領旅大，維特
很快改變了立場，轉而支持穆拉維約夫的建議，不過，他表面上繼續
奉行所謂的「和平」政策，希望採用稍微緩和的辦法達到租借軍港的
目的。十二月十六日，俄國艦隊以同盟者的身份開入旅順口，俄方聲
稱這是臨時措施，一俟膠州事件解決當即撤退。實際上，俄國與德國
相互勾結，以承認德佔領膠州灣為條件，換取了對方對佔領旅大的支
持；同時又與英、日兩國討價還價達成了默契。特別是彼得堡方面權
衡利弊後，決定自行放棄對華借款，對英國讓步；同時擺出了向中國
「效勞」的一種姿態。俄國人向總署提出，「願意幫助中國人擺脫困
境」，「不僅不會反對向英國借款，相反，還將在借款一事上給予中國
各種幫助，並利用自己的影響使英國降低它提出的條件」。但作為酬
謝，中國與俄國簽訂租借旅順和大連灣的條約，並聲稱，俄國在任何
情況下「都不會放棄」這些條件。[41]正是因為英、俄已達成交易，才促
動了一八九八年三月一日英德續借款合同的簽訂；合同的簽訂又轉而
成為俄國向清政府發難的契機。俄國人在「深感失望」的同時，開始
蠻橫地索取「補償」。三月三日巴甫洛夫到總署，「專言旅大租地及造
支路達黃海兩事，以為其君決定要辦，限五日照覆」。[42]總署諸臣仰天

41 參見《俄國在滿洲（1892-1906）》及《日俄戰爭外交史綱》的有關章節。
42 陳義傑整理：《翁同龢日記》第6冊，3098頁。

無策，「恭（王）語塞，慶（王）稍申，餘皆默」。[43]清廷恐在北京交涉
易惹各國注目，遂決定派駐德國公使許景澄為頭等欽差大臣，赴彼得
堡與俄國政府直接舉行會談，駐俄公使楊儒為會辦，協助談判事宜。
三月十三日，巴限定中國方面在兩星期內簽訂租借條約。三月十五日
在俄京談判的許景澄電告總署，旅順口難以挽回，李雖致電「堅持勿
許」，而終無辦法，只得退而求其次，建議「於大連稍參活筆」。[44]三
月十七日許回電，稱已見俄君，所索不肯讓，限三月二十七日必須訂
約，「過期無復，俄國即自行辦理，不能顧全聯盟交誼」，並表示「俄
計已決，無論何國出阻，均所不計」。[45]三月二十日，許景澄見俄方限
期已近，再次約見俄國外交大臣穆拉維約夫，後者竟然避而不見。同
時，俄國還由符拉迪沃斯托克出動軍艦，運載部分武裝人員到旅順
口，以加強先期到達的俄軍。[46]

　　非常明顯，到三月二十一日，事態已經發展到對中國下最後通牒
的地步。俄國已協調好了與列強的關係，俄艦和武裝人員（雖人數不
多）已佔據了旅順口，脅迫清政府簽約只是一個時間問題了。這種局
面下，清政府的態度早已不是決定性的因素了；換言之，即使像俄國
檔案裡所說的，負責對俄談判的李鴻章、張蔭桓真的被「收買」了，
那麼他們在「促成」旅大租借方面的作用也很難說是根本性的。維特
回憶錄稱，居於頤和園的慈禧太后「受了英日兩國外交官的影響，堅
決不肯割讓任何地方」，後因李、張二人「勸她讓步」，「太后終於答
應簽署協定」。[47]這一說法並不準確。從中方文獻看，慈禧太后當時並

---

43 陳義傑整理：《翁同龢日記》第6冊，3098頁。
44 陳義傑整理：《翁同龢日記》第6冊，3102頁。
45 《許文肅公遺集》卷10，電報，30頁，民國刊本。
46 上述有關旅大交涉的過程主要參考了中國社會科學院近代史所編《沙俄侵華史》第
　　4卷的相關章節。
47 《維特伯爵回憶錄》，79-80頁。

未召見李、張二人。迄今為止，沒有任何資料能夠說明李、張為了實踐對俄國人的「承諾」而勸說了哪些人（包括慈禧太后和光緒皇帝），而且也沒有確鑿的材料說明清廷曾有過欲用武力阻止俄國人的考慮，所以，維特回憶錄裏所謂因使用了賄賂手段而避免武力衝突的說法完全缺乏事實依據。

另外，從中文資料反映的情況看，當時北京城內朝野上下群情激憤，反俄聲勢高漲，總理衙門的大臣們惟恐擔負責任，紛紛退避。這種情勢下李、張是否會冒天下之大不韙，受到俄人利誘而為其奔走效力，出賣民族利益，這一點確實不能貿然定論。

據翁同龢日記，三月十二日晚，巴甫洛夫到總署「大鬧」，「謂旅大租地開通鐵路斷不能改，已奉訓條在此議論，限一日復，至緩兩日」。[48]次日軍機召見後，翁訪晤李鴻章，「傳旨令李、張二公赴俄使館與巴使語」。不料，「已而儀公（李鴻章，號儀叟）信來，云樵野頗腫不能出門，彼一人不能獨往」。[49]是日張日記云：「合肥約午初來晤，謂常熟頃過訪，述口敕奉派與余商論俄事。餘以須候竹篔（許景澄）來電，刻難與俄參贊晤商，且樞中迄無辦法，從何說起。合肥出示說帖，謂曾示常熟，不肯擔當，須明早在大公所晤恭邸。餘以寒疾不能往為辭。合肥不強，遂索紙墨，貽常熟一箋。」[50]這些記述十分生動地說明朝臣們相互推諉的內情，特別是張蔭桓以寒疾為理由推託迴避，表現得很消極。十五日，許景澄電告，「旅大事與外部言難挽回」，光緒帝盛怒，「切責諸臣一事不辦」，[51]然眾議仍無良策。領班軍機大臣恭王奕訢因病請假，軍機大臣們最終仍將李、張推到了前臺。

---

48 陳義傑整理：《翁同龢日記》第6冊，3101頁。

49 陳義傑整理：《翁同龢日記》第6冊，3101頁。

50 王貴忱注釋：《張蔭桓戊戌日記手稿》，57-58頁。

51 陳義傑整理：《翁同龢日記》第6冊，3101-3102頁。

據張蔭桓日記，三月二十日，總辦送來軍機處交片，張與李鴻章「奉派與俄使面議，王大臣仍會商妥辦」。這是光緒在群臣一連幾天的沉默後作出的決定，意味著談判的直接責任落在了李、張二人身上。張氏記云：「一點鐘巴（巴甫洛夫）來，常熟、受之（崇禮）、筠丈（許應騤，號筠庵）與余出晤，傅相（李鴻章）亦到。巴出條款一折，常熟閱竟即離座。仲山（廖壽恒）來，余囑以詳閱。仲山閱過，亦行。傅相與之辯論。余饑甚，回西堂午食。復出晤，皆無切要語。巴索再會期，訂以初二日三點鐘，巴遂去。其時，常熟、仲山、筠丈早行矣。」[52]這段有關諸大臣紛紛趨避的記載，不免有張蔭桓宣洩情緒的一面，而大致也是當時實情。

二十一日，光緒帝駐蹕頤和園，早晨張氏即得到消息，次日一早將與李鴻章一起被召見，所以必須在天黑前由城裏趕到頤和園，以便二十二日早晨預備召見。張在「午後詣問恭邸病，並告以即日赴園」。[53]是晚，李、張及廖壽恒在翁氏住處略談，據翁記，「（李、張）兩公皆無策，互相駁詰，空言而已」。[54]事已至此，李、張二人仍然互相指責，可見成見之深。

二十二日晨，光緒帝同時召見李鴻章、張蔭桓。召見前，張蔭桓對於被安排辦理旅大交涉事宜頗有怒言，稱「以奉派俄事，毀我二人而已」。這裡可能主要是針對翁同龢而言的。李則以「同歸於盡，豈毀二人之足」答之。有關召見時的情形，張蔭桓記云：

> 上諭合肥：俄事如此，爾去年密約如何立的？合肥奏言：現事不決裂，密約仍有。隨請旨作何辦法。上諭：爾們打算怎樣？

---

52 王貴忱注釋：《張蔭桓戊戌日記手稿》，64頁。
53 王貴忱注釋：《張蔭桓戊戌日記手稿》，64頁。
54 陳義傑整理：《翁同龢日記》第6冊，3104頁。

合肥奏言：皇上曾商太后否？上諭：爾們都無辦法，如何能商
量太后？合肥伏喘無言。上諭：蔭桓有辦法麼？當奏言：容通
籌妥當，請旨遵行。上詢：要請旨麼？徐奏言：商量後奏明辦
理。上詞色略霽，垂詢合肥：爾正月患喉症麼？合肥奏言：已
愈。旋詢蔭桓：聞爾這幾日亦有病。當碰頭奏言：亦患寒症在
喉，數日始解。上領之，徐徐諭：總理衙門事，責成爾兩人。
合肥奏言：無日不到署。蔭桓奏言：竭心力以圖報，近事棘
手，亦在聖明鑒中。上領之，令出，合肥不能起，掖之。上
諭：站定乃行，勿急遽出。至軍機直廬，慶邸坐候，合肥與談
俄事。未幾，樞輔進見後回論一遍。余以俄情不測，拒之即生
變，此人人意之，允之，而俄交能否永固，實不可必。且各國
能無違言亦不可必，以故委決不下。慶邸、仲山韙余言，合肥
置不答。[55]

從張蔭桓日記中可以看到，光緒帝對李鴻章聯俄政策的失敗進行
了批評，對中俄交涉中總署的艱難處境，以及大臣們藉口推託的情況
也有所瞭解，所以明確表示將「總理衙門事」責成李、張兩人負責，
希望他們承擔起責任。是日翁日記云：「慶邸來談，稍聞昨日入見
語，然實無措置，今日李、張起，上亦不能斷也。見起三刻……衡量
時局，諸臣皆揮涕，是何氣象，負罪深矣。退時慶、李、張邀談，大
約除允行外別無法，至英、日、法同時將起，更無法矣。」[56]翁日記
所說慶王「入見語」當指慈禧召見時的談話，詳情如何，已不可考。
不過，從張、翁的日記裏都可看出，這一天君臣均認為別無辦法，只
得允行，剩下所要討論的便是一些具體問題了。

---

55 王貴忱注釋：《張蔭桓戊戌日記手稿》，67-70頁。
56 陳義傑整理：《翁同龢日記》第6冊，3104頁。

　　二十三日，光緒帝單獨召見張蔭桓，張將「俄事委決不下之故奏陳，上頷之，諭以好好辦去」。[57]這次召見已定由張和李鴻章一起與俄使畫押，張則極力主張由李鴻章一人為專使辦理俄事，但未獲同意。[58]事後張蔭桓按照事先約定，又至總署，「接晤俄使巴百諾福，商論條款甚吃力」。[59]對此，翁日記亦云：「申初，巴布羅福偕博柏福來，慶邸、李、張、許、廖、崇及余晤之。先辨旅順，不許；繼辨鐵路，不許；惟刪附近地方四字，加不得有督撫名目一句，償還船塢、兵房等費。至金州，堅持不得入租界，伊允電商，余概不允，直至戌初始罷。」[60]面對俄國人的蠻橫，總署大臣們無可奈何。

　　次日，光緒帝又召見李鴻章，「不過囑其慎重，並無譙訶」，[61]顯示出對臣僚處境的理解與體諒。是日張日記云：「午後至署，與俄使論條約，燈後始散。常熟在座，旅大船塢、局房合肥欲索價，常熟和之，余與仲山不謂然。不得已並作租價，再定鐵軌支路一層。俄若無定向，極費唇舌。」[62]這些記述表明，在有關細節問題上李、張等人仍有分歧。二十七日，李鴻章、張蔭桓代表清政府與巴甫洛夫簽訂了租借旅大的協定。

　　以上為旅大租借協定簽訂前夕清廷決策過程的大致情形。當時，在俄國人的恫嚇和威逼下，大臣們都感到局勢難以挽回，生怕被陷在這樁只能帶來罵名的交涉中，紛紛藉故逃避，李鴻章、張蔭桓也不例外。作為當事人，張蔭桓的日記自然會有替自己開脫和辯護的地方，誇大和片面的地方在所難免，不過將其與翁同龢日記等比較分析，大

---

57　王貴忱注釋：《張蔭桓戊戌日記手稿》，73頁。
58　王貴忱注釋：《張蔭桓戊戌日記手稿》，77頁。
59　王貴忱注釋：《張蔭桓戊戌日記手稿》，73頁。
60　陳義傑整理：《翁同龢日記》第6冊，3104頁。
61　陳義傑整理：《翁同龢日記》第6冊，3109頁。
62　王貴忱注釋：《張蔭桓戊戌日記手稿》，74頁。

部分情況還是客觀可信的。從根本上說，旅大訂約是俄國武力強佔和外交訛詐的結果。然而，三月二十四日巴甫洛夫給彼得堡的密電卻稱「允許的報酬起了應有的作用」，說「李鴻章和張蔭桓顯然已使其它大臣及親王等對此發生興趣」，[63]這裡將旅大租借協議的簽訂完全歸結於李、張的極力促成，恐怕與事實有相當的距離。

維特筆下反映出的李、張積極為俄國「效力」的情況，與其說是事實，倒不如說反映了他時隔多年以後撰寫回憶錄時的心態。這位後來被尼古拉二世罷黜的政府核心人物，在一九〇六年後只有通過撰寫回憶錄來表白自己的「歷史功績」。在回憶錄中，維特並不諱言當時與外交部在遠東政策上的不和，他視穆拉維約夫為「侵略主義的冒險家」。儘管在一八九八年春他對穆拉維約夫建議武力佔領旅順口予以了事實上的認同和支持，事後也得到了穆氏「衷心的感謝」，[64]可多年後卻仍然鼓吹其「和平」政策的神奇力量，與昔日的政敵暗比高下。為了顯示自己在旅大交涉中的功勞，維特甚至吹噓，他令下屬從事的收買活動是瞞著尼古拉二世進行的，事後頗使沙皇感到「意外」。而核諸《紅檔》披露的函電，可知此事先已徵得沙皇的同意。這些細節的差異有可能是多年後回憶的失誤，但的確流露出了維特誇功的心態。實際上，羅曼諾夫很早就批評說：「他在生前用盡了千方百計，死後又用他自己的《回憶錄》，以利於製造並最廣泛地散布一種神話，似乎他的政策純粹是『和平』性質的。」[65]只有瞭解維特晚年落魄的政治處境，及其回憶錄中透露出的自我吹捧的傾向，才能對他渲染「賄賂」手段的作用作出合理的解釋。

對於羅曼諾夫的研究，蔣廷黻在為民耿譯《帝俄侵略滿洲史》所

---

63 張蓉初譯：《紅檔雜誌有關中國交涉史料選譯》，208頁。
64 羅曼諾夫：《俄國在滿洲（1892-1906）》，180頁。
65 羅曼諾夫：《俄國在滿洲（1892-1906）》，6頁。

作序言中評價說：「著者所用的材料幾全是俄國方面的，所謂滿洲問題是個多面的問題，他方的材料，尤其是中日兩方的材料，如不利用，那事情的真相就不易得見了。」[66]這番論述是針對羅曼諾夫的總體研究而言的，當然也涵蓋像李鴻章、張蔭桓「受賄」這樣的細節問題。由於連隻字片語的中文原始材料都沒有引證，使得羅曼諾夫對清政府的決策過程及其內部分歧，特別是對李鴻章、張蔭桓的處境，十分隔膜。在此情況下僅僅依據俄方的材料得出的結論自然難見「真相」了。

如果進一步比較研究中俄雙方的原始資料，璞科第與巴甫洛夫在函電中說的與李、張「機密會談」及「付款」情況是否可信，仍可作深入分析。

根據《紅檔》，三月二十一日巴甫洛夫與璞科第再次電告彼得堡方面，稱「今天」與李鴻章、張蔭桓會面，「作機密語」，告訴他們，假使旅順口及大連灣問題在三月二十七日辦妥，並不需要俄方的非常措施時，「當各酬他們五十萬兩」。據稱，「兩位大臣均申訴自己的地位非常艱難並述及官吏階級憤激心情，向皇帝上了無數申請書」，勿對俄國的要求讓步。[67]中國士大夫心情憤激，上書反對向俄國讓步，這些情況即使不與李、張會面，俄國人也能瞭解到。從電文語境看，電報是與李、張二人「密談」後發出的。由於該函電並未詳細說明密談的地點與具體時刻，現在只能依據翁同龢、張蔭桓日記的記載，來分析其可能性與合理性。

據翁日記，三月二十一日這天光緒帝駐蹕頤和園，早晨召見樞臣，「論俄事良久，命傳李鴻章、張蔭桓明日預備召見，巳初散」。這一天李、張均在城裏寓所，從時間上看，軍機召見散值已在「巳

---

66 民耿譯：《帝俄侵略滿洲史》，上海，商務印書館，1937。

67 張蓉初譯：《紅檔雜誌有關中國交涉史料選譯》，207頁。

初」，若繕擬諭旨交片完畢，再送進城裏，李、張奉到似已近午時。
以情理推之，俄國人是在得知「明天兩位大臣都將向皇帝作報告」[68]
的消息後，才與李、張「密談」的。如果有過「密談」，也不會在這
天上午；而下午進行過「密談」的可能性也很小，至少從張蔭桓日記
中看不出來。張在得到軍機處交片後，天黑前須由城裏趕到頤和園，
以便次日早晨預備召見。據張氏日記，他在「午後詣問恭邸病，並告
以即日赴園」。據翁日記，張到園時已戌正（晚8點鐘）。[69]從離開恭王
府邸到抵達頤和園期間，張蔭桓的行蹤在其日記中並無反映，但如果
說這期間他與李鴻章一起會晤過俄國人，可能性基本不存在。巴甫洛
夫和璞科第對李鴻章與張蔭桓之間的矛盾不可能不瞭解，似乎不會將
兩位約在一起同時「密談」（此前為借款問題則是分別約見的）。巴甫
洛夫和璞科第與李、張分別「密談」的可能性同樣不大。李鴻章午間
奉到交片後於申正（傍晚4點鐘）抵達頤和園，[70]午後這段時間裏他與
張各自活動，俄國人如何能隨機安排與二人分頭「密談」呢？況且，
在白天與李、張商談如此機密的事宜，怎能避人耳目？這與此前為借
款事在夜間秘密約見李、張的情況也形成鮮明的對照。另外，從李、
張面臨的處境分析，談判已到關鍵時刻，他們又怎會與俄國官員悄悄
進行私人性會晤？這些情況在情理上很難講通。

　　二十四日，巴甫洛夫給彼得堡的密電稱「允許的報酬起了應有的
作用」，急切地提出，「希望在三月十五日（西曆3月27日）簽訂條約
以後即迅速支付所允款項」。[71]由於二十三日清廷已決定派李、張畫
押，按期簽約已不成問題了。這種情況下，在巴甫洛夫看來，兌現承

---

68　張蓉初譯：《紅檔雜誌有關中國交涉史料選譯》，207頁。

69　陳義傑整理：《翁同龢日記》第6冊，3104頁。

70　陳義傑整理：《翁同龢日記》第6冊，3104頁。

71　張蓉初譯：《紅檔雜誌有關中國交涉史料選譯》，208頁。

諾、按時付款似乎是更重要的事情。三月二十八日，即條約簽訂的次日，璞科第致電維特，稱他已「付給李鴻章五十萬兩（按北京習慣所用市平銀重量——原注），計值四十八萬六千五百萬兩（按銀行所用公砝兩重量折算——原注）。」[72]據說，「李鴻章甚為滿意」，並請向維特「深致謝意」。這一繪聲繪色的情景在中文資料中得不到任何印證，像李鴻章這樣一位長期主持清廷外交決策且爵位顯赫的大臣，是否會因貪戀錢財以至淪落到如此境地，實在值得懷疑。

在二十八日的密電中，璞科第稱「沒有機會將款交給張蔭桓，因為他非常小心」。四月八日，他又致電維特說：「我和張蔭桓機密談判關於付他五十萬兩之事，他對目下收款一事非常害怕，據說對於他的受賄已有無數控告，他寧願等到閒話平息以後。我告他所允付他款項無論如何是歸他支配的。」這裡所說張蔭桓受到控告可能是指英德續借款而言，當時北京官場中傳言張從中吞佔了巨額回扣，但是直到六月份言官才紛紛上疏糾彈，此時仍只是私下傳言而已，璞科第對這些情況已有瞭解，可見消息之靈通。同樣，這份電文也未說清楚與張蔭桓「機密談判」的具體時間和地點。從情理推斷，時間應在發密電當天或前不久。從張氏日記看，四月五日巴甫洛夫到文華殿覲見光緒皇帝，呈遞國電，與張或有會面，尚不至於有密談之機會；四月六日下午張出城，七日、八日兩天均在頤和園，八日晚回城，[73]亦無與璞科第或巴甫洛夫會面的記載。查張蔭桓戊戌年日記，曾有兩次提及璞科第，但時間均在四月以後。五月二十九日記記：「餘至署，適璞科第來見，與合肥同晤。」[74]六月一日又記：「六點鐘璞科第來言，赴旅順，恐山西鐵路為盧沙第（S. Luzzatti，也作羅沙底，意大利商人）所擠，

72 張蓉初譯：《紅檔雜誌有關中國交涉史料選譯》，209-210頁。

73 王貴忱注釋：《張蔭桓戊戌日記手稿》，89頁。

74 王貴忱注釋：《張蔭桓戊戌日記手稿》，150頁。

絮咶而去。」[75]這兩次見面，一次在總署，一次是在張氏府第，可能與商議華俄道勝銀行向山西地方當局借款修建柳（林堡）太（原）鐵路簽約有關。[76]二人能在張氏私第會晤，恐怕不能說沒有機會將款交給張蔭桓。但根據《紅檔》雜誌所刊函電，直到九月二十一日戊戌政變發生，璞科第始終沒有付款給張蔭桓，這也是令人費解之處。

俄國人對李、張從來都不是等量齊觀的，在謀求借款的收買活動中，分別以五十萬兩和二十五萬兩的差額價碼收買二人，即是最好的說明。然而，一八九八年三月二十一日卻出現了承諾給予李、張同等的五十萬兩鉅款的情況。如果說這是因為俄國方面突然感到張蔭桓即將發揮重要作用而臨時改變了以往對他的態度，也不是沒有理由。可是，從《紅檔》載函電看，俄國人通過向李鴻章百分之百兌現「承諾」體現出的「信義」，並沒有完全落實在張蔭桓身上。如此說來，俄國人聲稱他們履行了對李鴻章的「信義」本身就值得懷疑。

總之，《紅檔》所刊借款函電和租借旅大函電反映的情況有明顯不同。儘管關於借款的六件函電中個別說法與實情有所出入，但基本情節（如時間、地點）均很具體，且與有關中文資料相吻合；關於旅大問題的十五件電文中反映的情況則很模糊，諸如與李、張「作機密語」的具體時間、地點均不明確。這種「虛」表達恐怕不是語言翻譯的問題。如果考慮到這些最關鍵的情節並未得到中文資料的任何印證，那麼，這些事情是否真的發生過，也不是不可以懷疑的。

---

75 王貴忱注釋：《張蔭桓戊戌日記手稿》，155頁。

76 1898年春華俄道勝銀行向山西商務局借款修建柳太鐵路因受到山西士紳反對而出現波折，總理衙門曾奉旨討論此事，經璞科第與巴甫洛夫與總署談判，1898年5月借款合同正式簽訂。參見宓汝成：《帝國主義與中國鐵路》，84-85頁，上海，上海人民出版社，1980。

## 四　結語

由於原始材料的缺乏，要想廓清事實，徹底解決歧異，可能仍有相當的困難。但是，通過對現有材料的耙梳比證，可以認為，以往僅憑俄國單方面的材料作出李、張「受賄」的定論是不適當的，俄國檔案反映的情況存在諸多疑點。也有學者推斷，有可能是俄國駐華官員私吞了這筆款項。[77]考慮到當時璞科第與巴甫洛夫致彼得堡方面的函電中存在許多疑點，這種推斷也有其道理所在，但最終結論恐怕仍然需要切實的證據。

事實上，在收買中國官員的過程中，身在彼得堡的維特關心的只是最終效果，對具體實施過程的掌控則鞭長莫及；由於得到授權，璞科第與巴甫洛夫二人擁有「就地共同商量必需的款項」的權力。璞、巴各自從北京向國內彙報情況，將收買活動的每一次進展分別致電財政部和外交部。這種做法表明，支付巨額賄款是得到批准的，並且兩人之間存在一定程度的監督，至少，檔案中反映的情況是這樣的。然而，這種互證式的監督，可能正好是兩位駐北京的俄國官員相互勾結、監守自盜的障眼法。璞科第與巴甫洛夫所謂一八九八年三月二十一日與李、張「作機密語」之事可能確係子虛烏有，只不過是他們為私吞鉅款向國內編造的藉口。簽約次日，他們便迫不及待地將政府名下的公款轉為私人款項，「交給了」李鴻章，並及時告知了彼得堡方面，看上去似乎俄國人很講「信義」，其實這筆錢是否真的交給了李鴻章，還是大有疑問的。

在研究旅大交涉問題時，有論者將李鴻章的「受賄」嫌疑與其親俄外交並論之，這種說法值得商榷。以借款問題為例，儘管總署諸臣

---

77　參見袁偉時：《晚清大變局中的思潮和人物》，318頁。

中李鴻章借俄款的傾向最為明顯，但因此便得出他受到俄國人金錢誘惑的結論也未必恰當。事實上，甲午戰爭後李鴻章一直宣導和實踐聯俄外交，並得到清廷的全力支持，主張借俄款正是其聯俄政策新的體現。即使具體到借款本身，李鴻章也並非毫無原則，大多情況下他仍然施「以夷制夷」的計策，希望利用英國來牽制俄國，迫使其降低借款條件。前述俄方函電中所記一八九八年一月二十三日他與璞科第、巴甫洛夫的密談即是一個有力的說明。

　　將視野放在十九世紀的帝國主義時代，或許更有助於我們理解俄國侵略政策的複雜性。以收買活動和間諜行為為特徵的黑金外交是近代國際關係中司空見慣的事，只不過作為軍事封建帝國主義的沙皇俄國在對華政策上更加重視這一手段而已。《紅檔》雜誌披露的函電中還有其它用金錢收買中國各級官員的記載。[78]這些檔案文獻最能充分說明的應該是俄國人視收買為重要手段並加以實施的事實，而不能直接作為中國官員受賄的依據。畢竟，俄國人蓄意收買的動機並不能代替中國官員受賄的實際結果，二者之間不能直接畫等號。[79]可以想見，李、張乃至其它中國官員對俄國人這種伎倆，不會聞所未聞，毫無防範。俄國人的陰謀有時也會得逞，清廷官員中也難免有見利忘義之徒，但是像李鴻章、張蔭桓這樣長期主持外交活動的核心人物，因受到利誘而赤裸裸地出賣民族利益，此說恐不可輕易相信。

　　筆者以為，一八九八年十月四日璞科第稱張請求「再付他一萬五

---

78　這些情況散見於羅曼諾夫《俄國在滿洲（1892-1906）》151、228-231、279、298頁等。俄國人擬收買的對象除了李鴻章、張蔭桓外，還包括李氏之子李經方、王文韶等。

79　中文文獻中也有俄人從事收買活動的反映。孔祥吉先生在檢閱史料時，發現一份題為「俄使行賄紀實」的未刊文稿，談及庚子議和期間璞科第試圖以20萬兩的銀票收買李鴻章的侄婿徐厚祥，以獲取機密電報的情形。參見孔祥吉：《俄使行賄揭秘》，收入《晚清佚聞叢考——以戊戌維新為中心》，成都，巴蜀書社，1998。

千兩」，可能實有其事，惟與租借旅大事似無關係。精通漢學的璞科第以商人身份長期活動於北京官場，結交權貴，偵探各種消息，從事間諜活動，[80]他與張蔭桓也有一定交往。張下獄後家產被查抄，復遭獄吏勒索，經濟陷入困境，[81]向璞科第求援不是沒有可能的。按照俄國人的說法，巴甫洛夫同意張的請求是「因為可以使以前在張蔭桓手下中國官吏對我國有良好的印象，可能以後對我國有用」，[82]這裡並沒有說與兌現租借旅大時的許諾有什麼關係，而是出於拉攏這位連絡人、培植親俄勢力的政治目的。[83]另外，根據俄國財政部檔案，一八九八年五月和十一月（俄歷）俄方曾兩次付給張總計「五萬一千一百七十一盧布一戈比」的款項，這筆錢是由李鴻章基金中支出的，但是否確實與旅大交涉有關，羅曼諾夫交代的也不很清楚，很可能是利用檔案本身不全的緣故。五月的這筆開銷未必與租借旅大相關，從張蔭桓戊戌日記分析，很可能與柳太鐵路有關。像張氏這樣在清季購買艦艇、舉借洋債等涉外商業活動中分潤傭金、收受回扣的當權派官員，鐵路礦務同樣是取財之道，璞科第以商人的身份代表華俄道勝銀行為促成柳太鐵路事賄賂張蔭桓，似非意外之事。由此聯繫起來分析，外交部檔案稱十月四日俄方同意予以張一點五萬兩，或許就是財政部檔

---

80 璞科第甚至通過白雲觀的高道士結交深受慈禧寵信的太監李蓮英，以探取機密消息。參見蔡鴻生：《璞科第與白雲觀高道士》，載《近代史研究》1991年第1期。

81 參見馬忠文：《張蔭桓流放新疆前後事蹟考述》，載《新疆大學學報》1996年第4期。

82 張蓉初譯：《紅檔雜誌有關中國交涉史料選譯》，212頁。

83 從種種情況分析，在張手下任事並深得其信任的首推是梁誠（字震東，後來曾任駐美公使）。張蔭桓下獄後，梁誠四處奔走，疏通關節。據英國《泰晤士報》駐華記者莫理循稱，一些英國人曾計劃在流放途中將張劫持到英國使館保護起來，他們便是通過梁誠將消息設法告訴張蔭桓的，但遭到張的拒絕（參閱駱惠敏編：《清末民初政情內幕——莫理循書信集》上冊，115頁，注釋2）。所以，代表張蔭桓向璞科第求援的這位神秘人物可能仍是梁誠，況且戊戌年八月張氏西行途中也確實出現過他的蹤跡。參見王慶保、曹景郕：《驛舍探幽錄》，《戊戌變法》叢刊第1冊。

案裏所說的十一月（俄歷）那次付款。可能因為有前一次付款，所以又有後來「（請求？）再付他一萬五千兩」之事，這是目前條件下我們對俄國檔案之間相互矛盾所能作出的唯一解釋。可以推斷，張蔭桓與俄國人之間的金錢因緣多與中俄間的經濟活動有關，他似乎不會利用像租借海港這樣純粹涉及國家主權的重大問題去謀取私利。理由很簡單，在與洋人的交往中，很多像張蔭桓這樣的官員通過介入商務活動獲取利益才最安全便捷和「心安理得」，當然，按照現代的說法，這其中也包含著滋生腐敗的權力尋租問題。

原載《學術界》二〇〇三年第二期

中篇

# 黃遵憲與張蔭桓關係述論

　　有關黃遵憲與張蔭桓的關係很早就受到學者的關注，但系統而專門的研究仍較缺乏。[1]隨著研究視野的開闊和新材料的披露，全面探討這兩位粵籍人士的政治交誼，對於推進晚清政治史特別是戊戌變法史的研究有著深刻的意義。

　　張蔭桓，字皓巒，號樵野，廣東南海人，捐班出身。同治初年入山東巡撫閻敬銘和丁寶楨幕，開始投身於洋務活動。光緒十年（1884年）曾一度入總署供職。光緒十二年（1886年）受命出使美國、西班牙、秘魯三國。光緒十五年（1889年）任滿歸國後以太僕寺卿在總理衙門大臣上行走，數年間遷至戶部左侍郎。甲午戰爭後，張氏積極結援軍機大臣、戶部尚書翁同龢，日益受到光緒帝賞識，逐漸成為影響政局之「幕後大人物」。[2]黃遵憲與張蔭桓為粵籍同鄉，均持節出洋。他們諳熟西學，志同道合，在戊戌維新中積極宣導變法，與晚清政局變遷頗有關係。許多跡象表明，戊戌年春張蔭桓向光緒帝推薦《日本國志》，密薦黃遵憲，為其在朝中最大的支持者。

---

1　以往論著中對黃遵憲、張蔭桓關係的記述比較零碎分散，可參見黃遵楷：《先兄公度先生事實述略》（見黃遵憲著，錢仲聯箋注：《人境廬詩草箋注》下冊，附錄二，上海，上海古籍出版社，1981）；吳天任：《黃公度先生傳稿》，香港，中文大學出版社，1972；錢仲聯：《黃公度先生年譜》，《人境廬詩草箋注》下冊，附錄二；鄭海麟：《黃遵憲與近代中國》，北京，生活·讀書·新知三聯書店，1988。

2　黃濬：《花隨人聖庵摭憶》，464頁。

## 一　早期交往

　　黃遵憲與張蔭桓訂交似在光緒二年（1876年），其時張為署登萊青道，受丁寶楨委派在煙臺參與籌畫海防事宜，黃氏則侍父客居煙臺。由於中英馬嘉理案的談判在煙臺結束不久，世論於外交時局頗為關注。黃遵憲即在此時「識閩縣龔靄人易圖、南海張樵野蔭桓兩觀察，與樵野抵掌論當世之務」。[3]《人境廬詩草》收有數首當時黃與龔、張的唱和之作，頗見他們立志經世的理念。數月後黃參加順天府鄉試中式，不久隨何如璋出使日本，從而開始了他的外交生涯。光緒八年（1882年）春，黃以駐日本參贊調任駐三藩市總領事。張蔭桓則於光緒七年由山東調安徽徽寧池太廣道，後署理安徽按察使，因李鴻章、閻敬銘等人舉薦，光緒十年（1884年）夏入京預備召見。不久，被賞以三品京堂在總理衙門大臣上學習行走。光緒十三年（1887年）張蔭桓赴美，臨行前專門派人「檄召」剛從美國卸任歸國的黃遵憲至廣州，邀他繼續擔任駐三藩市總領事。黃以「限禁華工之例禍端未已，慮不勝任，力辭」。[4]三年後張氏自海外歸，再次入值總理衙門，此時，黃遵憲卻又隨薛福成出使英倫。次年（1891年），清廷在新加坡（當時稱新嘉坡）設總領事，總署選調黃氏充任。縱觀張、黃訂交十多年，晤面機會並不多，彼此卻欽服甚深。黃氏在新加坡所作《歲暮懷人詩》中有一首懷念張氏的詩云：「釋之廷尉由參乘，博望封侯自使槎。官職詩名看雙好，紛紛冠蓋遜清華。」[5]詩中對出身寒微卻才華橫溢、位列廷臣的張蔭桓極表讚譽。光緒二十年甲午（1894年）

---

3　錢仲聯：《黃公度先生年譜》，《人境廬詩草箋注》下冊，附錄二，1180頁。

4　黃遵憲：《題樵野丈運覽齋話別圖》「參預前箸籌」自注，《人境廬詩草箋注》下冊，738頁。

5　黃遵憲：《歲暮懷人詩》，《人境廬詩草箋注》下冊，547頁。

戰爭爆發，是年底清廷派張蔭桓、邵友濂以全權大臣赴日談判，抵達
上海後，張氏特召剛從新加坡解任回國、深悉日本國情的黃遵憲諮詢
對策。對此，黃氏後來有詩云：「公復探虎穴，經驅車前驅。絲彎黯
無華，雲旄慘垂旄。謂我識途馬，召我來諮諏。檄我千里船，揖我百
尺樓。」[6]當時情景可見一斑。其後張氏在廣島被日方蠻橫拒絕，清
廷覆命大學士李鴻章使日議和。李臨行前托滯留滬上的張蔭桓薦舉
「熟悉公法條約而有智略文筆者」，張氏復力舉黃遵憲。[7]後雖未成
行，卻見張氏對黃之推崇與器重。

## 二　黃遵憲使德遭拒的內幕

《馬關條約》簽訂後，朝野上下變法呼聲日益高漲。黃遵憲歸國
後受署理兩江總督張之洞委託主持江寧洋務局，辦理江南五省歷年累
積教案。在日漸興起的維新運動中，黃遵憲與張蔭桓都表現極為活
躍。是年（1895年）底，文廷式、陳熾等人在北京創設強學會，張蔭
桓即列贊助者之中；[8]黃遵憲則列名參加了稍後成立的上海強學會，
並結識了康有為，這反映出他們政治理念的一致。不久因北京強學會
被查封，上海之會亦無形解散，黃氏乃以上海強學會餘銀一二〇〇
兩，並自捐一千兩為經費，聯絡汪康年、梁啟超、吳德瀟等人，創辦
了著名的《時務報》，於光緒二十二年（1896年）七月初一發刊。這
份以宣傳西學和宣導變法為宗旨的新式報紙成為維新力量重要的輿論
陣地。黃、梁等人通過在總署任章京的張元濟將《時務報》贈送給包

---

6　黃遵憲：《題樵野丈運覽齋話別圖》，《人境廬詩草箋注》下冊，739頁。
7　參見顧廷龍、葉亞廉主編《李鴻章全集·電稿三》445、451頁所載李、張二人的往
　　來函電。
8　參見湯志鈞：《戊戌變法史》，140頁，北京，人民出版社，1984。

括張蔭桓在內的朝中官員。[9]

　　是年，黃遵憲受回任兩江總督的劉坤一委派，與日本領事珍田捨己會議蘇州開埠之事。黃遵憲以為蘇州非江海口岸可比，力持自營市政，在治外法權問題上尤不讓步，「珍田氏竟莫能難」。[10]時論謂「蘇界以黃公度所議為最善」，不料，「日本以限制過嚴，全然翻異」，[11]致使所議廢棄。九月，黃遵憲奉旨入覲。此次入朝得到張蔭桓全力相助，從稍後派黃出使及遭拒事件中頗能見其原委。

　　十月十九日（11月23日）廷旨令黃遵憲以道員加卿銜授出使德國大臣，同時放羅豐祿為出使英國大臣。然而，德方竟然表示拒絕。有關此次變故的內幕與原因，說法不一。[12]一般認為，本來總署與樞府擬定黃遵憲出使英國，後因總稅務司赫德從中作梗，總署「輒恐英人之不懌，於是奉派使德」，而「德人亦誤傳英人不願接而拒之」。[13]據翁同龢日記稱，十月十八日（11月22日）到總署交涉事件的英使臣談到黃時，「說黃遵憲在新嘉坡有扣商人四萬元欲入己，今留在新嘉坡總督署」。[14]英使所云當聞自於赫德，此即當軸者決定改派黃遵憲使德的潛因。不過，事情似乎並非如此簡單。事件發生時，汪大燮正在張蔭桓家充西席，他於是年十一月二十三日（12月27日）致汪康年的私函中，透露了一些局外人無法知道的內幕。不僅縷述了德國拒黃的詳

9　張元濟：《致汪康年》，張樹年、張人鳳編：《張元濟書札》（修訂本）中冊，651頁。

10　錢仲聯：《黃公度先生年譜》，《人境廬詩草箋注》下冊，附錄二，1217頁。

11　總署章京顧肇新致俞鍾穎函，光緒二十二年九月十四，轉引自《人境廬詩草箋注》下冊，1217頁。

12　參見錢仲聯：《黃公度先生年譜》，《人境廬詩草箋注》下冊，附錄二，1219-1222頁；吳天任：《黃公度先生傳稿》第4章，第6節。

13　黃遵楷：《先兄公度先生事實述略》，轉引自《人境廬詩草箋注》下冊，附錄二，1221頁。

14　陳義傑整理：《翁同龢日記》第5冊，2953頁。

盡原委，並述及張蔭桓從中挽救之情形。該函云：

> 公度星使事，近日已轉機，特將各情詳下：前月十四、五間
> 黃、羅、伍有召見之信，某使館筵宴，座有羅，德使海靜亦在
> 座。客詢使事，羅雲黃英、伍美、我則德也。十八（日）英使
> 臣以他事詣譯署言及黃，合肥遽生疑，以為不願黃往，傳於樞
> 臣。次日將揭曉，樞臣以合肥之疑詞對，倉卒間黃、羅易位。
> 海靜初聞羅言已電其國，至是其政府詰之，海疑簡使時譯署與
> 英商而不與德商也，遽以聞英不接黃故易對。德廷遂怫然電海
> 致詞譯署，海遽諉譯有不接待之語，李意沮。張行文英使臣，
> 詰其有無此意，諮復明晰，有「當日晤會貴大臣並未告以黃將
> 使英，本大臣亦絕無不願待」之語。越日執此詰海，海報於引
> 咎執前言。兩政府懼張，電許使婉商。許未復，張欲覆電許，
> 囑親詣德邸，意謂可即得復，無煩續電。嗣許覆電，言德將詢
> 英。續又電言決意不接待。事幾已矣，合肥電許使，有德廷既
> 不接黃，未使因此失歡，但亦遽行改派，請許卸俄事（並未奏
> 明──原注），駐德半年，再行請派云云。及冬月廿二海復詣
> 譯署，言願接待，自辭前探不實之咎，始有轉機。其實當初海
> 意以誤聞羅言，亦自知過，特一時無從轉臉，開路使行，事實
> 非難，而諸君皇皇幾失國體。所爭之事，乃新嘉坡之案，赫德
> 微訟之而羅實構之，趁機作亂，竊英任不〔而〕去。陰邪巧
> 佞，倘得位乘時，殆不可問。而公老公事之老到，亦一時無
> 兩，倘非如此結實則敗矣。可佩可佩。然遭此萋菲，去亦無
> 味，諒必自辭，既全國體，當自佔地步。[15]

---

15 上海圖書館編：《江康年師友書札》第1冊，752-753頁。

　　函中「羅」為羅豐祿，「伍」指伍廷芳，「合肥」指李鴻章，「張」指張蔭桓，「許」指許景澄（時為駐俄公使），「海」指海靜（也作海靖，時為德國駐華公使）。「兩政府」似指軍機大臣翁同龢與錢應溥，「公老」指黃遵憲。從這份局內人披露的情況看，調換使臣和德國拒黃的原因是十分複雜的。關鍵是函中所談「合肥遽生疑，以為（英）不願黃往，傳與樞臣」之細節值得玩味。其實，所謂黃遵憲扣商人款欲歸己之說純屬謠傳，黃甚至為此事專門致函新加坡總督澄清事實。[16]似乎還沒有確鑿材料說明英國會因此事而反對黃遵憲赴任，問題的癥結在於清廷高層的決策方面。李鴻章當時以此事為詞，以為英不願黃往恐怕只是一個藉口。這與甲午戰後李鴻章、張蔭桓關係的日益惡化以及他們在總理衙門明爭暗鬥的背景有關。[17]以當時英、德兩國與中國的關係而言，英國所處地位相對重要一些，由親張的黃遵憲出任駐英公使自然為李所不願，這是李鴻章藉故阻黃的真實原因。[18]作為李的親信，羅豐祿從中煽惑也不難理解。翁同龢等樞臣因受李的影響，決定將羅、黃易位有一定的偶然性。當時英使正因西江開埠事對清廷百般要脅，翁氏等怕派使之事為其再添口實，從權計議亦有其道理所在，但此舉自然為張蔭桓所不滿，「兩政府懼張」原因即在此。當然，李鴻章、翁同龢等人並未想到會發生德國拒黃的事

---

16　參見吳天任：《黃公度先生傳稿》第4章，第6節。

17　關於甲午至戊戌間李鴻章與張蔭桓在外交上的分歧，筆者將有專文討論。

18　羅豐祿被任命為新任駐英公使後，在奏請出洋的19名隨員名單中，包括了翁同龢的曾侄孫翁之縉。十月二十九日（12月3日）翁同龢得知此事後，頗感意外，既斥之縉，令「遞呈辭出洋差」；又責羅「何以不令其家長知也」。後來翁才知此事「傳相與聞之」。（參見《翁同龢日記》第6冊，2952-2956頁）李鴻章在翁不知情的情況下，授意羅奏請翁之縉為隨員，不免將翁推到了「以私幹人」的境地，或許這並非出於李之本意，但將其視為因得翁支持而達到以羅代黃目的的一種答謝，似也不出情理之外。

情。後來李也曾電告駐英公使龔照瑗與英方交涉,「為黃辯誣」,[19]也只是事後做點表面文章而已。數月後,張蔭桓充賀使赴英期間,一直與羅保持著相當距離,也頗能說明問題。[20]總之,黃遵憲出使被拒之詳因似不能離開總理衙門中張、李爭權的背景去探討。由於德國方面毫不讓步,總署只得暫派許景澄駐德,黃遵憲則被迫株守京城,等待新的任命。

是年十二月初十日(1897年1月12日),汪大燮又有一函致康年,該函云:

> 公度事竟如此,可歎可歎!其實上意甚為眷篤,南海每入覲,必問其人,其餘未必盡無,惟肯說好話者,亦只有南海,是以更調他國之說,決乎不行。上謂南海,言當放以道缺,然非樞廷著力,未必任以繁劇,則公度亦將翩然而去耳,甚為國家惜之。[21]

函中「南海」即張蔭桓,此函透露出張氏在與皇帝獨對時力薦黃遵憲的情況。這再次顯示了張對黃的深切關注,對於我們瞭解戊戌維新中光緒帝、張蔭桓、黃遵憲之間的關係尤具重要意義。

甲午至戊戌年間,雖然黃遵憲以其出眾的才乾和見識曾得到過李鴻章、張之洞等人的器重(如甲午年從新加坡奉調回國即出於張之洞的奏調),但是,因為種種原因,他與李、張之間從未建立起真正的信任,更談不上私誼了。正因為黃遵憲在官場中以身任戶部左侍郎兼總理衙門大臣的張蔭桓為奧援,其仕途不可避免地受到權力與派系之爭的干擾。

---

19 顧廷龍、葉亞廉主編:《李鴻章全集・電稿》(三),690頁。
20 張蔭桓此次訪英的接待工作基本上由赫德在倫敦的助手金登幹負責。
21 上海圖書館編:《汪康年師友書札》,第1冊,755頁。

## 三 光緒帝索讀《日本國志》

　　光緒二十三年（1897年）正月初四為張蔭桓生日，黃遵憲作《樵丈尚書六十有一賦詩敬祝》，詩云：「入丁出丙壽星祥，四國傳誇天上張。冠冕南州想風度，樞機北斗在文昌。金城引馬迎朝爽，銀漢歸槎照夜光。揮塵雄譚磨劍氣，獨因憂國鬢蒼蒼。」[22]三月，張蔭桓奉命赴英參加維多利亞女王登基六十週年慶典活動。臨行前黃遵憲又賦詩《題樵野丈運甓齋話別圖》，回顧了兩人二十多年來的交往，詩中表達了對張蔭桓的欽佩與感激之情，[23]可視為黃、張關係的真實寫照。

　　次年五月，在京閒居九個月之後的黃遵憲終被授以湖南長寶鹽法道。此次放缺與軍機大臣翁同龢的努力有關。翁氏日記光緒二十二年九月二十六日（1896年11月1日）記：「黃公度（遵憲）來，以所撰《日本國志》見贈。」[24]光緒二十三年五月三十日（1897年6月29日）記：「黃公度遵憲，新授湖南鹽道，來長談，重在延德人、練德法。」[25]同年六月十五日（7月14日）又記：「晚黃公度來辭行，明日起身矣，長談：第一事，開學堂；二事緩海軍，急陸軍，十五萬人已足；三事海軍用守不用戰。合船無用，郎哩亦無用。三大可慮：一教案，一流寇，一歐洲戰事，有一於此，中國必有瓜分之勢。」[26]從這些記載看，翁對黃的才具和見識也是較為欣賞的。他對黃遵憲遭德方拒絕一事也曾設法補救。不過，翁對黃的賞識很難說與張蔭桓毫無關係。甲午至戊戌間翁、張二人關係密切，翁「倚之如左右手，凡事必

---

22 此詩為黃遵憲集外佚詩，原件現存廣州博物館。轉引自左鵬軍：《黃遵憲詩文考述三題》，「黃遵憲與近代中日文化交流」國際學術討論會論文，北京，2001年8月。

23 參見《人境廬詩草箋注》下冊，733-747頁。

24 陳義傑整理：《翁同龢日記》第5冊，2947頁。

25 陳義傑整理：《翁同龢日記》第6冊，3011頁。

26 陳義傑整理：《翁同龢日記》第6冊，3015頁。

諮而後行」。[27]張被稱為「甲午至戊戌間幕後大人物」,即與受到翁的信任有直接關係。光緒帝既已對黃遵憲深簡在心,翁氏位居樞垣,從張之議一力保舉亦在情理之中。

黃遵憲抵達湖南後,巡撫陳寶箴「贊變法,公度乃以其平日之學發紓之」,「凡湖南一切新政,皆賴其力」。[28]開時務學堂,特聘梁啟超為總教習,設立保衛局等新政措施均有黃氏的參與,在陳、黃、梁、譚(嗣同)等人的宣導和主持下,湖南成為當時最有生氣的省份。是年底,德國侵佔膠州灣事件發生後,以挽救民族危亡為主題的變法圖強運動在北京迅速興起,與湖南新政成相輔之勢。黃遵憲與張蔭桓的政治合作關係也進入了最重要的時期。

戊戌年春張蔭桓的政治境遇十分特殊。據《諭折匯存》及張蔭桓戊戌日記手稿,[29]從是年正月至五月間光緒帝先後十三次單獨召見張氏,每次問答逾時。時人以為張「蒙眷最隆,雖不入樞府,而朝夕不時得參密沕,權在軍機大臣以上」。[30]張氏「曉然於歐美富強之機,每為皇上講述,上喜聞之」,成為「啟誘聖聰」傾向變法的主要大臣之一。[31]他不僅通過「密進康(有為)所著書」[32]推動了康氏的進用,而且再次向光緒帝舉薦了黃遵憲。《日本國志》之進呈即源於張氏之介紹。

---

27 吳永:《庚子西狩叢談》,21頁。

28 康有為:《人境廬詩草·序》,《人境廬詩草箋注》上冊,2頁。

29 王貴忱注釋:《張蔭桓戊戌日記手稿》。

30 王照:《小航文存》卷1,《水東集初稿》,10頁,民國二十年(1931年)刻本。

31 蘇繼祖:《清廷戊戌朝變記》,《戊戌變法》叢刊第1冊,331頁。

32 龍顧山人(郭則澐)纂,卞孝萱、姚松點校:《十朝詩乘》,931頁,福州,福建人民出版社,2000。關於張蔭桓與康有為在戊戌年的政治關係,可參閱馬忠文:《張蔭桓與戊戌維新》,收入王曉秋、尚小明主編:《戊戌維新與清末新政——晚清改革史研究》,55-86頁。

《日本國志》是詳細介紹日本歷史特別是明治維新以來日本歷史的著作,其中深含著黃遵憲想通過敘述明治維新的改革歷史來啟發國人的思想動機。該書正式出版於光緒二十二年(1896年)秋冬之際,在士林中引起了很大反響。梁啟超為之作後序,謂讀《日本國志》乃「知日本之所以強」,並由以「知中國所以弱」,視之為開民智、促變法的理論篇章。該書在戊戌年就有三個版次的刻本,可見影響之大。張蔭桓將這樣一部變法著作介紹給光緒皇帝,其用意不言而喻。[33]據翁同龢日記戊戌年正月二十二日(1898年2月12日)記:「上向臣索黃遵憲《日本國志》,臣對未洽,頗致詰難並論外人入覲,將以輿馬入禁門,上意謂可曲從,臣謂不待請而先予,恐亦非禮也。」次日又記:「是日以《日本國志》兩部進呈。」[34]深居禁城的皇帝為何突然宣取《日本國志》呢?從翁受申斥的情況看,似非樞臣介紹。從皇帝獲取信息的途徑去考察,這當與張蔭桓前一日獨對時奏言有關。正月二十一日(2月11日)張氏日記云:「蒙召對,問德親王來華事,跪對兩刻餘。」[35]隔日皇帝向翁表示擬允「外人入覲以輿馬入禁門」即出自張氏這一天的建議。《日本國志》也應是這天由張蔭桓推薦給光緒帝

---

33 光緒十六年(1890年)《日本國志》書稿在廣州富文齋付刻,但此年並沒有刻成出版。1894年初,黃遵憲在新加坡總領事任上又將書稿郵寄至巴黎,請薛福成作序,到1895年秋冬之際,《日本國志》方正式刊行,卷首刊有李鴻章的《稟批》及張之洞《諮文》。大約在1897年春夏之間,黃遵憲對原稿進行了修訂,「改動較大者有十幾處,增補了數千字,較重要的是增入了日本明治維新大久保利通的明治元年奏。此疏實為日本維新後建立憲政、開國會的輿論先導」。(鄭海麟:《黃遵憲與近代中國》,167頁)這次修訂版的另一特點是加上了梁啟超於光緒二十二年十一月為之寫的《後序》,同時抽去了卷首李鴻章《稟批》、張之洞《諮文》。此次印700餘部,其中500部交由《時務報》館代售。筆者推斷,此次呈送皇帝的可能是有梁啟超《後序》的新版本。

34 陳義傑整理:《翁同龢日記》第6冊,3093頁。

35 王貴忱注釋:《張蔭桓戊戌日記手稿》,23頁。

的，聯繫張、黃長期以來的政治交誼，這種解釋似無疑義。

「定國是詔」頒布後的第三天，內閣學士徐致靖上疏公開保舉康有為、梁啟超、譚嗣同、張元濟和黃遵憲五人。徐氏在折中稱黃「於各國政治之本原無不窮究。器識遠大，辦事精細，其所言必求可行，其所行必求有效。近在湖南辦理時務學堂、課吏館、保衛局等事規模宏遠，成效已著」。並稱「（黃）若能進諸政府，參贊庶務；或畀以疆寄，資其揚歷，必能不負主知，有補大局」。[36]這番薦語並非溢美之詞，是對黃氏才識的中肯評價。據考，徐氏此折係由康有為、梁啟超密謀草擬的。張蔭桓在一定程度上也是參與者之一，[37]該折也反映了張積極援引黃氏的個人傾向。

六月二十三日（8月10日）光緒帝任命黃遵憲以三品京堂出使日本。時任總理衙門章京的李嶽瑞回憶：「戊戌夏，聯日議起，始命黃京卿遵憲為出使大臣。故事，實缺道員出使，皆以四品京堂候補，黃時官長寶道，獨以三品卿用，蓋重其事也。」[38]光緒帝還連下三道詔令，稱「無論行抵何處，著張之洞、陳寶箴傳令，攢程迅速來京」，[39]可見急於起用黃的迫切心情。據說皇帝的初衷是讓黃以出使日本以提高其資格，同時在外交上發揮積極的聯絡作用，待時機成熟，即調之返京，「俾得總領中樞，實行新政」。[40]當時京中已有黃將「入樞」的傳聞。[41]光緒帝對黃遵憲日漸加深的倚信，與張蔭桓長期以來的大力

---

36 徐致靖：《保存人材摺》，《戊戌變法》叢刊第2冊，336頁。

37 參見馬忠文：《高燮曾疏薦康有為原因考析——兼論康、梁的政治賄賂策略與活動》，載《學術交流》1998年第1期。

38 李嶽瑞：《春冰室野乘》，《民國筆記小說大觀》第1輯，12-13頁。

39 黃遵憲：《己亥雜詩》「三詔嚴催倍道馳」自注，《人境廬詩草箋注》下冊，840頁。

40 正先：《黃公度——戊戌維新運動的領袖》，轉引自鄭海麟：《黃遵憲與近代中國》，419頁。

41 八月初三日張之洞《致京錢念劬》函云：「聞黃有留京入樞譯之說，故託病辭……」，《戊戌變法》叢刊第2冊，614頁。

推舉是分不開的。這一點在以往戊戌變法史的研究中並未引起人們的
注意。

　　此後發生的事情我們已是很熟悉了。黃遵憲自長沙抵滬後，因病
滯留上海，未能如期北上。八月初六日（9月21日）政變事發，康、
梁出逃，張蔭桓、徐致靖及軍機四卿等被捕入獄。八月十三日譚嗣同
等「六君子」被殺，張蔭桓則因英、日兩國公使的營救，暫時保全性
命，被革職發配新疆。留居上海的黃遵憲也受到了監視。八月二十一
日御史黃均隆參劾黃遵憲「與張蔭桓結為師生」，且與康、梁「密電
往來，暗通消息，結黨最深，若令其逍遙法外，難免不勾結外人，隱
生禍變」。[42]同樣，由於英、日兩國干預，清廷只將黃遵憲革職，未有
深究。八月二十九日黃遵憲搭海輪返籍，此刻的張蔭桓亦正在西行途
中。黃為政變作《感事》詩云：「父子相從泣獄扉，老翁七十荷征
衣。一家草索看生簿，三寸銅棺待死歸。鑿空虛槎疑漢使，涉江奇服
怨湘妃。可憐時俊才無幾，瓜蔓抄來摘更稀。」[43]此詩表達了黃氏對
受到排擠和迫害的新黨人物的同情，其中「鑿空」一句即指張蔭桓而
言。光緒二十六年七月初六（1900年7月31日）張氏在新疆戍所被
殺，時年六十四歲。光緒三十一年二月二十三日（1905年3月28日）
黃遵憲也在抑鬱中病逝家中，享年五十八歲。張蔭桓在新疆期間，二
人是否有過音訊往來，目前尚無材料說明，不過，他們在政壇密切合
作的時代則永遠結束了。

　　近年來已有學者注意到粵籍人士作為一個群體（不論支持變法的
還是反對變法的）在戊戌維新中所扮演的重要角色。[44]在當時的粵籍

---

42　《掌陝西道監察御史黃均隆摺》，光緒二十四年八月二十一日，國家檔案局明清檔
　　案館編：《戊戌變法檔案史料》，472-473頁。

43　黃遵憲：《感事》，《人境廬詩草箋注》下冊，787頁。

44　參見李吉奎：《粵籍人士與戊戌維新運動》，載《中山大學學報》1998年第5期。

維新人士中，核心人物似為在朝中地位最高的張蔭桓，而非康有為。
從康有為、黃遵憲與張的關係中都能看出這一點。

原載《學術研究》二〇〇二年第九期

# 張蔭桓甲午日記稿本及其價值[*]

　　直到二十世紀九十年代為止，學術界對近代人物張蔭桓的研究顯得十分薄弱，究其原因，除了人們對張氏與晚清政局的重要關係缺乏應有的認識外，相關資料的零星分散乃至缺乏可能也是客觀因素。近十餘年，隨著張蔭桓戊戌日記等新材料的披露，學者們圍繞張氏與清季內政外交的關係進行了深入研究，[1]已經充分認識到這位元「甲午至戊戌間之幕後大人物」[2]所發揮的特殊影響和作用。

　　最近我們在整理張蔭桓日記的過程中，對分藏各處的張蔭桓甲午日記未刊稿進行了搜集和整理。[3]這部分日記雖然數量不多，內容卻十分重要，對研究甲午戰爭前後政局以及對日議和等問題有著重要的參考價值。

---

[*]　本文首次刊發時誤將張蔭桓甲午八月部分日記判斷為七月份的，現已據張松智教授的研究予以糾正（參見《近代史研究》2014年第6期）。

[1]　有關這方面的研究主要有王貴忱：《張蔭桓其人其著》，載《學術研究》1993年第6期；《張蔭桓戊戌日記後記》，載《新疆大學學報》1998年第3期；蘇晨：《張蔭桓與戊戌變法之謎》，載《東方文化》1994年第3期；《張蔭桓與戊戌英德借款》，載《學術研究》1994年第6期；李吉奎：《張蔭桓與戊戌變法》，收入王曉秋主編：《戊戌維新與近代中國的改革——戊戌維新一百週年國際學術討論會論文集》；馬忠文：《張蔭桓與戊戌維新》，收入王曉秋、尚小明主編：《戊戌維新與清末新政——晚清改革史研究》；《黃遵憲與張蔭桓關係考論》，載《學術研究》2002年第9期，等等。

[2]　黃濬：《花隨人聖庵摭憶》，464頁。

[3]　在查詢和搜集材料的過程中，臺北「中央研究院」近代史所羅久蓉先生、中山大學歷史系桑兵教授、南京博物院徐湖平院長和淩波女士、常熟博物館錢濬館長及翁同龢紀念館原館長朱育禮先生均提供了熱忱的幫助，謹此特致謝意。

## 一　日記稿本的基本情況

　　張蔭桓，字皓巒，號樵野，廣東南海縣佛山鎮人，道光十七年（1837年）出身於一個破落的商人家庭。早年放棄科舉，投身洋務活動，由捐班進入仕途。光緒十二年（1886年）任清政府駐美國、西班牙（時稱日斯巴彌亞）和秘魯三國公使，光緒十五年（1889年）回國，次年以太僕寺卿擔任總理衙門大臣，光緒十八年（1892年）官至戶部左侍郎。光緒二十年（1894年）年底，奉命與湖南巡撫邵友濂一起前往廣島議和。在戊戌變法中，張氏支持仿效西方進行改革，並向光緒帝舉薦康有為，政變發生後，被革職發配新疆。光緒二十六年（1900年）義和團運動期間，慈禧重修舊怨，下令將其處死。

　　張蔭桓雖出身捐班，卻才華橫溢，工詩詞，富收藏，有《鐵畫樓詩文稿》（六卷）、《鐵畫樓詩續鈔》（又稱《荷戈集》，兩卷）傳世。有關張蔭桓的著述情況，王貴忱先生曾經撰文予以全面的介紹。[4]張氏的日記，除了他擔任駐美、西、秘三國公使期間所寫的《三洲日記》於光緒二十二年（1896年）丙申在北京刊行外，目前已影印出版或見諸著錄的稿本只有王貴忱先生收藏的戊戌日記[5]和分藏於海峽兩岸有關機構的甲午日記。本文將主要介紹三種甲午日記稿本的基本情況。

　　現存張蔭桓甲午日記稿本，分別藏於常熟博物館、臺北「中央研究院」近代史所圖書館和南京博物院三處，現存共四冊，仍是殘稿。原稿均用作者自印綠格竹紙稿紙所寫，半頁八行，版心有「鐵畫樓」三字，與王貴忱先生所藏戊戌日記手稿完全相同。

　　常熟博物館收藏一冊，時間起於光緒二十年甲午正月初一日

---

4　參見王貴忱：《張蔭桓其人其著》，載《學術研究》1993年第6期。

5　該日記經整理標點後曾連載於《廣州師院學報》1987年第3、4期和1988年第1、2期。1999年王貴忱先生對釋文重新修訂，由澳門尚志書舍影印出版。

（1894年2月6日），止於二月三十日（1894年4月6日），連續兩個月沒有中斷，相對比較完整。據常熟翁同龢紀念館原館長朱育禮先生言，這冊日記為近人俞仲久（名炳恒，江蘇常熟人）所捐獻。

臺北「中央研究院」近代史研究所圖書館收藏兩冊：一冊起自光緒二十年三月初一日（1894年4月7日），止於五月初一日（1895年6月4日），其中三月初三日、初四日、初五日及五月初一日部分內容缺損；另一冊始於七月初一日（8月1日），止於八月二十五日（9月24日），其中七月初四日（8月3日）至八月初三日（9月2日）、八月初五日（9月4日）至八月初八日（9月7日）部分缺失；七月初三日、八月初四日、初九日、二十日部分內容殘缺。其中第一冊首頁附有康有為的題記：

> 嗚呼！此吾邑張樵野尚書甲午札記也。尚書既以戊戌黨禍抄沒戍新疆，庚子以諫用拳匪慘戮。此冊經如劫流於外，張君有楣以記中有譽我語，因贈我。中多記□□事，關涉頗大，若朝章國故尤夥，足與常熟日記參考。若夫生死患難文酒過從之感，追思縈歘。天遊。

「天遊」是康有為晚年的別號。從題記可知這部分日記是由張有楣（此人事蹟待考）贈送給康氏的。日記中提到的「常熟日記」應指一九二五年由商務印書館影印出版的《翁文恭公日記》（翁同龢為江蘇常熟人），康於一九二七年三月在青島逝世，故康氏寫此題記當在一九二五到一九二七年之間。另外，在第二冊的最後一頁，鈐有收藏機構的印章，表明「來源」是「康先生」，時間是「一九六八年十一月五日」。筆者推斷，此「康先生」應該是旅臺的康有為之孫康保延先生。可見，這兩冊日記應是康氏後人捐獻給臺北「中央研究院」近

代史所的。

南京博物院收藏一冊，起於光緒二十年十月二十六日（1894年11月23日），止於十二月三十日（1895年1月25日），連續無中斷。這冊原稿也是常熟俞仲久的舊藏，二十世紀六十年代捐獻給國家。該冊後附曹菊生跋，對收藏經過記述較詳：

> 張蔭桓甲午（清光緒二十年）日記，一九五六年常熟俞君仲久所贈，時在得馬建忠東渡日記之後數月，而所記事則在馬記前數月，二書均為有關中日戰爭之記載，同時獲得，亦巧矣。稿封面題「甲午日記」，但無署款，俞君謂出蔭桓手筆，而稿之來源不明，經細審其內容、字跡，確為蔭桓遺墨無疑。記始自甲午十月二十六日，時以戶部侍郎入直總署，中日戰爭方殷，頗多與外人交往。及十一月二十四日奉旨與邵友濂赴日議和則記自京至上海行程，至翌年元旦放洋止，惜以下未再繼續。張字樵野，廣東南海人，曾出使美、日、秘等國，後因與康有為交，謫戍新疆，未及賜環，於庚子年論斬戍所。著有《三洲日記》行世。此為未刊稿，雖為斷簡，然吉光片羽，頗有史料價值，足供史學界參考之用。而俞君化私為公之精神可感，並書此以表謝意。一九六零年三月，曹菊生記，錢海嶽書。[6]

現存四冊甲午日記稿本雖非全璧，內容卻十分重要，所記除日常交往和例行公事外，也涉及宮廷動態；特別是涉及甲午戰爭後期的議和活動，因而具有比較高的史料價值。

---

6 據朱育禮先生致筆者函稱，「曹菊生曾為書賈，解放初蘇南文管會到常熟接收土改散落出來的圖書，因虞邑圖書大部分入藏南圖，曹亦隨之供職。後又多次回鄉收購圖書，得趙氏舊山樓書目，『文革』中卒於家鄉」。

## 二 日記中對康有為的記載

　　張蔭桓甲午日記中涉及的人物比較多，其中有幾條有關康有為的記載，這對研究康、張二人的早期關係顯得很有意義。

　　張蔭桓和康有為的關係問題是戊戌維新研究中的一個頗有爭議的問題。戊戌政變後，逃抵香港的康有為在對記者談話時聲稱，「在維新計劃中，張蔭桓與他沒有什麼聯繫。他是贊成改革的，但是並沒有起積極的推動改革的作用」。[7]在自編年譜中，康氏亦稱「張樵野之萬里軍流，亦為吾夜宿一言」，「實文悌妄指為之」，辯稱張蔭桓政變後被流放與自己無關，完全是御史文悌的無端陷害。[8]其實，戊戌年張、康關係密切，當時人皆共知，似非文悌虛言。儘管現在很難從康有為的著述中直接找到他曾得到張蔭桓的支持的證據，但在戊戌變法期間康之急速進用與張蔭桓的暗中活動有直接關係，這一點是毫無疑問的，從張氏戊戌日記中也多少有跡象可尋。然而，戊戌前二人的交往很少有直接的材料。政變後樊鼎芬在《康有為事實》中稱：「康有為既中進士，欲得狀元，日求戶部左侍郎張蔭桓為之遍送關節於閱卷大臣，皆以其無行斥之；不得狀元，尚欲得翰林，又托張蔭桓送關節於閱卷大臣禮部右侍郎李公文田。」[9]科舉考試中的請託現象在當時可謂司空見慣，張蔭桓能為康到處運動，說明二人私交已不尋常。康是在乙未年（光緒二十一年，1895年）恩科會試中進士的，此前一年甲午科會試中則名落孫山。有關康氏甲午年在京情況，其自編年譜甲午年記云：「二月十二日與卓如同入京會試，寓盛祭酒伯熙邸。……既而移居三條胡同金頂廟與梁小山同寓。五月六日下車傷足遂南

---

7　《中國的危機》，《戊戌變法》叢刊第3冊，510頁。
8　樓宇烈整理：《康南海自編年譜（外二種）》，46、62頁。
9　見湯志鈞：《乘桴新獲——從戊戌到辛亥》，66頁。

歸。」[10]其中毫無涉及與張蔭桓的交往。不過，張氏甲午日記中卻有記載。

二月二十九日（4月4日）客春從未看桃花，甚以為憾，西山花繁，又苦無遊山之暇，或言法源寺桃花尚盛，淩閨臺遂約餐僧飯，至則桃花將盡矣。寺僧領導遊觀，指院中井水，言此泉本苦，上年大雨後化苦為甘，莫非我佛功德雲。座客有康長素，深入法海，談禪不倦，不圖城市中有此清涼世界。晚宿山舅寓廬，長素、閨臺夜話將曙。

三月二十四日（4月29日）申正返寓。康長素、梁小山、梁卓如已來，檢埃及各圖與觀，詫歎欲絕。長素屢言謀國自強，而中外形勢惜未透闢，席間不免呶呶，此才竟不易得，宜調護之。

日記中提到的淩閨臺即淩福彭，粵籍人士，時任軍機章京；山舅係張氏之舅李宗岱，字山農。上述記載真實地說明了在甲午戰爭爆發前康、梁已經具有關注外部世界的認識傾向，也說明在關注和學習西方的問題上，他們與張蔭桓志趣相投。不過，張氏卻對康有所褒貶，認為他雖「屢言謀國自強」，卻對中外形勢的瞭解不甚透闢；但同時又十分欣賞康的才華，稱「此才竟不易得，宜調護之」，流露出坦然的愛才之心。前引康氏題記中所謂「有譽我語」當指此言。正因為如此器重康有為的才華，所以才會有戊戌年不遺餘力支持康有為的種種舉動，這是研究康、張關係時不可忽視之處。四月十九日（5月23日）日記又記：「返寓後，長素來談，山舅在寓，相與抵掌。」四月二十七日亦記：「長素因山舅觥筵大醉，逾夕始醒。前日相過，詢其拼醉之故，為詩調，昨來寓，夜談甚暢，酒力微矣。」這些看起來十分平淡的記載，似乎說明不了關鍵的問題，卻能反映出康張之間不同尋常的私人關係。難怪從事戊戌變法史研究的黃彰健先生早在二十世

---

10 樓宇烈整理：《康南海自編年譜（外二種）》，24頁。

紀七十年代看到這些記載時，便認定張蔭桓屬於「康黨無疑」[11]，這種論斷在一定意義上是符合實際情況的。

## 三　有關朝局及議和活動

甲午日記中史料價值最重要的應該是有關朝局和對日議和的相關內容，有些記述可以稱得上是局外人難以知曉的內幕秘密。

甲午戰爭爆發後，戶部尚書翁同龢、禮部尚書李鴻藻和一批科道官員，極力主張對日採取強硬態度，對於軍機大臣孫毓汶、徐用儀以及北洋大臣李鴻章求穩避戰的主張提出批評，以至於慈禧與光緒皇帝在對形勢的判斷上也產生了分歧。身為總理衙門大臣的張蔭桓並沒有公開捲入這場爭論，一方面他與李鴻章函電往來頻繁，一直密切關注著朝鮮事態的發展；[12]另一方面又與翁同龢手書交馳，將總理衙門得到的最新消息透露給翁氏。[13]由於戰爭形勢的變化和清廷內部各種矛盾的激化，朝局出現甲申後前所未有的動盪。面對這一切，張蔭桓表現得十分謹慎，他對朝中大臣空言爭辯而不能採取切實有效的措施感到失望，同時，也提出一些建議供當軸參考。其日記中對這些情況即有所反映：

> 八月十八日（9月17日）辰正詣樞廷閱電報。平壤諸軍被困，略如牙山。高陽憤甚，謂須予合肥處分併請諭旨明發，諸公咸有辯論，至於軍事如何補救蓋略略也。高陽謂仍當責之合肥，促令設法，諸公默然。余語慶邸、青相曰：此時機局，平壤得

---

11　參見黃彰健：《戊戌變法史研究》，80頁。

12　參見吳汝綸編：《李文忠公全集‧電稿》卷15，18頁，光緒刊本。

13　《張蔭桓致翁同龢函》，《近代史資料》總28號，70頁，北京，中華書局，1963。

失不可知，須派威望重兵擇平壤後路能守之地屯重兵相持，但令能制敵驕，不急進取，略舒兵氣乃可從容整頓以圖大舉，須就陸路設糧臺，另設分局轉運，不宜太寫意矣。邸、相均謂然，能否照行，未可知也。

八月十九日（9月18日）午初至總署，適北洋電述昨日大東溝海軍戰狀，當令抄送樞中，會議散矣，仍令補送樞堂，因閱籌餉電旨，遂赴戶部。塗訪翁大農，病矣。北洋海軍戰狀抄電交其閽人轉呈，未及加封，殊疏略。

八月二十一日（9月20日）樞中有會議，辰刻赴之。慶邸疏請督兵九連城防堵，奏帶桂祥、沙克都、懷塔布兩都護，不識能邀諭允否？今日頤年有宣召，慶邸先往祗竢，未到樞中，常熟亦因病未至達，樞中今日公閱之件無多，電旨四道早已定稿。青老為言禮邸亦奉頤年之召，內監傳諭，禮邸召見後同事始能散，高陽以奏片稿既定，遂行。余與子齋、柳門亦同出。余有大東溝、鴨綠江口築炮壘之議，告青相，能否施行，未可知也。……訪常熟一談。常熟已能起坐，浮熱未退耳。

八月二十三日（9月22日）戶部值日，總署、三庫並奏事。寅正到班，蒙召見，逾二刻。詢戶部籌餉事甚詳，復諭以昨日太后懿旨發內帑銀三百萬，部庫亦可周轉。謹奏言：臣等不能妥籌鉅款，重累慈聖頒發內帑，臣心誠所不安，他日庫儲稍裕，總當籌繳如數。奉諭：此時可不汲汲於此。復縷陳平壤軍情、海軍戰狀，上領之。

日記中高陽，指李鴻藻；合肥，指李鴻章；慶邸指慶親王奕劻；青相，指張之萬（字子青）；翁大農，指翁同龢；禮邸，指禮親王世鐸；頤年，指頤年殿，當時慈禧常在該殿東暖閣召見大臣，這裡代指

太后；子齋、柳門為敬信和汪鳴鑾的字。上述記載中李鴻藻對李鴻章
的指斥，光緒帝對慈禧撥發內帑助戰所表現出的漠然，以及中樞機構
的渙散狀態，都真實反映了當時的清廷內部狀況。

　　甲午年八月平壤之戰清軍失利，被迫退守鴨綠江，朝鮮全境為日
軍所佔，形勢日益惡化。慈禧開始出而問政，接連召見禮王、慶王商
議辦法。八月二十八日（9月27日）又召見軍機大臣及翁同龢、李鴻
藻，經商議決定派翁秘密前往天津，面告李鴻章與俄國公使喀西尼接
晤，重敍「共保朝鮮」的承諾，希望俄國介入調停，但沒有結果。[14]
時局如此，在廷臣的呼籲下，慈禧只好重新起用閒居十年的恭親王奕
訢主持大局。奕訢復出後，秉承慈禧旨意積極謀求列強出面調停，設
法及早停止戰爭。儘管主戰人士紛紛進言痛斥議和之非，並極力抨擊
樞臣和李鴻章的「誤國」，對當局積極努力的議和活動表現得異常憤
怒，然而，隨著日軍渡過鴨綠江，九連城大敗，金州、旅順口告警，
京城內外人心惶惶，主戰派已經無計可施。恭親王等開始致電各駐外
使臣，加快尋求謀和之路。十月駐美公使楊儒來電，報告美國政府有
意在中日間充當調停者。十月初六（11月2日）恭王與美國公使田貝
會晤，就中日停戰談判問題交換意見，從此長期主持總理衙門日常事
務、以辦理交涉見長的張蔭桓自然進入了新的決策圈，成為參預議和
活動的重要人物。十月十二日（11月8日）經慈禧同意，張蔭桓帶著軍
機處「密寄」和恭親王的書信赴天津與李鴻章密商議和辦法，李、張
商洽後認為，日本政府「欲中國自與商辦而不願西人干預」，但「目
下彼方志得氣盈，若遽由我特派大員往商，轉慮為彼所輕」，[15]於是決
定採取一個折衷的辦法，派遣津海關稅務司德璀琳（D. Detring）前往

---

14　參見陳義傑整理：《翁同龢日記》第5冊，2732-2736頁。

15　姚錫光撰：《東方兵事紀略》，中國史學會編：《中國近代史資料叢刊‧中日戰爭》
　　第1冊，79頁，上海，上海書店出版社，2000。

日本先探虛實。十九日（11月15日）張蔭桓返京後，美國的調解活動
已有眉目，張蔭桓奉命與田貝隨時保持聯繫，及時將獲得的消息迅速
轉達給軍機大臣孫毓汶。有學者指出：「和議之起，發自太后，恭親
王主持於外廷，樞臣則孫毓汶、徐用儀（皆兼總署），總署大臣則戶
部侍郎張蔭桓，皆為策劃奔走之重要人物。而張蔭桓尤為活躍。」[16]
從張氏日記看，這一結論十分準確。

　　不過，在議和問題上，不僅樞臣們意見相左，光緒帝與慈禧也存
在著分歧。在恭王主持下依靠美國進行調解的活動雖然正在展開，但
翁同龢與光緒帝卻仍然寄希望於漢娜根編練新軍。[17]十一月初六日樞
廷決定再次派張蔭桓前往天津與李鴻章商議有關議和的具體問題時，
光緒帝卻對他另有囑託。張氏日記云：

> 十一月初七日己卯（12月3日）晴。寅正睡醒，聞叩門聲匆
> 急，門子傳言皇上召見，竊疑傳宣不實，俄而奏事處蘇拉紛
> 來，遂亟易衣進內，趨直廬詢樞廷，均不知何事。卯正三刻入
> 見，承詢：「逐日進內否？」奏言：「隨恭親王往軍機處會議，
> 逐日須到，惟昨日未到。」上詢敵情及漢娜根練兵事，謹奏保

---

16 石泉：《甲午戰爭前後之晚清政局》，128頁，北京，生活・讀書・新知三聯書店，
　　1997。

17 漢娜根，德國人，德璀琳之婿。甲午戰爭期間曾向辦理北洋行營支應事宜的盛宣懷
　　及胡燏棻建議編練新式陸軍，盛、胡於1894年10月25日向總理衙門條陳編練新軍計
　　劃，並附上漢娜根的《節略》，計劃引起翁同龢等主戰人士的興趣，在光緒帝的支
　　持下，11月29日，翁同龢、李鴻藻、榮祿等大臣在總理衙門傳詢漢娜根有關練兵事
　　宜，由於榮祿、李鴻藻的反對，以及李鴻章的暗中抵制，胡燏棻的退縮，這一計劃
　　最終擱淺。詳見謝俊美：《漢娜根與甲午中日戰爭》，收入戚其章、王如繪主編：
　　《甲午戰爭與近代中國和世界——甲午戰爭100週年國際學術討論會文集》，北京，
　　人民出版社，1995；戚其章：《〈翁同龢文獻〉與甲午戰爭研究》，載《廣東社會科
　　學》2003年第1期。

山農舅氏，以曾在煙臺教練有效，所延教習亦識德國人，問塗已經似非熟手不辦，可以力保，但以舅甥之親不便具指。上言：「此時何可避嫌？爾即與恭親王商之。」又及戶部籌餉事，以借款多就緒而匯路極難，京津之間安能兌匯數千萬銀子，此事甚費躊躇，上領之。遂退出，往奉宸苑晤恭邸，未竟其詞。內監又傳宣太后召見，與恭親王同入，已初候恭邸，遂往軍機處。餘以步行難艱，先詣德昌門外相候。已初二刻，恭邸乘二人肩輿來，亦至德昌門外，偕餘步行至五間房。恭邸重叩餘今日上諭究有何事，餘言並無隱瞞之語，頃已詳言之矣。候至已正，太后先召恭邸，約四刻。續召餘，均在儀鸞殿東里間。內監賽簾，餘入，跪安畢，趨跪御案旁地上，太后諄諭賞墊，遂回就墊，叩頭謝。太后諭再往天津一行，謹奉旨並將往津應商之語奏陳一遍，太后以為然，並諭以曾商諸皇上，可無須請訓，但當輕騎減從速行。跪對二刻，遂退出。遇總署章京，言田貝訂兩點半鍾會晤，餘諾之，急赴軍機處，將本日兩宮召對之事縷述，獨□禮邸，言保薦，眾謂易事，禮邸唯唯。恭邸邀餘至署共飯，少頃萊山（孫毓汶——引者）、慶邸、柳門、子齋並到，同晤田貝，恭邸屬餘明早仍進內請起，勿遽首塗。萊山到余寓，詳商因應之法，餘就所見告之。

　　這段記述頗可玩味。樞廷決定派張往天津前，皇帝突然宣召其入內，並提及漢娜根練兵之事，可見皇帝對和議心存不甘；恭親王反覆詢問張氏「今日上諭究有何事」，也是惟恐帝後意見隔閡，易起矛盾。慈禧召見張氏後，面授機宜，令再往天津一行，並告以「曾商諸皇上，可無須請訓」，亦足見太后已有獨斷之意。張蔭桓則薦賢不避親，乘勢向皇帝舉薦舅父李宗岱參與練兵事宜。如此豐富的信息，也

只有在當事人的日記中才能見到。

次日，按照恭王的建議，張蔭桓再次請見太后，卻沒有向皇帝「請訓」。張氏日記云：

> 十一月初八日（12月4日）晴。辰初往軍機處，恭邸、萊山、小雲（徐用儀——引者）邀餘同詣儀鸞殿請起，已而太后召見，各有所陳，仍承諭速行，奏對畢，即跪安，出至五間房，軍機諸公亦有起。余將部事托翁大農，萊山屬語禮邸昨保山舅，並托禮邸代於上前奏明起程日期，咸承見諾。恭邸赴署中飯，余不及追陪，返寓檢行李，候車輛雇備。未正二刻出朝陽門。

兩天後張蔭桓到達天津。十一月初十日（12月6日）日記云：「申初抵津，晤傅相（李鴻章——引者注），傳述懿旨，傅相為之零涕，復將萊山屬商之事詢明，傅相即電總署。閣抄報恭邸補授軍機大臣，從此辦事無隔閡矣。」在十月軍機處大調整之後，恭王又被任命負責軍機處，這有助於保證太后旨意的順利貫徹，也意味著翁同龢、李鴻藻在樞中的影響力受到一定的制約。張氏所謂「從此辦事無隔閡」之語，表明此時他完全贊同和支持慈禧、恭王主導的議和政策。對於光緒帝仍舊寄希望的漢娜根練兵之事，張蔭桓與李鴻章則一致認為並非切實可行。其日記云：

> 十一月十一日（12月7日）巳正，傅相約漢娜根、胡雲眉來商買槍炮事，……傅相留敬如，兼約雲眉晚飫西饌。席間詢傅相漢娜根練兵事，傅相言雲眉向不知兵，又陞轉在邇，豈合以此相累？至漢娜根，雖有才而不易駕馭，不圖內間撫番至此。飯

後總署電促余回京,當緩,俟明日德璀玲回津詢明敵情乃返,又與傅相詳論一遍,亥正睡。

十一月十二日(12月8日)飯後漢娜根來,面呈所擬練兵辦法及上督辦軍務處章啟,內多贅言。余告以練此大軍本係創舉,中國不能操縱,練之何用?若不予爾兵權,爾亦難教練,此中分際尚費斟酌。漢娜根言現招洋員百人,如其到津可令先練營哨千人,將來分教各營便有武□,餘領之。告以槍炮價回京即撥,漢娜根稱謝而去。晡后德璀琳來,傅相與談良久,邀餘共語,德以中道轉回為慍,然亦略言大意也。傅相留晚飯,德以急須發電寫信辭去。余與傅相對食,華洋酒饌雜陳,轉不能飽。飯後傅相手書上恭邸密啟,交餘帶去,津箋三紙,傅相作小行楷甚工,且不錯漏,宜享高壽也。寫畢緘封,傅相即睡。余閱雲眉與漢娜根辨駁各件,復雲眉一書,亦即就枕。

以上日記中胡雲眉即胡燏棻,當時他已受命留駐天津辦理東徵糧臺,故有「陞轉在邇」之說。李、張認為漢娜根「雖有才而不易駕馭」,既然「中國不能操縱,練之何用」,均持反對意見。張氏在等候德璀琳回津,瞭解一些日方有關議和的信息後,帶著李鴻章給恭王的密信返回北京。此時,在京諸公早已等待不及。張日記云:

十一月十五日(12月11日)卯初起,少食即行。……未初到寓。蘇拉來言恭邸四點鐘赴署晤英使,飭往。確詢總辦,無耗。俄而柳門來,言恭邸今日不進署,余徑詣之,將合肥傅相書面呈,復談良久。歸途訪萊山,闇人謂萊翁在余寓相候,迨返寓,萊山又不果來,貽書約明早朝直廬相見。

十一月十六日(12月12日)寅正趨直,蒙召見,亟詣西苑門。

奏事處司員猶絮絮，索補膳牌，不解也。及入見，承詢赴津情
形，北洋手書恭邸已呈覽，遂就書中之意敬陳其略。上復詢漢
娜根練兵事，當就津門所聞以對，上領之，隨諭在外稍候，恐
太后要見，又奉諭明早仍進來，謹唯唯。退出樞府，諸公約至
樞中訂復田貝書，尚未屬稿，樞中日行之事尚煩，少頃內監傳
宣太后召見樞臣及余。萊山方起草不休，告恭邸以屬內監奏明
辦事畢即趨召，恭邸搖手曰：「我無此膽量。」遂徑詣五間房
坐候。餘本無樞中事，亦即先往，行至德昌門外師傅直廬，
常熟尚書在座，遂就談借款事。少頃政府諸公亦到，遂同往五
間房。已初太后召余獨對，約二刻。旋召樞臣，余仍在五間房
候之。同到樞中將復田貝書口授，萊山起草，別繕進呈，餘乃
歸寓。

　　在美國公使的調停下，經與李鴻章商議，清廷準備派遣官員前往
談判，於是出現張、邵東渡廣島議和之事。張日記十一月二十四日
（12月20日）記：「午後赴署，蒙恩賞加尚書銜，奉派赴倭議款，署
湘撫邵小村同役，當屬顧康民代擬謝折。旋訪萊山，謂出特簡非樞中
所擬雲。頗訝昨日署中會商時絕不詢及，遽奉使命，誠非所堪。」這
次差事出於「特簡」，當然主要是慈禧的意見了，也可見她對張蔭桓
的高度信任，賞尚書銜一則可視為對日本所做的姿態，表示清廷對談
判的重視；另一方面，也有攏絡張氏之意。十一月二十五日（12月21
日）張記：「寅正詣直廬，蒙上召見，略奏陳力小任重之意，上許以
隨時電報請旨，並諭詣太後宮聽起，遂退出，在散秩大臣朝房稍憩。
辰正初刻詣蹈和門，候至午初二刻，太后御養性殿，召對約二刻，承
諭款議不諧即返，仍備戰。又及美員投效事，奏對畢，遂退，返寓將
未初矣。」張蔭桓臨危受命，得到光緒和慈禧的再次召見，「隨時電

報請旨」和「款議不諧，仍備戰」的許諾，多少減輕了張氏內心所承受的壓力。

然而，張蔭桓還未啟程，朝中又發生了御史安維峻上書事件。據翁同龢記，十二月初二日（12月28日）安維峻上封奏，「請殺李鴻章，劾樞臣無狀，而最悖謬者謂和議皇太后旨意，李蓮英左右之，並有皇太后歸政久，若遇事牽制，何以對祖宗天下之語」。[18]光緒震怒，將安革職發往軍臺。安折對慈禧刺激甚大。初十日（1895年1月5日）張蔭桓臨行前請訓，其日記云：

> 寅初起，詣直廬候。召對，上意如前，奉飭跪安，即詣養性殿聽起。遂趨蹌和門，至奏事處稍憩。奏事總管為備食，甚豐。食未半，恭邸來，已初太后召，與恭邸同見。太后諭及安維峻一疏，垂淚不止，恭邸亦哭。而於宗社大計，恭邸未澈陳，余雖言之，然有泰山鴻毛之判矣。太后飭繕密旨交余，以備彼族要求持以相示。恭邸承旨辦理並奏明，約余至樞中相候。跪對六刻，恭邸無倦容，起跪甚便利，余則兩手踞地，猶不能起，就墊旁跪安，徐步出至奏事處，略坐，隨往樞中。萊翁擬旨進呈，致小雲黏封交余帶出，委頓幾不可支，返寓補睡。晡後詣恭邸拜辭，不見。

次日，孫毓汶來話別，據張云：「所論甚切，當諄以奠安宗社為勖，又以余眷屬在京允為照料，其情可感。」十二日（1月7日）張蔭桓出京，十五日午初抵津，會晤李鴻章，「中日交際之事，傅相知無不言」。十六日離開大沽，乘船南下，十八日晚六點抵達上海，與已

---

18 陳義傑整理：《翁同龢日記》第5冊，2764頁。

在那裡的邵友濂（小村）會合，準備東渡。[19]

　　對於研究甲午戰爭期間的清廷朝局及對日議和情況而言，張蔭桓的日記所能提供的材料是很有限的，但是，作為歷史的見證人，他所留下的原始記錄卻使研究者可以更細緻地體察當時紛繁複雜的政治內幕，從而更深入地瞭解那段歷史，這也正是日記文獻價值的獨特之處。

本文係與任青女士合寫，原載《廣東社會科學》

二〇〇四年第一期

---

19 有關張蔭桓、邵友濂廣島議和的情況，可參見季平子：《甲午戰爭後期的議和活動》，載《社會科學戰線》1983年第4期；戚其章：《論張、邵東渡與日本廣島拒使》，載《齊魯學刊》1989年第5期。

# 張蔭桓流放新疆前後事蹟考述

　　清季外交家張蔭桓（字皓巒，號樵野）在一八九八年戊戌維新中，因參與新政並與康有為「往還甚密」，於政變後被革職發配新疆，一九〇〇年庚子義和團運動期間被殺於烏魯木齊戍所。有關張蔭桓與戊戌維新的關係，近些年來在學術界已引起重視。本文擬就張氏被革職流放新疆前後的一些事蹟略作考述。

## 一　革職下獄

　　光緒二十四年八月初六日（1898年9月21日）政變發生後，慈禧密令步軍統領衙門緊急搜捕維新派領袖康有為。在派人搜查南海會館之前，「步軍統領疑張樵野素與（康）往還，或有匿藏情事」，便派官弁先到東華門外錫拉胡同張氏府宅四處搜求。[1]致使京城盛傳張蔭桓被查抄，其實這是訛傳。張氏正式被革職審訊是在初九日（24日）。是日清廷頒諭云：「張蔭桓、徐致靖、楊深秀、楊銳、林旭、譚嗣同、劉光第，均著先行革職，交步軍統領衙門，拿解刑部審訊。」[2]不過，在此之前，張蔭桓已受到了步軍統領（俗稱「九門提督」）的監視。事後他回憶說：

---

1　《申報》光緒二十四年八月十七日。又，張元濟致汪康年函札亦云：「康於初五日出京，初六奉命拿問，先至樵野處搜拿半日，怪極」。見上海圖書館編：《汪康年師友書札》第2冊，1738頁。

2　《清德宗實錄》卷426，光緒二十四年八月庚寅，《清實錄》第57冊，600頁。

初八日辰刻，提督崇禮遣翼尉率緹騎至我宅，邀我赴提督衙門
接旨。我知有變，因尚未用飯，令其稍待，飯畢瀕行，翼尉忽
謂我曰：請赴內與夫人決。吾始悟獲罪，將赴西市，負氣行，
竟不入內。抵提督署，各官均未至，坐數時，天已暝，仍無確
耗，遂令人取行李住一宿。次日（初九日）有旨拿交刑部審
訊。[3]

張蔭桓何以在革職審訊的諭旨發布之前，被傳至提督署受到監視
呢？這當與初八日清晨慈禧得到袁世凱告密後採取的緊急措施有直接
的關係。

在近些年對戊戌變法史的考證和研究中，由於學者們廣泛利用了
清宮檔案，從而澄清了一些長期以來以訛傳訛的舊說法。其中對「慈
禧八月初六訓政並非袁世凱告密直接引發」的論證尤具代表性。[4]實
際情況表明，慈禧獲悉袁氏告密消息是初八日清晨，而不是初六日訓
政之前；袁氏告密的直接後果並不是導致慈禧宣布訓政，而是引發了
慈禧對涉嫌「圍園」、「逆謀」的新黨人物（包括張蔭桓）的大肆搜
捕。鑒於康有為事先得知消息逃離北京，慈禧在密令搜捕張蔭桓等人
時，採取了嚴密封鎖消息，先秘密捕人，然後再追查內情的策略。張
蔭桓於初八日早晨被以接旨為名誆至提督署，受到監視，正是這一策
略的具體實施。另外，據當時的一位目擊者說，軍機四卿中楊銳、劉
光第、譚嗣同也是初八日清晨被秘密逮捕的。[5]可見，清廷在初九日
正式宣布將張蔭桓等人革職審訊之前，已經將他們控制起來了。無

---

3　王慶保、曹景郕：《驛舍探幽錄》，《戊戌變法》叢刊第1冊，488-489頁。

4　參閱黃彰健：《戊戌變法史研究》；林克光：《戊戌變法史實考實》，載《近代史研
　　究》1987年第1期。

5　據魏允恭致汪康年函，見上海圖書館編：《汪康年師友書札》第3冊，3115-3116頁，
　　上海，上海古籍出版社，1987。

疑，這是慈禧為防止意外採取的臨時計策。

初十日（25日），張蔭桓被解往刑部。在獄中受到了獄吏貪婪的敲詐。「坐監一日，費（銀）一萬一千有奇。」[6]對此，胡思敬《戊戌履霜錄》亦云：「蔭桓下獄，初至，錮一黑室，席地以槁，飲食溲便皆在其中，旋賄獄座萬金，乃遷置爽塏，禮之如上客。」[7]當時的報紙亦曾將張蔭桓被勒索情形披露於世：「（張氏）入獄之時，如迅雷不及掩耳。獄費未經議妥，提牢司獄禁送鋪蓋，置之土牢之內。初十禁絕親友人等往來，十一日議定獄費，聞有一萬餘金之巨，乃為其裱糊房屋三間，並準家人服侍，親友往來，安置行李。」[8]張蔭桓被勒索獄費一事，從一個側面反映出清季吏治的腐敗。

## 二　外國公使營救

張蔭桓入獄後，慈禧及大學士徐桐等人極欲致其於死地，但一些朝臣對此持異議，並極力為之開脫。據載，「太后深惡張侍郎蠱惑皇上，定欲殺之，上代白非康黨，慶邸亦奏非康黨，始生全」[9]。特別是榮祿，深知張蔭桓有外交才具，乃總理衙門中之「柱石」。入京召對時，屢為張蔭桓乞恩，「謂張某不無微勞」，力請從寬發落。[10]這些權貴的規勸顯然起了一些作用。但從根本上說，張蔭桓得以暫免一死，是因為英、日等國公使的營救。

張蔭桓被轉押刑部後，北京城內盛傳他將很快被處死，這件事引

---

6　王慶保、曹景郕：《驛舍探幽錄》，《戊戌變法》叢刊第1冊，492頁。

7　胡思敬：《戊戌履霜錄》，《戊戌變法》叢刊第4冊，82頁。

8　《申報》光緒二十四年八月二十七日。

9　蘇繼祖：《清廷戊戌朝變記》，《戊戌變法》叢刊第1冊，349頁。

10　《蔡金臺致李盛鐸書》，鄧之誠：《骨董瑣記》，517頁。

起了英國公使竇納樂的關注。他決定營救張蔭桓，事後在給英國外交
大臣的信中說：

> 二十五日（八月初十日——引者）傳說張蔭桓於當天晚上或次
> 日早晨被處死，我以為應該向清廷要求慎重考慮對張蔭桓的懲
> 罰。二十五日下午很晚才得到消息，因此，我立即行動，暗自
> 揣度西太后在這問題上必定商量李鴻章，於是我寫了一封信給
> 李，指出西方各國認為這種突然處刑帶有恐怖色彩，同時匆忙
> 地秘密處決像張蔭桓這樣一位在西方各國很聞名的高級官吏，
> 將引起很壞的結果，我請李盡他的權力所及，阻止這種匆忙行
> 動。[11]

　　竇納樂對此特別熱心，是因為張蔭桓曾於一八九七年代表清政府
赴倫敦參加了英國維多利亞女王即位六十週年典禮，並被英國政府授
予「聖邁克爾與聖喬治十字勳章」及爵士封號。更主要的原因是張蔭
桓在甲午以後的外交活動中有明顯的親英傾向，與竇納樂的私交也很
深。竇納樂在致信李鴻章的同時，又派書記官持函給日本駐華代理公
使林權助，建議日本同時出面干預此事。林權助與正在北京訪問的日
本前首相伊藤博文商議後，也決定盡力營救張蔭桓這位親日的外交
官。可見，英、日兩國都是從自己在華的長遠利益出發，挽救和保護
張蔭桓的。林權助在二十五日接到竇納樂的信後，於深夜到李鴻章住
處，請李阻止處死張蔭桓的舉動。[12]
　　英、日公使聯合提出了干涉，慈禧不得不有所考慮。八月十一日
（9月26日）在諭令對「軍機四卿」等人嚴審的同時，又發布上諭：

---

11　《竇納樂致英國外交大臣信》，《戊戌變法》叢刊第3冊，541頁。
12　林權助：《戊戌政變的當時》，《戊戌變法》叢刊第3冊，577頁。

張蔭桓雖屢經被人參奏，聲名甚劣，惟尚非康有為之黨，著刑部暫行看管，聽候諭旨。[13]

這道明旨將張蔭桓與「康黨」剔開，無疑是向英、日暗示已接受了他們的勸告，說明將從輕發落張蔭桓，不至於將其處死。此外，張蔭桓曾於一八八六到一八八九年任駐美公使，故美國對張之被捕也十分關心。在這道上諭發布的前三天（9月23日），美國駐華公使康格已將此事報告美國國務院，華盛頓方面凡與張蔭桓熟識的政府官員和社會名流，紛紛希望政府能出面營救像張蔭桓這樣一位清廷中少有的開明官員。可是，直到十多天後（10月8日），美國總統才電告康格，令其以非官方的身份使張減罪，但此時張已被發配新疆，正在西行途中。所以美國的努力不曾發生作用。[14]

八月十三日（9月28日）「戊戌六君子」被殺。第二天，朝廷公布了他們「謀圍頤和園，劫制皇太后，陷害朕躬」的罪狀，同時，也宣布了對張蔭桓的處分：

已革戶部左侍郎張蔭桓，居心巧詐，行蹤詭秘，趨炎附勢，反覆無常，著發往新疆，交該巡撫嚴加管束，沿途經過地方著各該督撫等選派妥員押解，毋稍疏虞。[15]

八月十五日，張蔭桓由刑部被解赴兵部，下午四點鐘出京。據張自稱「同朝祖餞慰候者，數百十人，實屬應接不暇」[16]。其實這是他

---

13  《清德宗實錄》卷427，光緒二十四年八月壬辰，《清實錄》第57冊，604頁。

14  王樹槐：《外人與戊戌變法》，191-198頁。

15  《清德宗實錄》卷427，光緒二十四年八月甲午，《清實錄》第57冊，608頁。

16  王慶保、曹景郕：《驛舍探幽錄》，《戊戌變法》叢刊第1冊，489頁。

的渲染之辭，據當時報章說，「祖餞之人，只有各國駐京洋員，其平日寅僚，則已蹤跡杳然」[17]，似更符合實情。曾在中國海關服務的美國人馬士在其《中華帝國對外關係史》一書中寫道：

> 各國公使為一位曾經出使外洋的中國大臣提出最強硬的抗議，才暫時保全了他的性命；他被遣戍新疆，只有知道中國司法程序的人，才會體會到這樣一種判決，對一個家產被查抄，朋友不敢相助，而且被迫甚至為生活必需品都付出無盡無休勒索備至的要求的人，是如何的可怕。[18]

這段充滿同情的描述，簡明地道出了張蔭桓被捕下獄後所發生的一切。

## 三 拒絕謀劫

張蔭桓前往新疆途中，按照朝廷諭旨，沿途經過地方，各省督撫均選派官員押解，「入境出境，隨時詳報」[19]，可見監管之嚴。與之相比，對發配新疆的另一位維新官員李端棻則沒有這樣嚴格，允許其因途中患病，改留甘州（今甘肅張掖）。究其原因，除外國公使營救引起清廷的警惕外，當與英國人莫理循謀劫張蔭桓的計劃有更直接的關係。

喬治‧厄內斯特‧莫理循（George Ernest Morrison, 1862-1920），一八九三年首次來華遊歷。一八九七年二月被英國《泰晤士報》聘為

---

17 《申報》光緒二十四年九月初三日。

18 見該書（北京，商務印書館，1960）第3冊，158頁。

19 王慶保、曹景郕：《驛舍探幽錄》，《戊戌變法》叢刊第1冊，487頁。

記者常駐北京。出於職業的關係，莫理循活躍於北京官場之中，結識了一批權位顯赫的中國官員，張蔭桓即是其中之一。與其它中國官員相比，張蔭桓曾數次出洋，對西方文明素有研究，被洋人視為清政府中最明外事的開明官員，因此頗受莫理循敬仰，兩人私誼較深。

對於這樣一位與英國有著密切聯繫，且主張親英外交政策的清廷官員，莫理循認為無論從私交還是國家利益的考慮，都有義務設法將張蔭桓從流放新疆的厄運中挽救出來。他與英國駐華使館參贊休·格維納等人密謀，在張蔭桓西行途中，把他劫持到英國使館保護起來。一方面，莫理循向英國公使竇納樂發出呼籲，請求給予力所能及的幫助和支持；另一方面，他又找到張蔭桓的親信梁誠（字震東），希望他設法與張取得聯繫。然而，莫理循十分熱衷的這個計劃最終還是落空了。

除了竇納樂拒絕援手，主要是張蔭桓堅決反對這樣做。因為他不能允許外國人來干預中國朝廷的司法過程。[20]從這件事上至少可以看出，張蔭桓不愧是一位馳名中外的外交家。他在維護國家主權和尊嚴的問題上，並未喪失原則。

謀劫之事雖未成，但風聲波及於外，傳聞四起，清廷採取了相應的措施，在張蔭桓剛離開北京，便寄諭直隸等省督撫云：「張蔭桓發往新疆，現已起解，不准沿途逗留，所有經過地方，著該省督撫隨時電奏」[21]。對此，《國聞報》曾報導說：

> 已革戶部侍郎張蔭桓之出戍新疆也，有外國人數位隨之同行。
> 據傳聞云：係前往山西太原察視礦產之人，因與張相識，故隨

---

20 參見〔澳〕駱惠敏編：《清末民初政情內幕——莫理循書信集》上冊，115頁注釋2。
21 王慶保、曹景郕：《驛舍探幽錄》，《戊戌變法》叢刊第1冊，499頁。

之偕行。或者云：並不相識，不過萍水相逢。然北京官場議論
紛紛，有謂該洋人即為保護張某起見者，事為政府所聞，政府
因於日前密電直隸、山西、陝西、甘肅各省督撫、藩臬，令將
張蔭桓每日行過何處，隨時具報，並不准其沿途逗留，然已革
禮部尚書李端棻亦係發往新疆者，中國政府並不聞有此等稽察
之令也。[22]

張蔭桓在途中也對押解官員提及此事。他說：

餘之被譴，外洋駐京各欽使，實為余不平，至外間謠傳有洋人
隨行，為余保險，甚有謂洋人欲於途中要劫者，豈不可
笑？……諸君帶兵勇多人，日夜防護，或亦為此否？[23]

顯然，張蔭桓這裡隱諱了莫理循謀劫計劃的實情。這年十一月十
五（12月27日），清廷又寄諭陝西巡撫云：

已革侍郎張蔭桓前經降旨發往新疆，乃行程甚緩，恐有沿途逗
留情事，著陝西巡撫即飭經過各地方官，趕催前進，並著饒應
祺，俟該革員到戍後，即行監禁，毋任滋生事端。將此由五百
里各諭令知之。[24]

可見，為了防止外人的介入，在張蔭桓遣戍新疆途中，清廷加強
了防範措施，始終保持著警覺。

---

22 《戊戌變法》叢刊第3冊，437頁。
23 王慶保、曹景郕：《驛舍探幽錄》，《戊戌變法》叢刊第1冊，502頁。
24 《清德宗實錄》卷433卷，光緒二十四年十一月甲子，《清實錄》第57冊，693頁。

## 四　途遇吳永

　　張蔭桓在遣戍新疆途中，其故舊朋僚紛紛趕來為之送行。其中《庚子西狩叢談》之口述者吳永與張氏在直隸的面晤，尤其值得一提。

　　吳永（1865-1936），字漁川，浙江吳興人，曾紀澤之婿。光緒十九年（1893年）以知縣試吏直隸。二十一年（1895年）底，李鴻章奉旨辦理日本商約事宜，奉調充任文案委員。未幾，李鴻章出使俄國，對日商約談判改由張蔭桓接辦，吳永仍得以留用。事竣後，適逢朝廷詔令中外大僚舉薦賢能，張蔭桓密保六人，吳永亦居其中。二十三年（1897年），正式補授直隸懷來知縣。

　　戊戌年八月，張蔭桓西行途經直隸境內時，吳永曾親往迎送。他在《庚子西狩叢談》中回憶云：

> 予時已奉補懷來缺，尚未到任，百計張羅，勉集五百金，趕至天津途次，為之贐別。相見慘惻，謂：「君此時亦正須用錢，安有餘力，乃尚顧念及我。」語咽已不復成聲。予欲勉出一言以相慰藉而竟不可得，惟有相對垂淚而已。[25]

　　這段記述說明了張、吳師生情誼之深。吳永言他與張氏相見的地點，是在「天津途次」，即直隸境內。如果仔細分析，《驛舍探幽錄》倒是詳盡地記述了他們的見面過程：

> （八月）二十三日七點鐘，自安肅起行，至漕河廟茶尖，坐談未竟，省中某大令便衣入談時許。某係張門下，甚代不平，謂

---

25 吳永口述、劉治襄記：《庚子西狩叢談》，24頁。

十六字罪案，空無所指，殆如「莫須有」三字獄，不足服天下
後世。……入省城（保定）……至晚，某大令復來，張留飯，
夜談。二十四日張因添置行裝並買書二簏，欲留住一日，某等
回明各憲，許之，某大令代張料理。[26]

　　從種種情況判斷，文中「某大令」即為吳永無疑。此時吳永尚未
赴任懷來，故在張蔭桓抵達保定之前，他能親自出城相迎。入城後，
又為張蔭桓添置行裝，精心料理生活瑣事，執弟子禮甚恭。在此期間
二人多次深談，張氏曾將其獲罪之由親為吳永言之。故此《庚子西狩
叢談》中有關張蔭桓被捕前後情況的記述是較為可信的。

　　更有意義的是，此次張、吳相見，使我們弄清了一批珍貴史料的
來源，解開了一個懸而未決的謎點。

　　一九七七年，臺北故宮博物院影印出版了《松禪老人尺牘墨蹟》
一書。此書共收錄了晚清名臣翁同龢（晚號松禪老人）致張蔭桓的手
札一百零三通，這些手札的寫作時間起自光緒二十年（1894年）二月
七日，迄於光緒二十四年（1898年）五月六日，首尾相續，整整四年
三個月。這批手札最早的收藏者不是別人，正是吳永。函札後多有其
親筆批註。其女吳芷青女士後嫁常熟翁氏後人翁齡雨先生，吳永遂以
此翁氏遺墨為陪嫁之奩物。後翁齡雨夫婦赴美，這批信札亦被帶到美
國。七十年代初，吳芷青女士返回臺灣，經著名學者錢穆先生撮合，
這些「先賢手澤」售歸臺北故宮博物院，又經文史專家高陽先生考
訂，得以編次成冊，影印出版。

　　翁氏致張蔭桓的這一百多通信札，不僅是書法藝術之瑰寶，也是
彌足珍貴的歷史材料，反映了光緒二十三年（1897年）德國侵佔膠州

---

26 王慶保、曹景郕：《驛舍探幽錄》，《戊戌變法》叢刊第1冊，495頁。

灣事件前後,清廷對德、對俄外交陷入困境,以及籌借洋款的情形,也能反映出清廷統治層內部在外交政策上的分歧,其史料價值之高令人矚目。然而,這批珍貴的信札是如何到吳永手中的呢?世人多不知。但當我們得知張、吳在戊戌年八月底的這次晤面後,這個謎點便迎刃而解了。張蔭桓在添置行李時,特將這些函札交給吳永保存,不料卻成了贈給吳永的最後紀念物。

## 五 屈死新疆

幾經輾轉,張蔭桓於光緒二十五年二月二十一日(1899年4月1日)始抵達新疆省城迪化(今烏魯木齊市)。清廷聞報後覆令對其「嚴行監禁,妥為防範,毋得稍涉鬆懈」[27]。不過新疆巡撫饒應祺對張蔭桓這位「官犯」卻別待一格,「館之撫署,供給周備」[28]。張氏日以賦詩作畫自娛,「雖戍邊陲,不廢風雅」[29]。他還捐資在迪化府西外關鑒湖湖心島上修建了一幢二層閣樓,以表其寄情山水之意,至今仍在烏魯木齊人民公園內。[30]

然而,一年後,這種遠離政壇的平靜被一道嚴酷的諭旨完全打破。光緒二十六年六月初七日(1900年7月3日),清廷寄諭云:「已革戶部侍郎張蔭桓著即正法,將此由六百里加緊諭令饒應祺知之。」[31]饒應祺接諭後奉旨行事,張蔭桓遂於七月二十六日(8月20日)被殺於戍所,時年六十四歲。

---

27 《清德宗實錄》卷444,光緒二十五年五月癸丑,《清實錄》第57冊,853頁。

28 羅惇曧:《賓退隨筆》,《戊戌變法》叢刊第4冊,320頁。

29 《清畫家詩史》壬上,25頁,民國刻本。

30 參見周軒、高力:《清代新疆流放名人》,226-245頁,烏魯木齊,新疆人民出版社,1994。

31 《清德宗實錄》卷465,光緒二十六年六月丁丑,《清實錄》第58冊,87頁。

　　朝旨不宜其罪而亂命殺人，且戮之唯恐不速，實與情理相悖。對
於張氏被殺的原因，官私文獻記述不一。「論者謂出端、剛輩矯旨，
非上意也」[32]；或言乃「用事者矯詔戮異己」[33]。羅惇曧《賓退隨
筆‧記張蔭桓》述之云：「庚子端王載漪竊政，矯詔戮之，孝欽後不
知也，回鑾時，惠湖嘉道吳永召見，後詢及蔭桓，吳永以庚子某月電
旨（此處誤，宜為六百里加緊之諭——引者按）正法對，後為之憮
然。」[34]這裡言慈禧對張氏之死毫不知情，且有同情之心。也有論者
以為處死張蔭桓是經過慈禧首肯的。李希聖《庚子國變記》云：

　　　　（戊戌政變後）蔭桓以康黨系刑部，太后盛怒，欲殺之，求救
　　　　於英人，得戍邊。（庚子）兵興，蔭桓上書總理衙門，言宜守
　　　　約，載漪及剛毅惡之，為蜚語以聞，太后亦恐其通俄，故死。[35]

　　平心言之，張蔭桓久歷西國，熟知公法，在當時情勢下，其主張
守約，反對開戰的態度是不言自明的。但以犯官身份是否上書朝廷尚
無確鑿的證據。至於所言張蔭桓通俄之事，與張一貫的親英傾向相牴
牾，官方文書檔案中亦無記載，似不可信。

　　其實，張蔭桓被殺的原因是較為複雜的。從根本上說，張氏之死
仍與參與戊戌變法有關。百日維新前後，張蔭桓極受光緒帝倚重，不

---

32 吳永口述、劉治襄記：《庚子西狩叢談》，21頁。

33 （宣統）《南海縣志‧張蔭桓傳》，卷16。

34 羅惇曧：《賓退隨筆》，《戊戌變法》叢刊第4冊，320頁。

35 見中國史學會主編：《中國近代史資料叢刊‧義和團》（以下簡稱《義和團》叢刊）
　　第1冊，19頁，上海，神州國光社，1951。又，黃濬《花隨人聖庵摭憶》亦言：「樵
　　野之死，乃於庚子義和團方熾時，京中突有密電致新疆當局，屬陰置張蔭桓於死
　　地，相傳此電乃西後授者。……見於官文書者，乃云有密旨以張蔭桓通俄，就地正
　　法。」但現存清宮檔案和官方文書中並無「通俄」之密旨。見該書，467頁。

時被召見，屢問新法。「雖不入樞府，而朝夕不時得參密沕，權在軍機大臣以上」[36]，為群臣所側目。因帝、后在接見德親王儀節諸事中發生分歧，蔭桓主持其事，故有「離間」兩宮之嫌。[37]同時，張蔭桓又於幕後積極支持康有為的政治活動，甚至利用召對之時密薦康氏。因此，政變之後，慈禧極欲殺張氏，只因外使干預而未成。近代葉恭綽曾云：

> 南海張樵野（蔭桓）於清光緒間以外省末吏薦至公卿，以才顯於世，樞府倚為左右手。其時，翁同龢與孫毓汶意見不同，有若「牛李」。樵野遊其間，皆能水乳。卒以薦康有為成戊戌大獄。那拉氏追恨，殺之戍所。其時風氣錮蔽，以其不能科目進，眾皆輕之。……至非罪被害，哀之者稀，不獲與「三忠」（袁昶、徐景澄、徐用儀）同稱其道，亦可傷矣。[38]

又言：

> 康長素之長出，實由樵野薦之於翁叔平（同龢），翁薦之於光緒帝，故戊戌變政，樵野實其原動，西太后欲殺之久矣。庚子亂命，與害珍妃同一筆法，事類袁紹之殺田豐，蓋自恥失敗而永圖滅口，且杜翻案耳。[39]

---

36 王照：《小航文存》卷1，《水東集初稿》，10頁，民國二十年刻本。
37 王慶保、曹景郕：《驛舍探幽錄》，《戊戌變法》叢刊第1冊，500-501頁。
38 葉恭綽：《〈鐵畫樓詩鈔〉跋》，轉引自王貴忱《可居題跋三集》，57-58頁。
39 葉恭綽：《遐庵詩乙稿·讀張樵野〈鐵畫樓集〉》，轉引自左舜生《王慶保、曹景郕著〈驛舍探幽錄〉》一文，原載1967年6月6日臺灣《中央日報》。

　　葉氏之論可謂中肯。言載漪等人「矯詔」戮殺異己，實為為尊者諱。張氏被殺主要是慈禧重修舊怨的結果。

　　當然，張蔭桓之死還須從庚子年夏季特定的政治氣氛中去尋找原因。一九〇〇年六月，慈禧在載漪等人的慫惥下，不顧部分朝臣的反對，別有用心地「招撫」義和團，對外宣戰。他們打著「禦侮」的旗號，利用義和團樸素的反帝熱情，派兵圍攻外國使館，焚燒教堂，很大程度上助長了團民中極端仇洋和盲目排外的偏激情緒。致使京城中「凡沾及外交人員，率指為漢奸，不分皂白」[40]，甚至「凡家有西洋器具貨物，或與西人稍有交往者，概加以『二毛子』之名，任意屠掠」[41]。載漪、徐桐等人趁機利用這種輿論氛圍，羅織罪名，殺戮政敵以泄私憤。七月初三日（7月28日）和七月十七日（8月11日）吏部左侍郎許景澄、太常寺卿袁昶、兵部尚書徐用儀、內閣學士聯元、戶部尚書立山等大臣，均因反對圍攻使館和對外開戰，而被以「漢奸」、「通敵」的罪名殺害。據李嶽瑞《春冰室野乘》記，立山、聯元等人死後，載漪、剛毅諸人「猶不懍，將以次盡殺異議諸臣」，長期辦理外交的總理衙門大臣廖壽恒、王文韶均幾罹不測，幸榮祿從中力保始免。[42]據載，為了救徐用儀，榮祿曾親自拜訪徐桐，請其勸說慈禧，豈料徐桐答曰：「君尚欲假作好人？我看此等漢奸，舉朝皆是，能多殺幾個，才消吾氣。」[43]徐桐之流昏聵狹隘，竟至於如此喪心病狂的地步，可以想見，像張蔭桓這樣長期被守舊勢力罵為「漢奸」的外交家，又怎能逃脫劫難？諸多跡象說明，徐桐是縱容慈禧處死張蔭桓的主謀人物。他對戊戌變法極端仇視。戊戌年五月曾上折「密參張蔭

---

40 吳永口述、劉治襄記：《庚子西狩叢談》，21頁。
41 吳永口述、劉治襄記：《庚子西狩叢談》，19頁。
42 李嶽瑞：《春冰室野乘》，《清代野史》第5輯，133頁。
43 陳夔龍：《夢蕉亭雜記》，33頁。

桓，詆為罪魁」[44]，請將張「立予嚴譴，禁錮終身」[45]，但被光緒帝置之不理。政變發生後，徐桐「欲死蔭桓」[46]，甚至叫囂「不殺蔭桓者是舉為無名」[47]，但因外人干預而不得遂願。庚子五月朝旨命徐桐參樞務，遂怙權作祟，將張置於死地。

## 六　開復原官

在動盪的政局中，張蔭桓之死並未引起世人的關注。光緒二十七年（1901年）二月末，張蔭桓靈柩被遷回故鄉廣東佛山。三月二十四日，《申報》以《不堪回首》為題報導此事說：

> 廣州訪事人云：已革戶部左侍郎張蔭桓，因戊戌政變時黨於康、梁，致幹嚴譴，奉旨發往新疆效力贖罪。迨去年八月拳匪禍起，復被權貴趁機陷害，遂蹈刑章。近日其子以靈柩久滯異鄉，心滋不忍。特赴新疆扶之回籍，俾正首邱。二月杪已行至佛山舊第，各親友前來弔唁者尚不乏人，然顯赫已不如前矣。

辛丑議和開始後，光緒二十七年六月（1901年7月）美國公使柔克義和英國公使薩道義先後照會清政府議和大臣李鴻章，要求為張蔭桓開復原官，予以昭雪。六月二十三日李鴻章據以上奏。云：

---

44 胡思敬：《戊戌履霜錄》，《戊戌變法》叢刊第1冊，359頁。

45 徐桐：《奏為特參戶部侍郎張蔭桓貪奸誤國事》，光緒二十四年，錄副奏摺，檔號 03/5359/082，中國第一歷史檔案館藏。

46 費行簡：《慈禧傳信錄》，《戊戌變法》叢刊第1冊，466頁。

47 沃丘仲子：《近代名人小傳》，109頁，北京，中國書店，1988。

臣等於本年五月十六日接據美國使臣柔克義照會，以張蔭桓出
使該國時，盡力盡心，使兩國邦交加厚，華盛頓人民，聞其被
戮，均為悼惜。美國國家亦以中國如此宣力之臣深為悲憐，囑
轉請據情入奏開復。又於五月十七日據英國使臣薩道義照會，以
前值英君主在位六十年，中國朝廷特派張蔭桓往賀，經英廷給
與寶星。當發遣新疆時，人皆以為非罪，應請奏明開復各等語。
伏查張蔭桓前曾出使英美兩國，與彼人士頗能聯絡，是以英、
美政府令其使臣代為呼呈，溯查張蔭桓發遣時所奉上諭並無不
可赦宥之罪，謹將英、美公使照會錄呈御覽。可否格外施恩，
將張蔭桓開復原官，以敦英美兩國邦交之處。[48]

十一月十八日（12月28日），慈禧在返回北京的途中被迫下諭：
「奕劻等奏：美國使臣請將張蔭桓處分開復等語。已故戶部左侍郎張
蔭桓，著加恩開復原官，以昭睦誼。」[49]

比較而言，許景澄、袁昶、徐用儀等人昭雪後，都給與了隆重的
諡恤。而張蔭桓僅被「開復原官」，也是迫於外交方面的壓力。可
見，慈禧內心對其成見之深，與張蔭桓參與維新而開罪於慈禧有根本
的關係。

論及晚清政局，言洋務必及李（鴻章）、張（之洞）；談維新多言
康（有為）、翁（同龢），而提及張蔭桓者甚少。其實，晚清朝臣中最
具政治才乾和世界知識者，莫過於張蔭桓。張氏視野開闊，個性豪
縱，其對西方文化的寬容心態遠在同時代人之上，終因主張採用西法
實行改革而遭到流放和殺戮，其慘惻之處令人扼腕。今天對這樣一位

---

48 吳汝綸：《李文忠公集・奏稿》卷80，63頁，光緒刻本。

49 《清德宗實錄》卷490，光緒二十七年十一月庚辰，《清實錄》第58冊，474頁。

身沒名隱的傳奇式人物的有關事蹟略作鉤縷，對研究戊戌變法有著特殊的意義。

原載《新疆大學學報（哲學社會科學版）》一九九五年第四期

近現代中華文化思想叢刊 A0102005

# 晚清人物與史事　上冊

| | | |
|---|---|---|
| 作　　　者 | 馬忠文 | |
| 責任編輯 | 楊家瑜 | |
| 發 行 人 | 陳滿銘 | |
| 總 經 理 | 梁錦興 | |
| 總 編 輯 | 陳滿銘 | |
| 副總編輯 | 張晏瑞 | |
| 編 輯 所 | 萬卷樓圖書股份有限公司 | |
| 排　　版 | 林曉敏 | |
| 印　　刷 | 維中科技有限公司 | |
| 封面設計 | 菩薩蠻數位文化有限公司 | |

出　　版　昌明文化有限公司

桃園市龜山區中原街 32 號

電話　(02)23216565

發　　行　萬卷樓圖書股份有限公司

臺北市羅斯福路二段 41 號 6 樓之 3

電話　(02)23216565

傳真　(02)23218698

電郵　SERVICE@WANJUAN.COM.TW

大陸經銷

廈門外圖臺灣書店有限公司

　　電郵　JKB188@188.COM

**ISBN 978-986-496-297-6**

2019 年 1 月初版二刷

定價：新臺幣 320 元

如何購買本書：

1. 劃撥購書，請透過以下郵政劃撥帳號：

　　帳號：15624015

　　戶名：萬卷樓圖書股份有限公司

2. 轉帳購書，請透過以下帳戶

　　合作金庫銀行　古亭分行

　　戶名：萬卷樓圖書股份有限公司

　　帳號：0877717092596

3. 網路購書，請透過萬卷樓網站

　　網址 WWW.WANJUAN.COM.TW

大量購書，請直接聯繫我們，將有專人為您
服務。客服：(02)23216565　分機 610

如有缺頁、破損或裝訂錯誤，請寄回更換

國家圖書館出版品預行編目資料

晚清人物與史事 / 馬忠文著. -- 初版. -- 桃園
市：昌明文化出版；臺北市：萬卷樓發行,
2018.01

　　冊；　　公分. -- (近現代中華文化思想叢刊)

ISBN 978-986-496-297-6(上冊：平裝). --

1.人物志 2.晚清史

782.17　　　　　　　　　　　107002194

本著作物經廈門墨客知識產權代理有限公司代理，由北京師範大學出版社（集團）有
限公司授權萬卷樓圖書股份有限公司出版、發行中文繁體字版版權。

本書為金門大學華語文學系產學合作成果。　　　　　　　　　校對：陳裕萱